中国会计师事务所审计风格研究

宋衍蘅　著

本书受到国家自然科学基金（72072015、71472165）和中央高校基本科研业务费专项资金（2021JJ021）资助

中国财经出版传媒集团
中国财政经济出版社

图书在版编目（CIP）数据

中国会计师事务所审计风格研究／宋衍蘅著． －－北京：中国财政经济出版社，2022.5
ISBN 978 - 7 - 5223 - 1401 - 3

Ⅰ.①中… Ⅱ.①宋… Ⅲ.①会计师事务所－审计－研究－中国 Ⅳ.①F239.22

中国版本图书馆 CIP 数据核字（2022）第 071777 号

责任编辑：罗亚洪　　　　　责任印制：张　健
封面设计：陈宇琰　　　　　责任校对：徐艳丽

中国会计师事务所审计风格研究
ZHONGGUO KUAIJISHI SHIWUSUO SHENJI FENGGE YANJIU
中国财政经济出版社 出版

URL：http：//www.cfeph.cn
E - mail：cfeph@ cfeph.cn
（版权所有　翻印必究）
社址：北京市海淀区阜成路甲 28 号　邮政编码：100142
营销中心电话：010 - 88191522
天猫网店：中国财政经济出版社旗舰店
网址：https：//zgczjjcbs.tmall.com
北京中兴印刷有限公司印刷　各地新华书店经销
成品尺寸：170mm × 240mm　16 开　18.75 印张　240 000 字
2022 年 5 月第 1 版　2022 年 5 月北京第 1 次印刷
定价：56.00 元
ISBN 978 - 7 - 5223 - 1401 - 3
（图书出现印装问题，本社负责调换，电话：010 - 88190548）
本社质量投诉电话：010 - 88190744
打击盗版举报热线：010 - 88191661　QQ：2242791300

前　言

注册会计师被称为"经济警察",是维护社会公平正义、规范经济秩序、保障国家经济安全的重要监督力量。会计师事务所则是依法设立并承办注册会计师业务的中介服务机构。随着资本市场的发展,提供会计信息鉴证服务业务的会计师事务所的作用日益凸显。但是,在这个过程中,不乏出现个别令人大跌眼镜的财务造假事件,个别会计师事务所审计质量不高,"看门人"职责履行不到位,使社会公众质疑注册会计师行业的审计鉴证作用。

不同会计师事务所之间的审计质量有差异吗?如何评价会计师事务所的审计质量?影响不同会计师事务所审计质量的因素有哪些?这种质量差异又是否会影响其他证券市场利益相关者的行为?这些一直是困扰会计理论和实务界的重要问题。本书的目的就是在这一方向上添砖加瓦,有所贡献。

会计师事务所从事审计鉴证服务的产品是经过审计的财务报告和出具的审计报告。一方面,财务报告的会计责任属于被审计单位,经过审计与未经审计的财务报告之间的差异,只有被审计单位了解。作为被审计的对象,被审计单位缺乏足够的动机披露财务报告的审计差异,甚至可能有很大的利益驱动来掩饰由于自身会计处理方法不当带来的审计差异。从另外一个角度来讲，即使公司披露了审计调整差异，也很难判断这个差异究竟是审计质量的问题，还是会计质量的问题。另一方面，审计报告是会计师事务所对被审计单位财务报告发表的鉴证意见。对于上市公司这个样本而言，大约95%以上的公司取得了标准无保留意见的审计报告。即便新审计准则增加了关键审计事项的说明，同类型审计报告之间的差异也很有限。因此，无论通过被审计的财务报告，还是审计报告，均无法直接有效观察会计师事务所的审计质量。结果是，往往在公司出现财务危机、经营失败或其他意外事件以后，审计质量问题才会后知后觉地暴露在社会公众面前。

在这个背景下，事先评价不同会计师事务所之间的质量差异，通过预设的质量差异来判断其提供的具体审计服务的质量高低，变成证券市场参与者衡量上市公司财务报告审计质量的常用方法。一个最常见的分类方法就是会计师事务所的规模。在一系列假设和研究的基础上，规模大的会计师事务所会提供高质量的审计服务变成了一种普遍共识。

本书试图进一步解读这个共识。在现有文献的基础上，探讨不同会计师事务所之间的审计风格差异，并研究会计师事务所规模与审计风格之间的关系，据此，探索是否可能通过审计风格来评价会计师事务所的审计质量。本书的宗旨是了解不同会计师事务所的审计质量差异，挖掘会计师事务所的审计市场竞争力来源。

本书的主要特色是从审计风格的视角来评价审计质量和会计师事务所的竞争力。审计风格产生于注册会计师个体执业行为，在注册会计师之间的不断交流和会计师事务所内部的经验分享、沟通总结和引导下，随着时间的流逝和经验的累积而变得充实、清晰、具体。本书起源于审计风格，在探讨审计风格形成演变过程中所包含的关键影响因素的基础上，分析了中国会计师事务所的审计市场竞争力。通过了解审计风格的作用和影响，可以进一步思考增加会计师事务所核心竞争力的路径，明确会计师事务所建立建强审计风格需要采取的行动，借此推进会计师事务所整体审计质量的提升，增进全社会的信任。同时，本书也能帮助上市公司、监管机构和社会公众客观评价和选聘会计师事务所。

囿于本人才学、能力和见识，个中观点和观念不一定完全正确，疏漏和错误在所难免，恳请读者不吝赐教、批评指正。

目　　录

引言 …………………………………………………………… 1

第一章　审计风格的产生及价值 ………………………… 7
　　第一节　审计风格的产生及含义 ……………………… 8
　　第二节　形成审计风格的意义 ………………………… 23
　　第三节　审计风格的影响因素 ………………………… 29
　　第四节　本章小结 ……………………………………… 40

第二章　中国上市公司的审计市场结构特征 …………… 41
　　第一节　上市公司规模与审计师选择 ………………… 42
　　第二节　上市公司财务状况与审计师选择 …………… 45
　　第三节　不同规模会计师事务所的审计收费特征 …… 50
　　第四节　本章小结 ……………………………………… 52

第二章　会计师事务所审计风格的一致性差异 ………… 53
　　第一节　理论基础和研究假说 ………………………… 54
　　第二节　研究设计 ……………………………………… 56
　　第三节　研究结果 ……………………………………… 60
　　第四节　行业专长的影响 ……………………………… 64
　　第五节　本章小结 ……………………………………… 69

第四章 会计师事务所合并对审计风格的影响研究 …… 71

第一节 理论基础及研究假说 …… 72
第二节 研究设计 …… 73
第三节 研究结果 …… 75
第四节 本章小结 …… 83

第五章 审计师个人情绪对审计风格的影响研究 …… 85

第一节 文献回顾与理论推导 …… 86
第二节 研究设计 …… 91
第三节 实证分析结果 …… 95
第四节 稳健性检验 …… 100
第五节 进一步分析 …… 108
第六节 本章小结 …… 124

第六章 审计风格对审计市场的影响 …… 127

第一节 文献回顾与理论推导 …… 128
第二节 理论分析与研究假设 …… 131
第三节 研究设计 …… 133
第四节 研究结果 …… 136
第五节 稳健性检验 …… 140
第六节 进一步分析 …… 148
第七节 本章小结 …… 157

第七章 审计风格对分析师行为的影响 …… 159

第一节 研究背景 …… 160
第二节 研究方法 …… 161
第三节 研究结果 …… 162
第四节 进一步分析 …… 166

第五节　本章小结 …………………………………… 177

第八章　中国会计师事务所审计市场竞争力研究 ………… 179

　　第一节　研究设计 …………………………………… 180
　　第二节　资源维度评价 ……………………………… 187
　　第三节　质量维度 …………………………………… 206
　　第四节　客户维度 …………………………………… 217
　　第五节　品牌形象维度 ……………………………… 236
　　第六节　综合评价 …………………………………… 246
　　第七节　本章小结 …………………………………… 262

参考文献 ……………………………………………………… 264
后记 …………………………………………………………… 286

引　　言

　　早在魏晋时期，中国文学作品中就出现了"风格"一词。如东晋医药学家和道教理论家葛洪在《抱朴子》第 42 章行品中指出："士有行己高简，风格峻峭，啸傲偃蹇，凌侪慢俗，不肃检括，不护小失，适情率意，旁若无人"。中国古代文论，对风格有充分的解释。南朝梁大臣刘勰有风格"八体"之说，即典雅、远奥、精约、显附、繁缛、壮丽、新奇、轻靡。"风格"表现艺术作品不同于一般的艺术特色或创作个性，通过艺术品表现出来的相对稳定、更为内在和深刻地反映时代、民族或艺术家思想、审美等的内在特性，刻画艺术家对审美独特鲜明的追求。作为一种从本质上反映事物内在特性的外部印记，"风格"是艺术作品经过实践的磨炼与时间的考验，趋向或达到成熟的标志。

　　英文"style"一词来源于拉丁语的"stilus"，本意是罗马人用于蜡版刻写的工具，是一个长度大于宽度的固定的直线体——"尖笔"（徐凡，2010）。后来，这个词由工具逐渐派生到书写，在罗马作家特伦斯和西塞罗的著作中，就演化为书体、文体之意，表示以文字表达思想的某种特定方式。英语、法语的"style"和德语的"stil"皆由此而来，引申为表示这种工具所写出来的文章的文体题材、文学特点。"stilus"这个词进入法国之后变成了"style"，之后进入英语词汇中，还可以表示说话、做事的方式。

　　"风格即人"，这是 18 世纪法国博物学家、作家布封《风格论》

中的名言。一个作家能否在其作品中表现出独特的个性，形成相对稳定的艺术风格，是衡量其创作是否成熟的重要标志。在管理学领域，"管理者风格"是指企业高级管理人员（CEO 及其他高管团队成员）在综合管理素质、风险厌恶、投融资偏好、企业发展战略管理等方面体现出来的相对独特的属性、特征或效应。现有文献探讨了"管理者风格"的形成机制及其影响。研究发现，管理者的人生经历（Bamber et al.，2010）、乐观主义（Otto，2014）、年龄（Serfling，2014）等特征都对其管理风格有显著影响。法卡斯（Farkas）和韦劳弗（Wetlaufer）（1996）指出，管理层的领导行为风格不仅是其个人风格的体现，更与其所处的具体情境及组织相辅相成。个体的内在特征及其所处情境会联合影响个人行为。吴春波、曹仰锋、周长辉等（2009）以新希望集团创始人刘永好为研究对象，讨论了在企业发展的不同阶段，其领导风格所发生的演变。他们发现，领导风格并非一成不变的，而是随着企业的发展而发展的。

拓展到财务会计领域，会计是一种商业语言，也是一种记录和报告企业商业行为的艺术。财务报告是外部信息使用者了解企业财务状况、经营成果和现金流量等有关会计信息的重要窗口，也是了解和评价管理层受托责任履行情况的钥匙。为了客观全面反映企业发生的经济交易和业务，企业在编制财务报告时，需要采用一系列的会计假设和基本原则，进行会计专业判断和估计。这些专业判断和估计的合理性和可靠性则会影响会计信息质量。

现有实证研究结果表明，具有可比性的财务会计信息能够降低公司的信息收集成本，提高分析师获取信息的数量和质量（Franco et al.，2011）。正因为如此，中国会计准则委员会、美国财务会计准则委员会（FASB）和国际会计准则理事会（IASB）均毫无例外地将会计信息的可比性列为公司财务会计信息的重要质量特征之一。在美国财务会计准则委员会和国际会计准则理事会联合进行的财务会计概念框架项目中，可比性被列为提高财务会计信息有用性的基本特征

(FASB，2010)。同样，可比性也被视为制定会计准则的首要原因(FASB，1980)。

但是，现有研究也发现，任何一套财务报告准则要想发挥作用，最终取决于公司是否严格采纳这套准则，审计师是否严格审核这些财务报表以确保其符合准则，以及监管机构是否确保标准得到实施。也就是说，"采用统一的会计准则只是实现会计信息可比的一个必要步骤，但不是充分步骤"(Barth，2013)。这是因为，会计准则是由经济人来执行的，在执行过程中赋予了管理层某些自由裁量权，需要大量的专业判断、使用很多非公开信息，参与其中的经济人的自利动机可能会影响到准则的执行效果，从而使好的会计准则不一定能够带来好的会计信息质量。波尔等(Ball et al.，2003)和诺茨等(Leuz et al.，2003)发现，管理层和公司所处的制度环境会影响会计准则的执行效果。

在这种情况下，审计师对会计信息可比性的影响就变得非常重要。弗朗西斯等(Francis et al.，2014)认为，"四大"会计师事务所有一套独特的内部工作标准，以指导本所审计师的审计实践及对会计准则的应用。他们将这套工作标准定义为"审计风格"。他们认为，不同会计师事务所的审计方法、对会计准则的理解和执行标准会出现系统性差异，使得相同会计师事务所审计的公司更加可比。他们的研究结果支持了这个研究假设。

本书在充分梳理中外会计师事务所审计风格的形成和发展的基础上，参考弗朗西斯等(Francis et al.，2014)的研究方法，全面讨论中国会计师事务所的审计风格及影响因素。本书的研究意义在于：

1. 丰富现有的有关财务会计信息可比性的研究。本书将从财务报告的主要参与者——审计师的角度来讨论财务会计信息的可比性问题，探讨审计师作为经济主体对我国财务会计信息可比性的影响。现有对会计信息可比性影响因素的研究多数集中在财务会计准则方面，包括美国财务会计准则和国际财务报告准则。但是，单独讨论审计师作用的研究很少，尤其没有讨论不同类型会计师事务所的审计风格问题，更没有在中国制度背景下的相关研究。

2. 帮助回答会计准则"原则导向"和"准则导向"的方向之争问题。科萨里等（Kothari et al.，2010）认为，如果会计准则是建立在"原则导向"的基础之上，那么，监管者就无须关注准则的可比性问题。因为在日常工作过程中，会计师和审计师会慢慢将会计实务标准化，进而形成一套"操作定式"。那么，中国的审计师是否形成了这种"操作定式"，进而具有某种"审计风格"？不同的审计师是否具有不同的"审计风格"？同一会计师事务所或者审计师的客户之间的财务会计信息是否更加可比？不同会计师事务所或者审计师的客户之间的财务会计信息的可比性差异有多大？对于这些问题的回答，将有助于提高笔者对"原则导向"和"准则导向"问题的理解，进一步明确今后准则的完善思路。

3. 丰富现有的有关经济主体个人风格对会计信息质量影响方面的研究。可比性是会计信息的重要质量特征之一。本书将讨论中国审计师在财务会计信息形成过程中的作用，及其对会计信息可比性的影响。现有文献已经发现经济主体在财务会计信息形成过程中的作用，如班贝尔等（Bamber et al.，2010）发现公司管理层的个人风格可能会影响公司自愿性财务信息的披露；有学者发现公司财务总监的个人风格会影响公司会计政策的选择；巴伯里斯和施莱弗（Barberis and Shleifer，2003）发现对冲基金具有独特的个人风格；弗朗西斯等（Francis et al.，2014）发现美国四大会计师事务所具有不同的审计风格，会影响公司会计信息的可比性等。本书将在上述研究的基础上，讨论国际四大会计师事务所、国内八大会计师事务所是否具有各自特有的审计风格，以讨论在中国的制度背景下，不同的会计师事务所对会计信息质量的影响，丰富相关理论。

4. 提出了全新的会计师事务所质量评价指标。本书提出了全新的中国会计师事务所"审计市场竞争力指数"指标，这个指标将有利于投资者和社会公众评价会计师事务所内部执行审计标准的统一性，了解会计师事务所的内部治理机制、审计质量控制程度和审计程序执行力度，更好地帮助投资者和社会公众评价会计师事务所的审计质量，有效促进审计市场的公平竞争。

　　本书共分为八章。第一章分析了中国会计师事务所审计风格的产生及其价值；第二章以2009—2020年的A股上市公司为研究样本，从会计师事务所的上市公司客户规模、质量和审计收费特征等方面分析了中国上市公司的审计市场结构；第三章采用实证分析方法，讨论了不同会计师事务所的审计风格差异；第四章讨论了会计师事务所合并对审计风格的影响；第五章分析了审计师个人情绪对审计风格的影响；第六章通过分析纵向高管兼任上市公司的审计师选择特点，研究了审计风格对审计市场的影响；第七章讨论了审计风格对分析师行为的影响；第八章是中国会计师事务所审计市场竞争力研究。

中国会计师事务所
审计风格研究
Chapter 1

第一章 审计风格的产生及价值

第一节 审计风格的产生及含义

财务会计信息的有用性在于它能够为投资者、债权人和其他利益相关者提供信息，以帮助他们做出有效的资本配置决策。资本是有限的，而且是稀缺的，如何合理有效地分配有限的经济资源，提高资本的使用效率，一直是资本市场关心的一个重要问题。提供可比的财务报告信息，是资本市场公平竞争和正确评价企业业绩的必要前提。会计信息可比性的主要价值是在财务报告质量不变的情况下，让投资者、债权人和其他利益相关者对不同企业的财务状况、经营成果以及未来发展机会进行比较、分析、鉴别和预测，从而作出最优经济决策，提高决策效率，降低比较成本，提高公司财务报告的有用性。如可比的财务报告会让投资者更容易区分盈利能力低的公司和盈利能力高的公司，或者低风险公司和高风险公司，进而降低信息不对称水平，降低估计风险（Hail et al.，2010）。

财务报表审计目的是提高财务报表预期使用者对财务报表的信赖程度。这一目的可以通过注册会计师对财务报表是否在所有重大方面按照适用的财务报告编制基础编制发表审计意见得以实现（《中国注册会计师审计准则第1101号》）。虽然企业财务报告是公司管理层和治理层按照适用的财务报告编制基础编制的，但是，如果注册会计师对财务报表发表了无保留意见的审计报告，就意味着注册会计师在完成审计工作以后，根据其专业判断，认为财务报表在所有重大方面是按照适用的财务报告编制基础编制的，并且实现了公允反映。反之，如果注册会计师在审计过程中发现某一财务报表项目的金额、分类或列报与适用的财务报告编制基础应当列示的金额、分类或列报之间存在差异，就会要求公司进行调整。从这个角度来看，获得标准无保留意见审计报告的财务报表的质量，能够在一定程度上反映注册会计师的审计工作质量，反映注册会计师的审计风格。

与文学创作、企业管理活动和会计工作相同，审计工作也不属于自然科学，没有纯粹客观的检验标准，因此，注册会计师的个人特征及所处情境会联合影响专业判断，这就是笔者讨论的审计风格。一方面，各个企业的经济业务千差万别，会计准则和审计准则不可能涵盖所有事项，审计过程中需要大量的专业判断。各个注册会计师的成长经历不同、专业判断特征也会存在差异；另一方面，各大会计师事务所都会制定自己独特的标准程序、内部工作指南和内部学习产品，并会定期进行员工培训，来不断更新注册会计师对会计准则和审计准则的理解与应用能力，从而形成了会计师事务所不同的审计风格。在此基础上，笔者将"审计风格"定义为：会计师事务所内部统一的审计工作程序、企业文化或执业理念形成的，使其员工在执业过程中综合体现出来的相对独有的特征。

一、发达国家会计师事务所审计风格的形成及发展

（一）发达国家会计师事务所审计风格的形成

在 20 世纪初期，发达国家的会计师行业进入快速发展时期，不仅会计师在数量上有较大的增长，而且在质量上也有较大的提高，从执业方式看，除了个人独立执业外，合伙的会计公司在数量和规模上都有一定增幅。以安达信会计师事务所为例，1920 年，只有 2 名合伙人和 54 名雇员，到 1930 年其合伙人和雇员分别增长至 7 名和 378 名，业务收入从 1920 年的 32.3 万美元增至 1929 年的 202.3 万美元，10 年内收入增长率超过 500%。但由于缺乏一套公认的会计准则，各企业在解决不断涌现的会计问题时，均自行制定程序和方法，给企业管理当局篡改账目、虚增规模提供了可乘之机。在会计师事务所内部，由于缺少一套统一的可资遵循的标准，在审计工作中全凭会计师根据具体事实主观判断。于是，注册会计师行业在探索制定公认会计

准则的同时，也在探索制定一套审计工作指南。

1917年，美国会计师协会（美国注册会计师协会的前身）应美国联邦贸易委员会（The Federal Trade Commission）的要求，制定了第一个关于审计范围的权威性公告。这份题为《统一会计》(*Uniform Accounting*)的标准在联邦储备制度上正式发表，随后被更名为《编制资产负债表允许使用的方法》(*Approved Method for the Preparation of Balance Sheet Statements*)。这份公告的出版发行，对会计师职业产生了重大影响，它列示了审计时必须遵循的程序，为规范注册会计师审计工作提供了参考标准。美国各会计师事务所依此制定了相应的操作规程，形成了审计手册。

1938年，美国爆发了审计史上最大案件——麦克森·罗宾斯公司（Mckesson and Robbins）倒闭案件，促使注册会计师行业建立健全审计准则，并促使各会计师事务所完善自身审计操作规程，并逐步演变为会计师事务所特有的审计方法论（Methodology），推动各会计师事务所逐步形成了各具特色的审计风格。1938年2月，罗宾斯公司的债权人朱利安·汤普森（Julian Thompson）发现，尽管该公司的制药原料部门是公司盈利性最强的经营部门，但是该部门却并没有现金积累，而且公司还需要对其重新进行投资。该公司董事会要求时任经理科斯特（Philip Coster）减少400万美元存货，但是4个月后（即该公司会计年度终止日），其存货非但没减，反而增加了100万美元。

美国证券交易委员会（U. S. Securities and Exchange Commission, SEC）调查发现，在此前的12年间，科斯特和他的同伙已窃取罗宾斯公司290万美元的资金。同时，发现该公司的制药原料部分分为两部分：国内交易部分是真实存在的，而国外交易部分是虚构的。科斯特虚构与外商的销售，虚列应收账款，并以巧妙伪造的会计凭证进行掩盖。罗宾斯公司在1937年12月31日合并报表8 700万美元的总资产中，有1 907.5万美元是虚构资产。普华会计师事务所（普华永道的前身之一）基本上遵循了1936年国际会计公会（The Association of

International Accountants，AIA）的审计程序公告规定，但并未对存货进行监盘，也未对应收账款进行函证，因此，在对罗宾斯公司长达10年的审计中，一直对该公司财务状况和经营成果发表了"正确、适当"的审计意见。

1939年1月，美国SEC在公众意见听证会上指出，普华会计师事务所按各项标准程序进行了审计，但是即使是不适用于揭露舞弊的审计计划，对于合并报表上记载着900万美元的虚构应收账款、1 000万美元的虚构存货，理应发现一些不正常之处。美国SEC认为，不仅审计标准不适当，而且美国注册会计师的审计方法甚至不能达到形式上的目的。

罗宾斯案件的披露震惊了会计师事务所乃至整个注册会计师行业，会计师事务所及注册会计师的社会声誉受到严重的影响。该案件中两个关键性的问题——存货和应收账款的审计问题，在1917年的《统一会计》公告这样建议：不强制要求对存货进行实地检查；不强制要求通过信函对应收账款直接进行函证，恰恰是这两项建议导致了整个审计结论错误。

1939年1月底，美国AIA建立了审计程序特别委员会，并于同年5月公布《审计程序的扩展》（Extension of Auditing Procedures），对审计程序做了修订，将存货的实地监盘和应收账款的直接函证作为常规审计技术，并规定了审计人员的选定和审计报告的格式。随后，审计标准成为美国SEC和会计师职业界的重大课题进行广泛讨论。

1948年美国会计师协会通过了其审计程序委员会拟订的《审计标准说明——其公认的意义和范围》及9项标准，1954年再次修订，形成了美国注册会计师行业的10项公认审计标准（Generally Accepted Auditing Standards，GAAS）。十项公认审计准则的制定不仅使注册会计师享有更高的权威性，为公众提供了衡量会计师执业质量的尺度，明显地提高了注册会计师的职业地位，而且为现代审计理论与方法的发展奠定了基础。与此同时，会计师事务所对照审计标准，不断完善自身的审计手册或职业工作底稿模板，以保持相对一致的审计服务，在此基础上形成了事务所特有的审计方法论，并很大程度上促进了事务所的国际化进程。

（二）会计师事务所国际网络的审计风格

普华会计师事务所（普华永道的前身之一）是最早正式成立国际会计师事务所网络之一。第二次世界大战使得普华会计师事务所在全球各地的合伙人之间的交流和员工的交换培训受到巨大影响，导致普华会计师事务所品牌下各国的经营作风、审计风格出现了较大差异。为了加强交流与合作，1945年7月，普华美国和普华英国的合伙人在伦敦召开会议，讨论成立普华国际组织。1945年9月，普华美国和普华英国联合加拿大、拉丁美洲和欧洲其他国家的普华会计师事务所，共同成立了普华国际会计师公司。随后，美国的塔齐·罗斯（德勤的前身之一）与加拿大、英国的相关会计师事务所组建了塔齐·罗斯·贝利·斯马特国际会计公司（TRB and S），皮特·马威克·米歇尔会计公司（毕马威的前身之一）牵头组建了PMM国际会计公司，各大会计师事务所的国际网络相继成立[①]。

20世纪早期开始，为了扩大业务范围，大型会计师事务所开始不断的国内外收购兼并之路。20世纪八九十年代起，与其他公众公司相同，会计师事务所也经历了巨大的科技变化与革新，开始转向以计算机为主的会计审计系统，并开始发展需要大量资本支持的新审计方法。由于会计师事务所的组织形式为合伙制，其资本大多来自有限

[①] 哈斯金斯·塞尔斯（德勤的前身之一）、阿瑟·安达信、厄恩斯特（安永的前身之一）、库帕·莱布兰德（普华永道的前身之一）、阿瑟·扬（安永的前身之一）均先后成立国际会计公司。需要说明的是，由于法律和其他原因，会计师事务所的网络协议通常肯定每个成员所的独立性和自主性，而且会计师事务所国际网络的网站和年度报告通常重申这种独立性。例如，毕马威国际年度报告指出：「每个毕马威公司都是独立的，在法律上是独一无二的。」这种独立性往往基于所在国家对会计师事务所外部所有权的限制，以避免将网络成员所的责任附加到其他网络成员所。

的合伙人资本积累,因此,并购成为会计师事务所迅速扩张规模的有效手段(GAO,2003)。1987年,当时规模最大的会计师事务所中的毕特·马威克·米切尔(Peat Marwick Mitchell)和KMG(Klynveld Main Goerdeler)合并为毕马威(KPMG),头部会计师事务所正式变成八家,俗称"国际八大"。此后,八大会计师事务所之间也不断进行着合并。经过几次合并以后,2002年,最终形成"国际四大"会计师事务所。图1-1列示了国际会计师事务所从"八大"到"六大①""五大②",直至"四大③"的全过程。

随着工商企业和资本市场的全球化发展,许多大型会计师事务所国际网络不断拓展其在不同国家和地区的成员所,以更好地服务于他们的跨国公司客户,并不断扩大国际网络的影响、提升信誉。不同国家和地区的会计师事务所成员所则利用大型会计师事务所的国际网络优势,使用其网络名号和声誉、共享资源和专业知识,拓展其审计客户的范围。对于大型跨国公司客户审计,国际网络的成员所之间经常共享专业人员,并且采取人员交换等方式,促进其审计风格的一致性。同时,大型会计师事务所国际网络为了保障不同国家和地区的成员所统一审计质量,还定期对网络成员所进行内部检查和审查,范围包括:质量保证体系、风险管理、整体业务运营模式、职业道德规范,以及专业行为和具体项目审计质量等,对于未达到标准的事务所将要求整改,甚至取消其使用国际网络名号的资格等。

随着计算机的普及和发展,会计师事务所开始利用计算机进行审计,包括直接利用现成的测试程序软件进行审计和根据客户情况有针

---

① 1989年,阿瑟·扬(Arther Young)和厄恩斯特·惠尼(Ernst and Whinney)合并为安永(Ernst and Young),德洛伊特·哈斯金斯·塞尔斯(Deloitte Haskins and Sells)和塔奇·罗斯(Touche Ross)合并为德勤(Deloitte Ross Tohmatsu,DRT,1992年更名为Deloitte Touche Tohmatsu,DTT),原国际八大合并为国际六大。

② 1998年,普华(Price Waterhouse)和库帕·莱布兰德(Coopers and Lybrand)合并为普华永道(Price Waterhouse),原国际六大合并为国际五大。

③ 2002年,安达信倒闭。"国际五大"变为"国际四大"。

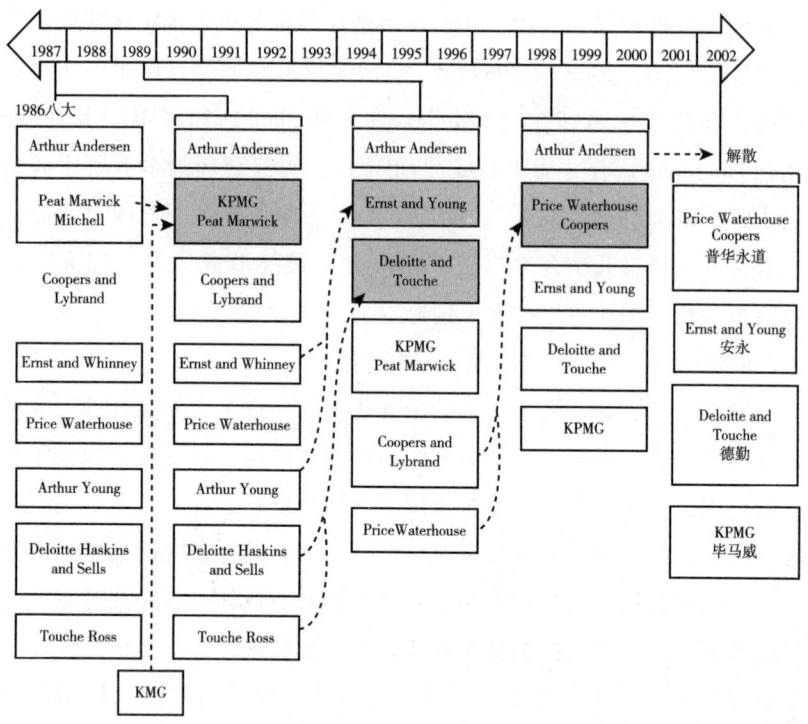

图 1-1 国际会计师事务所的合并历程①

对性地设计程序包进行审计。由于使用计算机所带来的优势以及利用计算机进行财务造假现象的产生,利用计算机进行审计成为会计师事务所的基本审计手段。利用计算机做审计计划、计算抽样规模、记录审计执行时间以及起草管理意见书等自动化审计技术不断得到广泛应用。随着信息技术在审计中的广泛应用,计算机审计工作也不断丰富完善,会计师事务所的审计技术与方法论更加具有各自的特色,甚至已经针对客户开发形成了实时审计系统。这些工具和软件系统为事务所员工制定了标准工作程序和内部工作指南,因此,员工在执业过程中,形成了相关会计师事务所特有的审计风格。

---

① 资料来源:GAO, Audits of Public Companies:Continued Concentration in Audit Market for Large Public Companies Does Not Call for Immediate Action,2008。

目前,"国际四大"及其他大型国际会计师事务所网络均有其独特的审计方法论,如普华永道(Price Waterhouse Coopers)拥有会计指南(Accounting Guide),其开发的审计软件 Aura,集审计项目管理与数据分析功能于一体。德勤拥有德勤技术图书馆(Deloitte Technical Library)、德勤路线图(Deloitte Roadmap),其开发的审计与鉴证分析平台(Illumia),近五年增拨逾 10 亿美元,用于提升全球审计服务质量,推出诸多审计创新计划,包括基于云技术的新一代人工智能平台 Deloitte Omnia,旨在打造市场领先的全球综合解决方案。安永拥有全球会计与审计信息工具(Global Accounting and Auditing Information Tool,GAAIT),其开发的审计作业系统 Canvas 集成了审计进程管理、审计风险评估、工作底稿记录、文档管理等功能,能在一个大型审计项目组内部实现信息的实时共享和更新。毕马威开发的智能审计平台 KPMG Clara,集合了新的审计工作流程和优化的审计方法论,确保审计与时俱进,为各利益相关方提供专业见解,同时建立审计共享服务中心,通过信息技术和数据分析工具为其审计团队提供服务,专注于数据提取、数据处理、数据分析和外部函证,将创新的自动化解决方案应用于各审计项目。

与此同时,作为第二梯队的事务所国际网络也在不断完善其独特的审计方法论。BDO 立信以数字化审计工作平台 APT 为核心载体,融合各种基于云技术和大数据的审计云平台和客户门户(协作工具)等先进技术的数据分析工具、协作工具和人工智能、机器人流程自动化等其他辅助工具,全面整合其审计方法论,并建立了公开课体系,致同会计师事务所(GT)搭建了私有云基础技术平台,建立新型审计作业系统(LEAP)及数据互联互通的事务所智能管理系统(IMS),实现了业务流程、管理流程与信息化手段的紧密结合,同时建立了"全球独立性自动监测系统 GIS",识别和解决员工因经济利益引起的潜在独立性冲突,并已经建立线上云文档平台、实时共享数据和资料,实现执业团队远程在线协同办公。此外,还定期推出财务报告刊物及致同视角等。

二、中国会计师事务所审计风格的形成及发展

（一）中国会计师事务所审计风格的形成

中国注册会计师行业创立于 1918 年，由于实行高度集中的计划经济，注册会计师行业发展一度中断，1980 年正式恢复重建。由于缺乏对会计师事务所的监管抓手，行业采取了挂靠单位组建会计师事务所的制度安排，会计师事务所作为挂靠单位的附属事业单位形式存在。

在恢复重建之初，注册会计师行业的服务对象主要是三资企业，办理会计、财务、税务相关文件，对外商出资进行验资，并办理年度审计业务。随着改革开放的深化，会计师事务所的服务对象扩展到国营、集体、联营和私营企业以及从事承包、租赁、发行股票和债券业务的企业，业务范围从验资、审计、税务服务拓展到承办资产评估、外汇检查、承包经营期满检查、财务税收大检查、经济纠纷调解、司法经济案件鉴证等各类鉴证业务，以及受聘担任企业财务顾问，对经济项目进行可行性分析等各类咨询服务。

为了帮助各会计师事务所规范开展业务、统一执业质量，并迅速贯彻实施会计制度、税收法律，财政部于 1985 年组织编写了《注册会计师手册》，详细介绍了注册会计师执行业务的流程及规范。从 1988 年开始，中国注册会计师协会先后制定了《注册会计师查账规则》《注册会计师验资规则》《注册会计师管理建议书规则》《注册会计师职业道德守则》等系列执业准则规则，各会计师事务所据此逐步形成了自身的业务标准、工作规程、职业道德要求及相应的绩效考核规程等。

从 1992 年开始，在事务所申请获得股份制企业试点审计资格及随后的证券资格审批中，中国注册会计师协会和中国证监会会计部联合开展针对事务所的审查，重点审查工作底稿是否符合规定要求，以

评价事务所是否具备从事证券服务业务能力，推动了事务所努力学习借鉴先进的审计方法及工作底稿。1993年，在财政部的领导下，中注协还组织了7家国内事务所与当时国际7家大型事务所参加企业股份制改造，并组织一批国内会计师事务所首次参加上海金山石化在香港上市的审计工作，进一步推动了国内领先事务所全面深入借鉴国际先进审计经验和做法，在交流合作中学习技术、提升水平、缩短差距。

从1995年开始，中国注册会计师协会组织编写年度版审计工作底稿指南，按新制定修订的审计准则的要求制定模板化工作底稿标准，供全行业事务所学习、参考和借鉴。

（二）中国会计师事务所审计风格的发展

从1997年开始，由于先后出现了深圳经济特区会计师事务所、中诚会计师事务所、海南新华会计师事务所的"老三大"审计失败案件，以及成都蜀都会计师事务所、四川会计师事务所、中华会计师事务所的"新三大"审计失败案件，中国会计师事务所开始进行与挂靠单位脱钩暨事务所改制为独立法人主体的重大改革。

1998年脱钩改制后，事务所逐步形成了自主执业、自主经营、自负盈亏、自我发展、自担风险的新机制。特别是自2000年开始，会计师事务所兴起了合并浪潮，上规模上水平、做强做大成为行业快速发展的主基调。在合并浪潮中，人员、业务、标准、文化等的整合成为事务所合并能否成功的重要标志及健康发展的基石。

中天勤会计师事务所于2000年12月21日正式成立，由中天会计师事务所（更名前为深圳中华会计师事务所）和天勤会计师事务所（更名前为蛇口中华会计师事务所）合并而成，成为当时的中国本土第一大会计师事务所，拥有当时最多的上市公司客户（60余家）。由于合并起因是满足证券和金融审计业务对会计师数量的要求，中天和天勤属于"两张皮"式的合并，中天勤会计师事务所并未整合两家原有事务所已经形成的审计程序、复核安排、审查制度等，而是在中天勤内部由 16 名合伙人分别兼任了 10 个业务部门的经理或副经理，各自掌握一部分客户资源，彼此间则像是独立的小事务所一样，业务独立，财务独立，各有各的银行账户。每个部门从业务收入中提取 25% 作为员工工资，30% 用于房租等办公费用，其余都由合伙人支配①。2001 年 9 月 7 日，中天勤会计师事务所因未能发现银广夏公司的重大财务造假行为，受到吊销相关执业资格的处罚，相关签字合伙人和注册会计师被判处相应刑罚，其他合伙人和注册会计师则另谋生路②。

在后中天勤时代，各会计师事务所的合并整合更加注重审计业务、审计程序、质量控制、合伙文化等的整合。"立信"是中国建立最早的会计师事务所品牌之一，由潘序伦先生于 1927 年在上海创建。1986 年立信会计学院恢复重建了立信会计师事务所，1998 年脱钩改制为有限责任公司，2000 年与长江会计师事务所合并，更名为立信长江会计师事务所。2006 年 10 月，立信长江会计师事务所与北京中天华正会计师事务所、广东羊城会计师事务所及上海方寸投资管理有限公司共同出资组建了立信会计事务所管理有限公司（以下简称"立信管理公司"）。福建闽都会计师事务所、南京永华会计师事务所陆续加入。作为执行共同风险控制标准、执业标准、培训体系、分配原则等基本管理制度的执业联合体，立信管理公司于 2009 年加入全球第五大国际会计网络——BDO 国际。2010 年 12 月，立信长江会计师事务所改制为特殊普通合伙制，2011 年整体吸收南京立信永华会计师事务所、立信羊城会计师事务所，并吸收了天健正信会计师事务所、立信大华会计师事务所、中准会计师事务所、福建中联闽都部分审计团队加入，并更名为立信会计师事务所，推动立信文化塑造、风控体系建设、信息化手段应用、优质客户选择，在品牌、质量、标准、技术、人才、管理等方面投入更多资源，继续提升一体化管理水平，逐

---

① 资料来源：《中天勤崩塌》，《财经》，2001 年。
② 由于从成立到解散的时间不到 1 年，因此《财经》杂志称其为"中天勤之殇"。

步形成了"诚信为先、稳中求进"的经营理念。目前，立信会计师事务所已经成为从业人员规模最大、业务收入最高的本土事务所。

"天健"是中国注册会计师制度恢复重建后创立的会计师事务所著名品牌之一。1998年，浙江会计师事务所脱钩改制，成立浙江天健会计师事务所。2008年12月，浙江天健会计师事务所与浙江东方会计师事务所合并成立浙江天健东方会计师事务所，2009年9月更名为天健会计师事务所，同时吸收合并开元信德会计师事务所。2009年11月，吸收合并山东振泉会计师事务所为天健山东分所。2010年9月，吸收合并云南华信会计师事务所为天健云南分所。天健会计师事务所在服务客户"走出去"的过程中，推进国际化发展，并积极响应"一带一路"倡议，创设了自主品牌国际网络——天健国际网络（Pan-China International）。先后吸收德诚会计师事务所为天健国际香港成员所，台湾敬业联合会计师事务所为其台湾成员所，并在新加坡、美国、德国、比利时等国家或地区设立成员所或联系所。在国际会计公告（International Accounting Bulletin，IAB）公布的2018年全球会计公司网络排名中，天健国际位居第18位。天健会计师事务所注重理论与实践的交融，有着浓厚的学术氛围。截至2021年年底，天健会计师事务所在全国性的专业学术刊物上已发表数百篇专业论文；公开出版了《天健文集》《香港执业会计师手册》《最新国际会计准则》《注册会计师探索与实践》《注册会计师业务研究》《年度会计报表审计实务——审计报告》《股份制改组与上市公司审计》《股份制改制上市审计》《民间审计准则研究》《国际财务报告准则——阐释与应用》《网络财务报告研究》等多部专业书籍；编辑发行内刊《天行健》，实时跟踪最新会计、审计、税务等法规制度变化，研讨审计方法，已经在业内形成较好的品牌声誉。

"致同"是中国注册会计师制度恢复重建后创立的会计师事务所著名品牌之一。1998年，北京会计师事务所与京都会计师事务所合并，改制为北京京都会计师事务所；2008年，北京京都会计师事务所与天华会计师事务所合并，成立北京京都天华会计师事务所；2009年8月，吸收合并上海均富潘陈张佳华会计师事务所、广东广信会计师事务所、北京中公信会计师事务所，更名为京都天华会计师事务所；2009年，京都天华加入均富国际（Grant Thornton），成为Grant Thornton会计师事务所国际网络在中国的唯一成员所，并充分利用国际网络资源整合审计资源与文化，建立并执行统一的审计方法论和执业程序、各类业务报告模板、重大业务底稿的格式与内容。2011年12月，转制为特殊普通合伙制度。2011年12月19日，京都天华与天健正信会计师事务所合并，吸收天健正信在厦门、福州、南京、上海、黑龙江、广西、山西（含紫星）和陕西分所（中润）的人员和业务。2019年年初，致同会计师事务所设立济南分所，吸收合并瑞华会计师事务所山东分所主要团队。致同建立了基于准则与监管要求、业务驱动和实务需求的专业标准体系，具体包括执业规程、专业技术提示和专业技术出版物等三大类别，研究内容包括企业会计准则、国际财务报告准则、美国公认会计原则、审计准则、政府会计准则制度的跟踪与实务指引以及行业与监管政策案例等六个专业研究系列，已经陆续出版了系列研究成果。

"信永中和"是中国注册会计师制度恢复重建后创立的会计师事务所著名品牌之一。信永会计师事务所于1998年设立。2000年9月，信永会计师事务所整体吸收中和会计师事务所的专业人员，更名为信永中和会计师事务所，随后创建了信永中和国际网络（ShineWing），并加入普安思迪会计师事务所国际联盟（Praxity），实现集团化、一体化管理和国际化发展。信永中和国际网络陆续在巴基斯坦、埃及、马来西亚、英国、印度、印度尼西亚、日本、德国、泰国等15个国家和地区设有80个办公室，业务服务覆盖亚太地区、欧洲和北非地区，能够采取灵活的方式在全球100多个国家为客户提供多种专业服务。在国际会计公告（IAB）公布的2020年全球会计公司网络排名中，信永中和国际位居第19位，在IAB全球会计事务所网络员工人数排名中位列第 17 位，营业额排名位列第 19 位。

历经二十余年的合并进程，初步形成了"国内八大""国际四大"中国成员所并存的行业发展格局。自 2003 年起，中国注册会计师协会开始发布会计师事务所前 100 家信息。根据公开资料，笔者对比了 2006 年和 2021 年前 100 家排名的情况，如表 1-1 所示。

表 1-1　2006 年与 2021 年中国会计师事务所的规模差距变化

	2006 年	2021 年
Panel A：第 1 名 vs 第 100 名		
收入总额差距倍数（第 1 名/第 100 名）	100.11	134.51
注册会计师数量差距倍数（第 1 名/第 100 名）	4.52	23.17
师均创收（第 1 名，万元）	391.10	439.93
师均创收（第 100 名，万元）	17.66	75.77
师均创收（第 1 名/第 100 名）	22.15	5.81
Panel B：第 1 名 vs 第 10 名		
收入总额差距倍数（第 1 名/第 10 名）	13.82	3.26
注册会计师数量差距（第 1 名/第 10 名）	1.84	1.37
师均创收（第 1 名，万元）	391.10	439.93
师均创收（第 10 名，万元）	52.20	184.26
师均创收（第 1 名/第 10 名）	7.49	2.39
Panel C：前 10 名占百强所比例		
收入总额占比	0.59	0.59
注册会计师数量占比	0.24	0.42
师均创收（前 10 名，万元）	169.58	229.62
师均创收（前 100 名，万元）	69.28	162.29
师均创收（前 10 名 vs 前 100 名）	2.45	1.41
Panel D：前 10 名中的"国际四大"vs"国内六大"		
收入总额差距倍数	5.11	1.13
注册会计师数量差距倍数	0.71	0.54
师均创收（前 4 名，万元）	340.60	348.20
师均创收（后 6 名，万元）	47.54	165.82
师均创收（"国际四大"vs"国内六大"）	7.16	2.10

从表 1-1 中可以发现以下特征：

第一，第 1 名与第 100 名的收入差距由 100 倍扩大到 135 倍，注册会计师数量差距由 4.5 倍扩大到 23 倍，表明会计师事务所的规模集中度显著提高，做强做大效果明显；从师均创收情况来看，会计师事务所之间的差距在缩小。2006 年，位列第 1 位的会计师事务所的师均创收水平为 391.10 万元，2021 年为 439.93 万元，增加 12.5%，而位列第 100 位的会计师事务所师均创收水平则从 2006 年的 17.66 万元，增加到 2021 年的 75.77 万元，增加了 3.3 倍。

第二，如 Panel B 所示，前 10 名中，第 1 名和第 10 名的收入差距从 2006 年的 14 倍降低为 2021 年的 3 倍，说明几轮合并以后，头部事务所的差距在缩小。位列第 1 位的会计师事务所的师均创收水平从 2006 年的 391.10 万元，上升到 2021 年的 439.93 万元，增加 12.5%，而位列第 10 位的会计师事务所师均创收水平从 2006 年的 52.20 万元，增加到 2021 年的 184.26 万元，增加了 2.5 倍，两者的师均创收水平差距也在缩小。

第三，如 Panel C 所示，位列排行榜前 10 名的收入总额占比并没有显著增加，但是，注册会计师数量占比却从 2006 年的 24%，增加到 2021 年的 42%。说明相对来讲，前 10 名的人员素质提升明显。

第四，前十大中，"国际四大"与"国内六大"的收入差距从 2006 年的 5.1 倍下降到 2021 年的 1.1 倍；注册会计师数量差距从 2006 年的 0.7 倍下降到 2021 年的 0.5 倍；"国际四大"与"国内六大"的收入差距在明显缩小。从师均创收水平来看，"国际四大"从 2006 年的 340.60 万元，增加到 2021 年的 348.20 万元，增加了 2.5%；"国内六大"则从 2006 年的 47.54 万元，增加到 2021 年的 165.82 万元，增加了 2.5 倍。"国内六大"的师均创收能力提升明显。

第二节 形成审计风格的意义

会计师事务所的审计风格越强,审计质量越一致,审计后财务报告的可比性越强。现有文献发现,较高的会计信息可比性能够提高审计师的审计效率,降低发表错误意见的可能性(陈玥、江轩宇,2017;Zhang,2018)。可比的会计信息使得税务机关能够参照同行业内其他企业的财务信息来评估企业信息的可信度,从而有效抑制企业的税收激进度(颜敏、王佳欣,2019)。此外,会计信息可比性提高的意义还体现在对资本市场和对被审计公司的影响方面。

可比性是会计信息的重要质量特征。国际会计准则委员会在其发布的财务会计概念框架中指出:可比性能够让报表使用者理解经济现象的异同点。"如果报告主体的信息能够与其他企业的类似信息或本企业不同时期的类似信息可比,那么,信息就会更加有用"(FASB,2010)。美国财务会计准则委员会(FASB,1980)认为,如果财务会计信息不可比,那么,投资者和债权人就很难作出理性决策。2006年2月15日财政部令第33号公布、2014年7月23日通过财政部令第76号修改的《企业会计准则》第十五条明确指出:"企业提供的会计信息应当具有可比性。"同时指出了对会计信息可比性的要求,"同一企业不同时期发生的相同或者相似的交易或者事项,应当采用一致的会计政策,不得随意变更。不同企业发生的相同或者相似的交易或者事项,应当采用规定的会计政策,确保会计信息口径一致、相互可比"。

一、对资本市场的影响

会计准则制定的主要目的之一就是提高不同公司的会计信息可比

性。从理论上讲，在同一会计准则下，不同公司的会计信息之间应该是可比的，因此，我们很难找到会计信息可比性的变化，也很难对会计信息可比性变化带来的经济后果进行实证检验。根据2002年《欧盟法令1606/2002》，在欧盟境内监管市场上市的公司将自2005年1月1日起按照国际财务报告准则（IFRS）编制合并财务报表。在这之前，大部分欧洲公司都使用本国会计准则，统一改用国际财务报告准则为会计信息可比性的经济后果研究提供了一个非常好的准自然实验环境。很多学者借助这个背景，讨论了会计信息可比性变化对欧洲资本市场的影响。

1. 会计信息可比性的提高对资本市场的积极影响获得了资本市场的认可

采用统一的国际财务报告准则以后，一方面，不同国家公司之间的会计信息可比性的提高，可能会提高公司会计信息质量，降低公司的信息不对称程度，即统一采用国际财务报告准则能够降低不同国家公司之间的财务状况和经营成果的比较成本，增加欧洲资本市场在全球的竞争力；另一方面，国际财务报告准则无法充分反映不同国家和地区之间的经济差异，因此，可能会导致不同国家的政治经济情况差异而影响准则的执行力度，甚至可能使国际财务报告准则在执行过程中出现偏差，产生机会主义行为，降低公司的会计信息质量。

阿姆斯特朗等（Armstrong et al., 2010）通过考察欧洲市场对影响国际财务报告准则采纳可能性的16个事件的市场反应，研究统一改用国际财务报告准则，提高会计信息可比性的经济后果。他们发现，从资本市场的反应来看，欧洲国家采纳国际财务报告准则增加各国公司会计信息可比性带来的收益，超过了各国准则执行差异可能带来的成本。13个增加欧盟接受国际财务报告准则可能性的事件日前后3天，平均市场超额收益率显著为正，而3个可能会降低欧盟接受国际财务报告准则可能性的事件发生日前后3天，平均市场超额收益率则显著为负。也就是说，从市场反应来看，投资者认为采用国际财务报告准则是一个好消息。他们还发现，公司采纳国际财务报告准则前的会计信息质量越差、信息不对称程度越高，采用国际财务报告准则所带来的收益就越大。即便如此，对于原会计信息质量较高的公司来说，采纳国际财务报告准则依然是一个好消息。这说明，国际财务报告准则得到认可的原因并不仅仅是提高了财务报告质量，还可能是提高了会计信息的可比性。

2. 会计信息可比性的提高能够吸引国外资本

现有研究还发现，会计信息可比性除了得到资本市场的认可以外，还能影响投资者的实际投资决策。如德丰等（DeFond et al., 2011）以欧盟14国2003—2004年、2006—2007年的数据为研究样本，考察了欧盟国家强制采纳国际财务报告准则以后，会计信息可比性提升对外国投资基金跨国投资决策的影响。他们发现，会计信息可比性提高以后，外国投资基金的投资比例会随之显著增加。科夫里格等（Covrig et al., 2007）讨论了自愿采纳国际财务报告准则对吸引外国资本的影响。他们考察了全世界25000多家对冲基金的投资情况，发现外国对冲基金持有的采纳国际财务报告准则公司的股票比例要显著高于其他公司。他们认为，采用国际财务报告准则减少了外国投资者对本国投资的偏好，使得资本分配更加有效。

3. 会计信息可比性的提高能够提升分析师的预测能力

有学者采用1998—2004年49个国家的数据，检验了国家间会计准则差异对分析师盈利预测行为的影响。他们发现，国家间会计准则差异程度越大，一国分析师跟踪另一国公司的数量就越少，而且预测精度越低。这说明，会计准则差异会给证券分析师带来经济成本，会计信息可比性的提高能够增加分析师预测的准确性。

研究发现，强制执行国际财务报告准则会影响财务分析师的行为，尤其是那些同时执行国际财务报告准则或曾经执行过国际财务报告准则国家的财务分析师行为（Tan et al., 2011）。研究结果表明，强制执行国际财务报告准则能够提高外国分析师财务预测的准确性，增加跟踪本国公司的外国分析师数量等，提高会计信息的有用性。霍顿等（Horton et al.，2013）发现，强制执行国际财务报告准则以后，公司的分析师预测误差显著降低了；对于自愿采纳国际财务报告准则的公司来说，虽然分析师预测误差同样也降低了，但是，其影响却比较小，而且，并不稳健。进一步的研究表明，预测误差的降低程度与本土会计准则和国际财务报告准则之间的差异相关，从而表明国际财务报告准则改善了公司的信息环境，提高了会计信息质量和可比性。

前述研究大多采用跨国比较的方法，讨论采纳国际财务报告准则带来的经济后果，并假定或者倒推国际财务报告准则提高了财务会计信息的可比性。但是，这些研究并没有直接衡量会计信息的可比性。德弗兰科等（De Franco et al.，2011）提出了衡量会计信息可比性的直接方法，从而将这一领域的研究向前推进了一步。他们发现，可比性较强的财务报告能够降低财务分析师的信息收集成本，增加跟踪公司的分析师数量、提高分析师的预测精度、降低预测分歧度。也就是说，会计信息可比性能够提高分析师的预测能力。与此相对应，有学者（Gong et al.，2013）研究发现，会计信息可比性较低时，管理层更乐于提供有价值的盈利预测公告，尤其是长期的盈利预测，以减少管理层与外部投资者的信息不对称程度，并降低他们的信息搜集成本。

4. 会计信息可比性能够增加会计信息的价值相关性

具有可比性的会计信息能够对其他公司产生外部性（Hail et al.，2010）。从网络视角理解会计信息可比性的外部性，财务报告可比的公司数目越多，基于财务报告网络的两两之间信息交流的数量也就越多（Meeks and Swann，2009），正的网络协同效应也就越大（Katz and Shapiro，1985；Bental and Spiegel，1995），这提高了对于管理层和外部利益相关者的总的网络价值。所以，会计信息可比性越高，信息使用者可获取的信息越丰富，信息搜索及使用成本就越低（Li，2010）。

克拉克森等（Clarkson et al., 2011）讨论了欧洲和澳大利亚强制执行国际财务报告准则对会计信息价值相关性的影响。他们发现，采用国际财务报告准则提高了会计信息的价值相关性。兰兹曼等（Landsman et al., 2012）讨论了强制执行国际财务报告准则对年度盈余信息含量的影响。他们比较了强制执行国际财务报告准则的16个国家和继续执行本土会计准则的11个国家，发现强制执行国际财务报告准则以后，其年度报告中会计盈余的信息含量提高了；而且，强制执行的效果取决于这个国家的执行力度。他们提供的经验证据表明，强制执行国际财务报告准则能够提高年度报告盈余信息含量的主要原因是：减少报告滞后时间、增加跟踪公司的财务分析师数量，以及提高外国投资额。

从另外一个角度讲，公司间的会计信息可比性越高，信息使用者越容易觉察管理层有意隐藏坏消息的机会主义行为，进而在股票市场作出相应的决策，这样坏消息就不会累积到导致股价崩盘的境地。也就是说，可比的会计信息便于投资者去收集分析公司的私有信息以进行相应的投资活动，降低公司股价同步性，提高股价的信息含量，进一步降低坏消息集中爆发时可能引发的股价崩盘风险（袁振超、代冰彬，2017；Kim et al., 2016；袁媛等，2019）。

二、对被审计公司的影响

现有文献发现，会计信息可比性不仅有利于降低投资者和分析师处理与分析会计信息的成本，还能提高资本市场的流动性，降低公司的资本成本等，增加公司价值。

1. 会计信息可比性有利于抑制管理层的短视行为。如果会计信息的可比性较强，投资者或债权人就能够通过同行业其他公司的情况了解被审计公司，因此，被审计公司通过应计项目进行盈余管理的行为就更容易被发现（胥朝阳、刘睿智，2014；Sohn，2016）。

江轩宇等（2017）研究发现，可比的会计信息会抑制管理层短视行为，提高企业创新产出。在融资方面，可比的会计信息方便外部资金提供者更好地对管理层进行监督和激励，易于其确保投入资金的安全，这在某种程度上缓解了企业所面临的融资约束问题，并降低了企业的融资成本（Fang et al.，2016；Imhof et al.，2017；明泽、潘颉，2018）。

此外，可比的会计信息还有利于企业与管理层之间签订更为合理的薪酬契约，促进企业投资水平的提高（Lobo et al.，2018；袁振超、饶品贵，2018；唐雪松等，2019）。有学者（Chen et al.，2018）研究发现，并购过程中目标公司的报表可比性越高，并购后具有更高的并购回报，以及更高的并购协同效应和更好的未来经营绩效。刘睿智等（2015）从并购方的信息可比性研究并购后股东的长期财富，他们发现，并购方的信息可比性与并购后股东长期财富显著正相关，这是因为可比的会计信息使得外部投资者能够对企业管理层进行有效监督，从而有利于防范管理层的机会主义行为。

2. 会计信息可比性能够提高管理层业绩预告的准确性。业绩预告是企业根据过去的经营情况，参考行业发展和公司实际，对未来经营状况所做的判断。管理层在进行业绩预告时，既要参考企业历史财务信息，又要考虑同行业竞争对手和上下游公司的情况。如果公司与同行业公司的会计信息可比性较高，有利于管理层捕捉到更多对自身预测有价值的信息，给管理层提供更多参考资料，从而有利于提高管理层业绩预告的准确性。陈翔宇等（2015）对此进行了分析。他们认为，会计信息可比性越高，跟踪公司的分析师数量越多，公司拥有的可用于预测的行业信息和资料也越多，因此，管理层预测的准确性也越高。

第三节 审计风格的影响因素

会计师事务所审计风格的形成是一个长期积累的过程。影响其形成的主要因素包括：会计师事务所的规模、一体化管理水平、信息化水平、行业专长等。此外，会计师事务所首席合伙人及其他领导人的特征、合伙文化差异、监管政策变化等也会影响事务所相对独特的审计风格。

一、会计师事务所规模

在任何一个商业环境中，"规模"经常是判断企业是否成功的标志之一。当然，"管理有方"还可以使用其他指标，如盈利能力、员工满意度、业务增长、创新能力、产品或服务质量等。此外，社会公众还可能关注企业的发展历史，如是否属于"基业长青"型企业，或者是否属于"百年老店"等。

与一般企业不同，会计师事务所属于专业服务提供者，许多传统的判断企业是否成功的指标可能并不适用。大卫·梅斯特在《专业服务公司的管理》中指出，专业服务行业几乎没有什么规模经济可言，因此，无论是公司规模还是增长速度，都无法衡量一家专业服务公司是否成功。

但是，会计师事务所又与一般的专业服务提供商不同。这主要表现在：

1. 随着跨国公司的不断发展壮大，客户对审计专业服务的要求越来越高，只有规模较大的会计师事务所才能够胜任日益复杂的公司审计服务要求。比如，在美国和英国铁路公司迅速增长时期，会计师事务所的规模也在迅速扩张，目的就是能够满足对大型铁路公司开展全面审计工作的要求。规模较大的会计师事务所可以在全球搭建基础设施，开展审计服务。相对来讲，较小的会计师事务所在进入大型审计市场乃至全球审计市场方面，则会面临诸多困难。例如，缺少人力资源、技术专家和全球性的服务网络等。"国际四大"与处于第二梯队的三大会计师事务所在全球业务能力上的差距远远大于其在美国业务能力上的差距。2002 年，美国"国际四大"的平均合伙人数量为 2 075 人，平均专业员工数量为 15 664 人。但是，其余三大会计师事务所（GT，BDO and BKD）的平均合伙人数量仅为 262 人，其他专业员工数量仅为 1 423 人，差距显著（GAO，2003）。

2. 20 世纪八九十年代开始的巨大科技变化与革新，需要会计师事务所更新审计方法、吸引高质量人才、提高人员素质，这些都需要大量资本支持。也就是说，寻求提供高质量审计服务的会计师事务所需要扩大资本积累。会计师事务所规模越大，越能够吸引优秀的专业人才，并能在员工培训和发展上投入大量资源，提高会计师事务所的培训效率，促进其员工整体素质的提高，留住人才，提升会计师事务所的服务和资源分配效率，抵消日益激烈的审计市场竞争对其利润的影响，更好地适应市场需求。从"国际四大"的形成历史可以看到，合并是会计师事务所通过内部积累实现业务发展以外的有效途径。例如：当"国际八大"中排名第七的德洛伊特·哈斯金斯·塞尔斯（Deloitte Haskins and Sells）与排名第八的塔奇·罗斯（Touche Ross）进行合并后，它们成为了当时的世界第三大会计师事务所——德勤会计师事务所。德勤会计师事务所的成立，推动了 1998 年顶级事务所中排名倒数第二的永道会计师事务所（Coopers and Lybrand）与规模最小的普华会计师事务所（Price Waterhouse）的合并，形成当时的世界第二大会计师事务所——普华永道会计师事务所。在美国审计市场上，国际四大会计师事务所的市场集中率（只考虑公众公司客户总数）从 1988 年的 51% 提高到 1997 年的 65%，2002 年更是达到 78%，2020 年则达到了 97% 以上。在美国和英国，大型公众公司的审计市场比全球市场的集中度更大,"国际四大"审计了将近97%的公众公司(这些公众公司销售收入在2.5亿至50亿美元之间不等)。而且,"国际四大"几乎审计了所有的销售收入超过50亿美元的公众公司(郭道扬,1999)。虽然高度集中的审计市场限制了客户的审计师选择空间,而且,潜在的利益冲突、有关审计独立性的相关规定和会计师事务所的行业专长等还可能进一步减少可供选择的会计师事务所数量,但是,由于大型会计师事务所具有因规模优势而建立起来的行业专长,大型公司的审计质量并没有下降(GAO,2008)。

3. 大规模会计师事务所更容易建立全球性职业声誉,获得大型公司、跨国公司或资本市场参与者的认可。这是因为,审计服务质量无法直接观察,因此,审计师声誉尤为重要。大型会计师事务所更容易在长期的审计服务中建立起职业声誉,获得客户特有准租金(DeAngelo,1981)。一旦出现审计失败,其丧失的客户特有准租金也较高,因此,它们更容易保持审计独立性,提供更高质量的审计服务。此外,大规模会计师事务所审计收入较高,口袋较深(Dye,1993),更有能力赔偿由于审计失败而给会计信息使用者带来的损失,能够承担起审计的保险责任,因此,它们也更容易得到资本市场参与者的信赖。

综上所述,对于会计师事务所而言,规模可能是影响其审计风格的重要因素。长期以来,会计师事务所的业务收入一直被认为是一个相对综合的指标,可以在一定程度上体现会计师事务所的综合服务能力、品牌认可度甚至执业质量水平。虽然在会计师事务所职业发展史上,仍然存在个别收入较高的会计师事务所出现严重的执业质量问题,但是,这并不足以让社会公众和监管机构完全否认大型会计师事务所的审计质量。

二、会计师事务所的一体化管理水平

大卫·梅斯特在《专业服务公司的管理》中指出,投资银行中的高盛、管理咨询公司中的麦肯锡、会计师事务所中的安达信、人力资源管理咨询公司中的翰威特和律师事务所中的瑞生国际，都是各自行业中效益最好的专业服务公司之一（甚至是唯一）。它们之间有一个共同点，即或多或少地使用了"一体化"的公司管理体系[①]。

国际会计师联合会（International Federation of Accountants，IFAC）及国际审计与鉴证准则理事会（The International Auditing and Assurance Standards Board，IAASB）都非常重视会计师事务所的一体化管理。2009年，国际审计与鉴证准则理事会制定了《国际质量控制准则第1号——会计师事务所对执行财务报表审计和审阅、其他鉴证和相关服务业务实施的质量控制》，要求会计师事务所建立并保持质量控制制度，以合理保证会计师事务所及其业务人员遵守职业准则和适用的法律法规的规定，且会计师事务所或其项目合伙人出具适合具体情况的报告，并要求会计师事务所对质量控制制度的6要素制定相应的政策和程序。这6个要素分别为对业务质量承担的领导责任、相关职业道德要求、客户关系和具体业务的接受与保持、人力资源、业务执行和监控。2021年，国际审计与鉴证准则理事会对该项准则进行了修订，将质量控制的概念由事中事后扩大为涵盖事前事中事后的质量管理，同时将6要素按照质量风险管理模型调整为8要素，新增了质量风险的评估、信息与沟通2个要素，调整人力资源要素为"资源"要素，调整监控要素为"监控与整改"要素，进一步强化了对会计师事务所一体化管理的各项要求。

我国注册会计师行业恢复重建40年来，规模不断扩大，服务范

---

① 资料来源：大卫·梅斯特著《专业服务公司的管理》第27章。大卫·梅斯特还特别指出，这些例子来自其1985年发表的文章。尽管近年来，有些公司已经发生了很大变化，但是，他并没有对此进行更新。原因是，其初衷是介绍一个能有效发挥作用的管理模式，而不是对任何一家专业服务公司作出评论。（David H. Maister，Managing the Professional Service Firm，1993，New York：Free Press. 大卫·梅斯特. 专业服务公司的管理 [M]. 吴卫军等，译. 北京：机械工业出版社，2019。）

围不断拓展，行业发展总体呈向好态势。随着我国资本市场迅猛发展和行业自身规模不断增长，多年积累的一些深层次问题逐渐显现，审计质量更是成为社会关注焦点。会计师事务所内部管理水平如何，直接影响注册会计师的审计质量。当前，少数会计师事务所过于注重规模扩张，疏于内部治理，存在"山头主义""分灶吃饭"现象，持续发展的根基不稳，大而不强，大而不优，为行业健康发展埋下了风险隐患。近年来发生的审计失败案例，多与会计师事务所内部治理出现问题、一体化管理薄弱、质量控制流于形式有关。为此，切实加强会计师事务所一体化管理，完善内部治理，严格质量控制，防范执业风险，是当前行业发展面临的一项迫切任务。为此，财政部于2021年发布了《会计师事务所一体化管理办法（征求意见稿）》，分别从人员管理、财务管理、业务管理、技术标准和质量管理、信息化建设等一体化管理的五个方面提出了基本要求，并从会计师事务所组织自我评价和监管部门、行业协会实施检查评价两个方面提出了明确要求，同时对上市公司、国有企业、金融机构等择优选聘会计师事务所、纳入综合排名质量评价指标、分所审批和配置监管资源四个方面对一体化检查评价结果提出运用路径，以期加强会计师事务所内部治理，提高质量管理水平。

2021年年底，IAASB修订了国际审计准则第600号《集团财务报表的审计的特殊考虑（包括组成部分审计师的工作）》，其中明确规定，会计师事务所国际网络在实施集团审计时，其所制定的政策或程序，或属于共同的网络要求或网络服务的政策或程序，应当促进集团审计师与各组成部分审计师之间的沟通，支持集团审计师对这些组成部分审计师的指导和监督以及对工作的审查，以确保组成部分审计师符合集团审计师的统一标准。

从以上审计准则、相关规章制度可以看出，一体化管理水平越高，团队协作和统一性就会越强，专业标准和服务质量的一致性就会越高。同时，由于员工招聘、专业培训、专业人员培养等则更具事务所的集体协作、有效沟通、职业怀疑等文化特征，从而使会计师事务所的审计风格更具本事务所的风格。

三、会计师事务所的信息化水平

从20世纪六七十年代开始，计算机在大型企业中使用。20世纪80年代开始，随着个人计算机的发明和普及，企业和会计师事务所开始利用计算机处理业务。随着信息技术的迅猛发展，自20世纪90年代初开始，大型企业开始进行业务流程重组（Business Process Reengineering, BPR），通过对业务流程根据信息技术的发展彻底地再设计，以大幅度改善成本、质量、进度和服务水平。业务流程重组是企业流程的创新活动，需要企业及其专业服务机构用归纳推理的方式来重新认识信息技术信息处理能力以及计算机与互联网技术的连通性，增加组织信息和知识的存取性、存储量和传播性，以全面提高业务流程的效率，使现有流程运行得更快、更好。业务流程重组还会使组织打破传统的规则，建立全新的工作方式。会计师事务所在提供企业流程再造服务过程中，利用信息技术的水平也不断提高，从使用传统审计技术进行审计，到借助计算机对审计路径进行追踪（计算机辅助审计），再到完全利用信息技术进行审计聚焦内部控制和IT系统（IT审计），领先事务所的信息化水平已经进入数字化时代，形成了先进的审计作业软件、业务管理系统和完善的数字化系统。

毕马威会计师事务所在20世纪90年代初即指出"在未来15年内，传统审计将会被同步取代……本所会在财务报告编制的时候就能同时进行审计。本所已经投入了大量资金研究这一项目，1999年就已经投入了5 000万~6 000万美元"（周华等，2020）[①]。美国

---

① Derk Matthews, A history of auditing: The Changing Audit Process in Britain from the Nineteenth Century to the Present Day, 2006 Taylor and Francis；德里克·马修斯. 审计简史[M]. 周华等，译. 北京：中国人民大学出版社，2020.

致同会计师事务所在20世纪90年代中后期亦开始加大审计作业系统和业务管理系统的研发投入，每年的投入金额达3 000万美元以上[①]。

中国会计师事务所自2000年开始探索实施计算机辅助审计。"国际四大"中国成员所利用国际网络优势，开始进行全面数字化转型。本土头部事务所亦相应跟进，加大信息化的资源投入。中注协2020年事务所综合评价前100家事务所的数据显示，截至2020年12月31日，前百家排名事务所中有37家事务所全面建立了审计作业系统、内部管理系统和项目管理系统，使用审计作业系统的事务所达到98家。前百家事务所信息化平均投入占业务收入的比重为1.2%，最高的达到3%，共拥有信息技术人员793人。其中：信息系统审计师（CISA）399人，信息系统安全专业认证（CISSP）10人，中国信息安全专业认证（CISP）47人，软件工程造价师46人，IT审计师（ITA）6人，OSTA高级软件工程师1人，思科网络专家（CCIE）3人，获得其他相关信息系统技术认证人员281人[②]。

截至2020年，全国42%的会计师事务所不同程度地开展了审计作业系统建设，尤其是92.1%的大型会计师事务所应用了审计作业系统。2020年，疫情促使会计师事务所加快数字化转型步伐，会计师事务所积极利用云平台和网上办公系统，通过远程办公模式，开展各项审计和评估工作。智能作业平台下，数据处理系统、知识系统、质量管理系统、技术支持中心、业务处理及数据处理共享中心、效率工具等大幅度提高了会计师事务所的作业效率和工作质量。

"工欲善其事，必先利其器"，会计师事务所的专业审计团队在数字化转型中，从"人工"操作转为"智能"操作模式，充分发掘和融合各个方面的资源、数据等去满足不同类型审计的需求，并在满

---

① 资料来源：致同会计师事务所国际网络年报。
② 资料来源：中国注册会计师协会《2020年度会计师事务所综合评价分析报告》。

足显性需求的基础上，释放隐性深度需求，再根据深度需求进行充分的数据挖掘，形成数据模型，进而产生智能化服务提供给客户。同时，会计师事务所帮助企业客户基于新型的服务平台，利用大数据分析、传感器以及人工智能技术，从丰富的内外信息资源中分析潜在的价值，把相对独立的信息等转化成为增值、多元化模式，并升级为各类用户的贡献力度，将原来重复的人工行为转化为半智能或全智能服务的形式。当然，非百强会计师事务所的信息化水平明显不容乐观。由于缺乏应有的资源投入及客户规模相对较小等原因，非百强会计师事务所的信息化水平尚处于利用个人计算机进行简单的计算机辅助审计的阶段。

会计师事务所信息化水平的提高，极大地提高了内部管理、外部协同的标准化和事务所的数字化水平，同时，审计的智能化水平亦得到了不断提高，成为事务所特定审计风格的技术基础。

四、会计师事务所的行业专长

第二次世界大战结束后，跨国公司的发展日趋迅猛。客户日益复杂的业务，要求会计师事务所满足日益增加的行业技术专长需求，由此催生了会计师事务所的全球化发展，并促进会计师事务所加快形成特有的行业技术专长，建立或扩大管理咨询业务，以更好地满足客户迅速发展而产生的各种复杂需求。

20 世纪 80 年代的"国际八大"会计师事务所中每一家都有各自的优势和行业专长，且通过合并等方式扩大具有专长的行业，从而使其业务多样化。例如：厄恩斯特·惠尼（Ernst and Whinney）和雅瑟·扬（Arthur Young）合并为安永会计师事务所后，将两大会计师事务所各自的保健行业和科技行业专长整合在一起。同样，普华（Price Waterhouse）与永道（Coopers and Lybrand）合并为普华永道会计师事务所后，将两大会计师事务所各自控制石油天然气行业与电信行业的专长整合在一起，从而形成了强大的竞争优势。

20世纪八九十年代开始，跨国公司的业务发展促使会计师事务所迅速建立或扩大管理咨询业务，使会计师事务所向客户提供范围更广的服务，从而获取规模经济。随着会计师事务所迅速通过合并扩展行业专长，使它们能创造协同作用，向客户提供传统审计和鉴证业务以外的广泛服务。这些服务包括税务咨询、内部审计及相关支持性信息系统。为增加或保持竞争力，一些会计师事务所通过合并建立不同业务的优势，比如相对审计业务来说的咨询服务。德洛伊特·哈斯金斯·塞尔斯（Deloitte Haskins and Sells）与塔齐·罗斯（Touche Ross）合并成为德勤会计师事务所后，将这两家会计师事务所各自的审计、税务咨询业务优势与管理咨询业务优势结合在一起，成为最具竞争力的会计师事务所之一。又如，由于金融创新的发展，促使会计师事务所必须积累类似衍生金融工具及其他复杂金融协议领域（客户运用的）的技术专长；再如由于各国税收原则和监管要求差异，促使会计师事务所要积累应对不同国家税收原则和监管要求的客户所需要的行业专长。特别是随着客户的跨国发展和专业化发展，在选择审计师时，对技术专长和地域覆盖面的考虑日益增加，会计师事务所必须加强行业技术专长的培育和发展，以便向正在实行现代化经营的客户提供专有的技术支持与服务。

美国政府问责署2003年7月向美国国会参议院银行、住房和城市事务委员会以及众议院金融服务委员会提交了专项报告[1]，该报告的调查显示：

1. "国际四大"有各自的行业专长，客户也更倾向于会计师事

---

[1] United States General Accounting Office, Report to the Senate Committee on Banking, Housing, and Urban Affairs and the House Committee on Financial Services, ACCOUNTING FIRMS Mandated Study on Consolidation and Competition, https://www.gao.gov/assets/gao-03-864.pdf, July 2003.

务自己的行业专长。80%（118/148）的公众公司表示如果他们要选择一个新的审计师，则会计师事务所的行业专长对他们来说非常重要，因为非四大会计师事务所并未向这些公众公司展示出所具有的行业技能和知识。通常情况下，在某些对市场有重大影响的行业中，具有行业专长的会计师事务所的数量非常有限（一般为两家会计师事务所，其所审计公司的资产总额占该行业所有被审计公司资产总额的70%以上）。

2. 行业专长可能意味着一家会计师事务所在不同程度上控制了该行业的审计市场。一般情况下，学者们通常将行业专长按某一行业中客户资产或销售收入计算的、相对高的市场份额来衡量。如果在某个高度集中的行业里，有几个大型公司和许多小公司，一家会计师事务所审计的资产额占该行业所有公司资产总额的绝大部分，那很有可能导致这家会计师事务在该行业中占据主导地位，导致其对行业特定会计准则的解释，往往会成为该行业通行的会计惯例。如果后来发现这些解释不恰当（从一些有影响力的外部第三方来看），这家会计师事务所以及审计的公司就会面临较高的法律风险，从而可能会对该行业整体和这家会计师事务所产生很大的负面影响。

3. "国际四大"的行业专长因专业人员流动而变化。1998年普华与永道的合并和2002年安达信的解散，出现了事务所专业人员的大规模流动，影响了许多行业上市公司对审计师的选择。影响的行业包括金属采掘、一般建筑承包、家具和固定装置、石油和煤炭产品、航空运输、电力、燃气和卫生服务等行业。特别是石油和煤炭产品、通信、初级金属和制造金属等行业，安达信、普华和永道在1997年合计审计了大约行业总资产70%以上的公司，而在1998年普华和永道的合并以及2002年安达信的解散后，上述行业公司则主要转由安永和德勤会计师事务所审计。原因则是在事务所的合并与解散过程中，具有相关行业专长的专业人员流向了安永和德勤，导致以前由安达信、普华或永道主导的行业中演变为安永和德勤。由于这些公司一般都主导着各自所在的行业，其股东和投资者都不希望由行业专长不足的审计师进行审计，导致增加不必要的审计沟通与审计成本，甚至产生行业数据比较差异。从这个意义上说，会计师事务所具有某些行业专长就意味着能够保持行业一致性，亦即影响其审计风格。

综上所述，具备行业专长的会计师事务所更有能力提供高质量的审计服务，更有能力积攒丰富的审计经验，并将这个经验以内部工作准则的形式规范下来。如果两家会计师事务所都在一个行业具有行业专长，那么，其专业判断也会更加相近，其客户的会计利润会更加可比，其审计风格成熟度更强。

本节讨论了会计师事务所的规模、一体化管理水平、信息化水平和行业专长对会计师事务所审计风格的可能影响。除了这些要素以外，会计师事务所首席合伙人及其领导人的特征、合伙文化差异、监管政策变化等也会影响事务所相对独特的审计风格。如安达信会计师事务所自20世纪90年代开始，更换了首席合伙人，变更了原有的经营理念，导致安达信的审计风格更加激进，最终导致安达信会计师事务所因安然事件最终倒闭；瑞华会计师事务所于2013年成为中国本土第一大事务所，但因其合并扩张速度过快、合伙文化差异整合难度较大，最终因康得新审计失败案件而濒临倒闭。

自2019年以来，我国政府加大了对财务造假的打击力度，特别是"连坐"及过度承担民事赔偿等监管政策的变化，使大型会计师事务所的经营理念更加保守。新《证券法》的出台取消从事证券审计业务的资格管理，使一些上市公司聘用大型会计师事务所出现较大障碍，被迫选聘小型会计师事务所。

以上这些因素均会对会计师事务所的审计风格产生影响，但是，其如何影响审计风格以及具体影响程度如何，后文将进一步探讨。

第四节 本章小结

　　审计风格产生于会计师事务所内部统一的审计工作程序、企业文化或执业理念,是会计师事务所员工在执业过程中综合体现出来的相对独特的执业特征。从国际和国内会计师事务所的发展历程来看,审计风格越强,其审计质量越一致,经其审计后的财务报告的可比性越强。会计师事务所审计风格的形成是一个长期积累的过程。随着客户规模的不断扩大,行业分工的不断细化,客户全球化经营体系的形成,以及审计技术的发展创新,大型会计师事务所相继成立了国际网络,使其审计风格日益成熟定型。会计师事务所的规模、一体化管理水平、信息化水平和行业专长等均是影响会计师事务所审计风格形成的重要因素。此外,会计师事务所首席合伙人及其他领导人的特征、合伙文化差异、监管政策变化等也会影响会计师事务所的审计风格。

中国会计师事务所
审计风格研究

Chapter 2

第二章　中国上市公司的审计市场结构特征

本章以2009—2020年的中国上市公司为研究样本，将我国从事上市公司审计业务的会计师事务所分为"国际四大""国内六大"（十大会计师事务所排名中除国际四大以外的其他六大）和其他会计师事务所三大层次，从不同层级会计师事务所审计的客户数量、客户质量、审计收费和审计时滞四个维度，讨论了不同层级会计师事务所的特征。

第一节 上市公司规模与审计师选择

上市公司规模是否会影响其对会计师事务所规模的选择？不同规模会计师事务所的上市公司客户规模是否存在显著差异？表2-1列示了不同规模会计师事务所的上市公司客户数量。由表2-1可以看到，近10年来，"国际四大"审计的上市公司客户数量虽然有所增加，从2009年的114家，增加到2020年的319家，客户数量增加了180%，但是，由于同期上市公司数量也大幅增加，因此，"国际四大"在中国上市公司总数中所占的比例却并没有显著变化，客户数量集中在6%~7%左右。

表2-1 会计师事务所规模与上市公司客户特征

变量	客户数量	占比	金融行业公司数量	金融行业公司占比[a]	行业前三数量	行业前三比重[b]	国企数量	国企占比[c]	民企数量	民企占比[d]
Panel A："国际四大"										
2009	114	6.4%	15	50.0%	40	30.3%	93	9.4%	11	1.6%
2010	131	6.2%	20	57.1%	38	28.8%	101	9.8%	15	1.5%
2011	150	6.3%	23	57.5%	39	28.7%	114	11.0%	20	1.6%
2012	155	6.2%	23	54.8%	38	28.8%	111	10.7%	22	1.7%
2013	155	6.1%	25	61.0%	39	29.3%	109	10.6%	23	1.7%
2014	161	6.1%	26	59.1%	40	30.3%	112	10.9%	24	1.7%

续表

变量	客户数量	占比	金融行业公司数量	金融行业公司占比[a]	行业前三数量	行业前三比重[b]	国企数量	国企占比[c]	民企数量	民企占比[d]
2015	174	6.1%	28	56.0%	41	31.1%	114	11.1%	34	2.1%
2016	190	6.1%	32	50.0%	40	29.0%	118	11.2%	42	2.2%
2017	215	6.1%	38	50.0%	43	31.6%	124	11.5%	54	2.5%
2018	239	6.6%	44	48.4%	42	30.4%	132	12.0%	59	2.6%
2019	283	7.4%	55	50.9%	46	33.3%	147	12.7%	73	3.1%
2020	319	7.5%	60	49.2%	47	34.1%	149	12.1%	91	3.4%
Total	2 397	6.5%	403	52.3%	535	30.6%	1 511	11.0%	481	2.4%
Panel B："国内六大"										
2009	289	16.3%	3	10.0%	24	18.2%	189	19.0%	92	13.3%
2010	580	27.3%	2	5.7%	35	26.5%	278	26.9%	283	28.8%
2011	773	32.7%	6	15.0%	43	31.6%	323	31.2%	425	34.9%
2012	1 095	43.9%	12	28.6%	50	37.9%	400	38.6%	642	48.8%
2013	1 399	55.2%	12	29.3%	62	46.6%	513	49.9%	808	59.9%
2014	1 483	55.9%	14	31.8%	57	43.2%	528	51.3%	870	60.0%
2015	1 519	53.4%	17	34.0%	58	43.9%	534	51.8%	909	55.8%
2016	1 710	54.5%	22	34.4%	56	40.6%	544	51.5%	1 066	57.0%
2017	1 936	55.1%	26	34.2%	55	40.4%	558	51.8%	1 250	57.3%
2018	1 842	51.1%	23	25.3%	50	36.2%	498	45.4%	1 214	54.3%
2019	1 987	52.1%	34	31.5%	53	38.4%	568	49.0%	1 278	55.0%
2020	2 276	53.4%	40	32.8%	51	37.0%	582	47.1%	1 523	57.6%
Total	17 166	46.7%	214	27.8%	621	35.6%	5 713	41.4%	10 432	51.0%
Panel C：其他										
2009	1 369	77.3%	12	40.0%	68	51.5%	712	71.6%	587	85.1%
2010	1 417	66.6%	13	37.1%	59	44.7%	656	63.4%	686	69.7%
2011	1 440	60.9%	11	27.5%	54	39.7%	597	57.7%	773	63.5%
2012	1 242	49.8%	7	16.7%	44	33.3%	526	50.7%	651	49.5%
2013	982	38.7%	4	9.8%	32	24.1%	406	39.5%	519	38.4%
2014	1 008	38.0%	4	9.1%	35	26.5%	389	37.8%	555	38.3%

续表

变量	客户数量	占比	金融行业公司数量	金融行业公司占比[a]	行业前三数量	行业前三比重[b]	国企数量	国企占比[c]	民企数量	民企占比[d]
2015	1 149	40.4%	5	10.0%	33	25.0%	383	37.1%	686	42.1%
2016	1 236	39.4%	10	15.6%	42	30.4%	395	37.4%	762	40.7%
2017	1 361	38.8%	12	15.8%	38	27.9%	396	36.7%	878	40.2%
2018	1 526	42.3%	24	26.4%	46	33.3%	467	42.6%	962	43.0%
2019	1 544	40.5%	19	17.6%	39	28.3%	445	38.4%	973	41.9%
2020	1 669	39.1%	22	18.0%	40	29.0%	504	40.8%	1 029	38.9%
Total	17 192	46.8%	154	20.0%	590	33.8%	6 570	47.6%	9 542	46.6%

注：
a. 指占所有金融行业上市公司总数的比重。
b. 指占所有排名在证监会三级细分行业前三位的上市公司总数的比重。
c. 指占所有国有企业总数的比重。
d. 指占所有民营企业总数的比重。

同期，国内六大会计师事务所的客户比例显著增加，从2009年的289家，占上市公司客户总数的16.3%，增加到2020年的2 276家，占上市公司客户总数的53.4%。与此相对应，其他会计师事务所的客户占比有所下降，从2009年的1 369家，占上市公司客户总数的77.3%，到2020年的1 669家，客户数量增长比例仅为21.9%，其客户占上市公司客户总数的比例下降到39.1%。

由于金融行业在国民经济中影响较大，规模也较大，笔者专门比较了会计师事务所的金融行业客户情况。可以看到，近十年来，50%左右的金融行业上市公司由"国际四大"审计。2009年，只有3家金融行业上市公司由"国内六大"审计，占金融行业上市公司总数的10%。但是，到2020年，这个数量就达到了40家，占金融行业上市公司总数的32.8%。

如果以上市公司的营业收入总额来衡量其规模，那么，营业收入位于行业前三名的上市公司中，大约1/3选择了"国际四大"审计，这个比例十年间的变化不大。选择"国内六大"的公司从2009年的

18.2%，增加到2020年的37%，增加幅度小于其他公司的增加幅度。选择国内其他会计师事务所的数量从2009年的68家，下降到2020年的40家，即选择国内其他会计师事务所的行业排名靠前公司在绝对数和相对数上都大幅度减少。

从企业所有权性质来看，选择"国际四大"的国企数量从2009年的93家，增加到2020年的149家，市场份额也从9.4%增加到12.1%，高于其在整个上市公司审计市场的份额（7.5%）。但是，在民营企业中，选择"国际四大"审计的只有1.6%。虽然这个比例在2020年增加到3.4%，但是，仍然远远低于其在整个上市公司审计市场的份额。更多的民营企业选择了"国内六大"会计师事务所，其市场份额从2009年的13.3%，增加到2020年的57.6%，远远高于其在整个上市公司审计市场的市场份额（53.4%）。

第二节　上市公司财务状况与审计师选择

本节分别从上市公司客户规模、上市公司客户盈利情况、上市公司客户资本结构、利润质量和客户风险五个维度讨论了不同规模会计师事务所的上市公司客户质量。

一、会计师事务所规模与客户规模

表2-2列示了不同规模会计师事务所的上市公司客户规模情况。从表2-2可以看出，"国际四大"的客户规模显著高于"国内六大"和其他会计师事务所。在1/4分位点上，"国际四大"客户的资产总额为93.21亿元，远远高于"国内六大"和其他会计师事务所客户的3/4分位点上的77.45亿元和62.55亿元。以营业收入来衡量客户规模，"国际四大"在1/4分位点上的客户收入总额41.97亿元，也

高于"国内六大"和其他会计师事务所在3/4分位点上的客户收入总额分别为41.55亿元和33.78亿元。"国际四大"客户的平均总资产是"国内六大"客户的12.87倍,是其他会计师事务所的17.94倍。"国际四大"客户的平均营业收入是"国内六大"的7.71倍,是其他会计师事务所的9.69倍。

表2-2　　会计师事务所规模与上市公司客户规模　　单位:亿元

	25%分位点	均值	中值	75%分位点	标准差
Panel A:总资产					
"国际四大"	93.21	1 430	337.9	1 901	2 008
"国内六大"	14.5	111.1	31.09	77.45	334.5
其他	12.5	79.71	27.25	62.55	260
Panel B:营业收入					
"国际四大"	41.97	418.2	136.4	657.6	522.8
"国内六大"	6.801	54.23	15.79	41.55	131.3
其他	5.694	43.16	13.65	33.78	112.5

二、会计师事务所规模与客户盈利情况

表2-3列示了不同规模会计师事务所的客户盈利情况。从客户的净利润总额来看,"国际四大"客户的净利润总额显著高于"国内六大"和其他会计师事务所。在1/4分位点上,"国际四大"客户的净利润为3.072亿元,与"国内六大"客户的净利润均值3.45亿元相当,更是高于其他会计师事务所3/4分位点的净利润——2.329亿元。

由于"国际四大"审计的客户规模较大,表2-3的Panel B和Panel C列示了剔除规模影响以后,不同规模会计师事务所的上市公司客户的盈利情况。从总资产报酬率来看,"国际四大"与"国内六大"的客户差异不是很大。虽然"国际四大"总资产报酬率的均值4.1%,高于"国内六大"的3.8%和其他会计师事务所的2.9%,

表 2–3　　会计师事务所规模与上市公司客户盈利情况　净利润单位：亿元

	25%分位点	均值	中值	75%分位点	标准差
Panel A：净利润					
"国际四大"	3.072	36.63	11.68	51.85	48.39
"国内六大"	0.371	3.448	1.085	3.104	10.87
其他	0.238	2.403	0.84	2.329	8.942
Panel B：总资产报酬率					
"国际四大"	0.012	0.041	0.033	0.063	0.052
"国内六大"	0.014	0.038	0.039	0.071	0.07
其他	0.011	0.029	0.035	0.065	0.082
Panel C：净资产收益率					
"国际四大"	0.057	0.096	0.098	0.144	0.112
"国内六大"	0.032	0.058	0.072	0.117	0.168
其他	0.025	0.045	0.066	0.112	0.202

但是，"国际四大"客户的总资产报酬率中位数只有3.3%，甚至低于"国内六大"的中位数3.9%，也低于其他会计师事务所的中位数3.5%。但是，"国际四大"客户总资产报酬率的标准差要低于"国际六大"，而其他会计师事务所客户的标准差最大。这说明，相对来讲，"国际四大"客户的总资产报酬率比较平均，而"国内六大"客户的总资产报酬率差异较大，其他会计师事务所客户的总资产报酬率差异最大。

Panel C 列示了以净资产收益率来衡量客户的盈利能力的结果。可以看到，"国际四大"的净资产收益率的1/4分位点、均值、中值和3/4分位点都要显著高于"国内六大"和其他会计师事务所，如"国际四大"客户净资产收益率的均值为9.6%，而"国内六大"为5.8%，其他会计师事务所为4.5%。这说明，相对来讲，"国际四大"客户的净资产收益率更高。而且，"国际四大"的净资产收益率分布也更加均匀。如"国际四大"净资产收益率的标准差为11.2%，远远低于"国内六大"客户的16.8%和其他会计师事务所客户的 20.2%。

三、会计师事务所规模与客户资本结构

表 2-4 列示了不同规模会计师事务所客户的资产负债率情况。可以看到,"国际四大"客户资产负债率的 1/4 分位点为 40.8%,高于"国内六大"的 24.9% 和其他会计师事务所的 26.7%。均值、中位数和 3/4 分位点的资产负债率与此类似,"国际四大"客户最高、其他会计师事务所次之,"国内六大"客户的资产负债率最低。

表 2-4　　会计师事务所规模与上市公司客户的资本结构

	25% 分位点	均值	中值	75% 分位点	标准差
"国际四大"	0.408	0.574	0.576	0.751	0.226
"国内六大"	0.249	0.423	0.41	0.579	0.217
其他	0.267	0.447	0.435	0.612	0.228

四、会计师事务所规模与客户利润质量

表 2-5 比较了不同规模会计师事务所客户的利润质量。由表 2-5 的 Panel A 可以看到,以净利润带来经营活动产生的现金流量的能力来衡量利润质量,无论是 1/4 分位点、均值、中值,还是 3/4 分位点,"国际四大"客户净利润的现金含量均显著高于"国内六大"和其他会计师事务所。如"国际四大"客户净利润现金含量的中位数为 1.34,而"国内六大"为 0.93,其他会计师事务所仅为 0.86。

表 2-5 的 Panel B 以根据琼斯模型计算的可操控性应计利润来衡量上市公司的利润质量。可以看到,"国际四大"客户可操控性应计利润的均值和中位数分别为 0.007 和 0.006,低于"国内六大"的 0.015 和 0.014,也低于其他会计师事务所的 0.015 和 0.015。这说明,"国际四大"客户的利润质量也高于"国内六大"和其他会计师事务所。

表 2-5　会计师事务所规模与上市公司客户利润质量

	25%分位点	均值	中值	75%分位点	标准差
Panel A：经营活动产生的现金流量/净利润					
"国际四大"	0.540	2.016	1.340	2.536	5.048
"国内六大"	0.089	1.246	0.928	1.800	4.736
其他	-0.061	1.282	0.864	1.920	5.254
Panel B：可操控性应计利润					
"国际四大"	-0.035	0.007	0.006	0.048	0.089
"国内六大"	-0.034	0.015	0.014	0.062	0.102
其他	-0.039	0.015	0.015	0.069	0.115

五、会计师事务所规模与客户风险

表 2-6 分别以是否发生亏损、是否发生报表重述和是否收到监管处罚来判断上市公司的客户质量，比较不同规模会计师事务所的客户质量情况。由表 2-6 可以看出，"国际四大"客户中，亏损公司数量最少，为 128 家，占其客户比例的 5.34%；"国内六大"客户中，亏损公司数量其次，为 1 730 家，占其客户比重的 10.08%；其他会计师事务所审计的上市公司客户中，亏损公司占比最多，为12.63%。"国际四大"客户发生报表重述和受到监管部门处罚的比例也最低，分别为 1.38% 和 0.5%，"国内六大"其次，分别为 2.53% 和1.72%，其他会计师事务所最多，分别为 2.93% 和 2.5%。

表 2-6　会计师事务所规模与上市公司客户风险

	总数	亏损公司数量	亏损公司数量占比（%）	报表重述数量	报表重述数量占比（%）	监管处罚数量	监管处罚数量占比（%）
"国际四大"	2 397	128	5.34	33	1.38	12	0.50
"国内六大"	17 166	1 730	10.08	435	2.53	296	1.72
其他	17 192	2 171	12.63	504	2.93	430	2.50

第三节　不同规模会计师事务所的审计收费特征

表 2-7 列示了不同规模会计师事务所的审计收费情况。由表 2-7 可以看出，"国际四大"上市公司客户的平均审计收费为 438.1 万元，远远高于"国内六大"的 104.5 万元和其他会计师事务所的 87.01 万元。但是，如果考虑公司规模，"国际四大"的万元资产审计收费和万元销售收入审计收费并不比"国内六大"和其他会计师事务所高。

表 2-7　会计师事务所规模与审计收费

	25%分位点	均值	中值	75%分位点	标准差
Panel A：审计收费总额（单位：万元）					
"国际四大"	150.00	438.10	240.00	420.00	637.60
"国内六大"	55.00	104.50	80.00	120.00	101.90
其他	50.00	87.01	68.95	100.00	74.27
Panel B：万元资产审计费用					
"国际四大"	0.56	1.76	1.11	2.13	1.88
"国内六大"	1.21	3.31	2.31	3.97	10.27
其他	1.18	3.39	2.18	3.95	6.85
Panel C：万元销售收入审计费用					
"国际四大"	0.92	8.54	2.05	4.60	74.59
"国内六大"	2.10	11.59	4.44	8.73	171.00
其他	2.10	40.50	4.29	9.02	2 574.00

现有文献发现，审计收费金额与公司的规模、盈利能力、经营风险和财务风险等相关。为此，笔者分析了控制影响审计费用的主要因素，计算了不同规模会计师事务所的审计收费溢价。

首先，采用公式 2-1 估计公司的正常审计费用。

$$AFEE_{i,t} = \beta_0 + \beta_1 SIZE_{i,t} + \beta_2 LEV_{i,t} + \beta_3 ROA_{i,t} + \beta_4 LOSS_{i,t} +$$
$$\beta_5 INV_{i,t} + \beta_6 REC_{i,t} + \beta_7 AOP_{i,t} + \beta_8 BTM_{i,t} + \beta_9 CUR_{i,t} + \beta_{10} LIQ_{i,t} +$$
$$\beta_{11} DA_{i,t} + \varepsilon \qquad \text{式 2-1}$$

其中，AFEE 为上市公司当年审计费用的自然对数。其他解释变量的定义如表 2-8 所示。

表 2-8 变量定义

变量符号	变量名称	变量说明
AFEE	审计收费	公司当年审计费用的自然对数
SIZE	公司规模	公司当年度期末资产总额的自然对数
LEV	负债水平	公司当年度期末负债总额除以期末资产总额
ROA	盈利能力	公司当年度净利润除以期末资产总额
LOSS	是否亏损	虚拟变量，如果公司当年度的净利润小于 0 则为 1，否则为 0
INV	存货占比	公司当年度期末存货净额除以期末资产总额
REC	应收账款占比	公司当年度期末应收账款净额除以期末资产总额
CUR	流动资产占比	公司当年度期末流动资产除以期末资产总额
LIQ	流动比率	公司当年度期末流动资产除以期末流动负债
AOP	审计意见	虚拟变量，如果当年审计师出具了非标准无保留审计意见则为 1，否则为 0
BTM	账面市值比	公司当年度期末账面价值除以期末市场价值
SWITCH	事务所变更	公司当年度审计师变更则为 1，否则为 0
DA	可操控性应计利润	计算方法同 2.2.2 中的 DA 计算过程

其次，对公式 2-1 进行分行业、分年度回归，得到估计系数 $\beta_0 - \beta_{11}$。

再次，将上市公司当年数据代入回归公式 2-1 中，得到该公司本年度的预期审计收费 EFEE，实际审计收费与预期审计收费的差异就是审计收费溢价率。即审计收费溢价率 =（实际审计收费 - 预期审计收费）/ 预期审计收费

最后，计算会计师事务所所有上市公司客户的平均审计费用溢价率，记为 P01。

$$P01 = \frac{\sum_{k=1}^{N}(AFEE_k - EFEE_k)/AFEE_k}{N}$$

表2-9　会计师事务所规模与上市公司客户的审计收费溢价

	25%分位点	均值	中值	75%分位点	标准差
"国际四大"	0.012	0.032	0.034	0.056	0.034
"国内六大"	-0.018	0.001	0.001	0.020	0.029
其他	-0.023	-0.004	-0.005	0.014	0.029

表2-9列示了不同规模会计师事务所的审计收费溢价情况。可以看出，控制其他因素以后，"国际四大"的审计收费溢价率比较高，平均为3.2%，中值为3.4%。"国内六大"审计收费溢价率的均值和中值均与0接近，而其他会计师事务所的审计收费溢价率则显著低于0。这说明，在中国上市公司审计市场，"国际四大"依然获取了超过行业平均水平的审计收费溢价率。

第四节　本章小结

本章将我国从事上市公司审计业务的会计师事务所分为"国际四大""国内六大"（十大会计师事务所排名中除国际四大以外的其他六大）和其他会计师事务所三大层次，比较了不同层次会计师事务所的客户情况。研究结果表明，近十年来，"国际四大"客户数量虽然增加了80%，但是，其在上市公司审计市场中的比例仅仅提升了1.1%，相对有限。同期，"国内六大"会计师事务所的客户规模增长了688%，在上市公司审计市场的份额从16%增加到53%，增速明显。

三大层次会计师事务所的客户特征存在显著差异。"国际四大"在金融行业的审计市场份额远远高于"国内六大"和其他会计师事务所，其位于行业前三位的客户较多，客户规模更大、净利润更高、给股东的回报更多、客户质量更好。但是，从总资产报酬率的角度来看，三大层次会计师事务所的经济效益差异不大。

中国会计师事务所
审计风格研究
Chapter 3

第三章 会计师事务所审计风格的一致性差异

第一节 理论基础和研究假说

国外大量研究表明,会计师事务所(以下简称"事务所")的规模越大,审计质量越好。一方面,大会计师事务所在长期的审计实践中,积累了更多与客户相关的"客户特有准租金"(DeAngelo, 1981),审计失败的成本较高,因此,会更加关注审计质量;另一方面,大会计师事务所的收入较多,"口袋"较深,更容易成为诉讼对象(Dye, 1993),也会因此而提高审计质量。国外研究提供了大量经验证据支持这个理论。有学者发现,八大会计师事务所客户的盈余反应系数(earnings response coefficient)更高,即会计盈利与股票的超额报酬更相关,其提供的会计信息质量更好。盖格和罗摩(Geiger and Rama, 2006)发现,国际四大会计师事务所在发表持续经营审计意见时的审计报告差错更少,即"国际四大"出具持续经营审计意见时的第一类错误和第二类错误都显著低于非国际四大会计师事务所。

在以中国上市公司为研究样本的相关研究中,王咏梅和王鹏(2006)研究发现,"四大"与"非四大"审计质量市场认同度存在显著差异,市场更认同"四大"的审计质量,并且表现出认同的一致性。蔡春等(2005)发现,"非前十大"审计的上市公司可操控性应计利润显著高于"前十大"审计的上市公司;吴水澎和李奇凤(2006)发现"四大"与"国内十大""国内十大"与"国内非十大"在抑制公司报告可操控性应计上存在显著差异。他们的研究结果都支持国外学者的假说,即在我国的审计市场上,大会计师事务所的审计质量高于小会计师事务所。林永坚和王志强(2013)发现,与本土事务所相比,"国际四大"在国内市场确实能够提供更高的审计质量,且这种差异主要体现在对正向盈余管理的制约上。乔贵涛等(2014)认为,会计师事务所的审计质量存在传染效应,但该传染效应受到事务所自选择问题的影响，大规模事务所在审计质量传染效应中占据主导地位。

但是，也有学者提供了其他方面的经验证据，对此提出疑问。原红旗和李海建（2003）发现，事务所规模没有对审计意见产生明显影响。刘峰和周福源（2007）从非标准无保留审计意见出具的概率、可控应计的数量和会计盈余的持续性三个角度进行分析，他们认为"国际四大"与"非国际四大"的审计质量并不存在显著的差异，从会计盈余稳健性角度来看，"国际四大"甚至比"非国际四大"更不稳健。刘峰等（2009）发现，虽然"国际四大"收取了更高的审计费用，却没有提供高质量的审计服务。黄龙（2013）研究发现，在香港市场，"国际四大"和"本土八大"的审计质量差异并不显著。袁知柱等（2014）研究发现，"国际四大"审计的上市公司的股价波动同步性与"非四大"没有显著差异，因此，两者提供的审计质量差异不显著。他们进一步对各"四大"事务所的单独检验结果还发现，安永华明、毕马威华振、德勤华永和普华永道中天的审计质量与"非四大"的差异均不显著。最后按照会计准则、投资者保护程度、终极控股人性质及管理层持股等方法将样本分组检验，发现在各种不同的内外部治理环境下审计质量仍然没有显著差异。

为什么对中国审计市场的研究会出现不同的研究结果呢？吴昊旻和王华（2010）认为，"规模—质量"的正相关结论，是基于充分竞争的审计市场、有效的审计监管、足够的法律威慑、及时的信息披露以及忽略事务所内部代理问题等一系列市场条件的前提之下得出的，而这些条件要么尚不完备，要么还受多重因素影响，因此，除研究角度、变量设置、样本选择及研究方法等技术性差异影响之外，制度背景及市场环境差异很可能是引致国内外相关研究结论存在较大分歧的最重要原因。曾亚敏和张俊生（2014）研究发现，在控制了自选择问题后，如果以发表非标准审计意见的概率作为审计质量的表征量，那么"国际四大"明显优于国际会计公司成员所；如果以客户企业财务报表的可控应计作为审计质量的表征量，那么国际会计公司成员所与"国际四大"或本土所均不存在明显差异。宋衍蘅和肖星（2012）从注册会计师的执业环境出发，用上市公司实际控制人的控制权与现金流权之差衡量事务所面临的监管风险，研究发现，大型会计师事务所只对监管风险较高的客户提供高质量的审计服务。进一步研究表明，事务所的监管环境的改善有助于对所有客户提供高质量的审计服务，审计质量与事务所规模之间的正相关关系不再依赖监管风险而存在。吴昊旻等（2015）以2003—2010年沪深A股非金融上市公司为研究样本，研究发现，事务所规模与审计质量呈正相关，法制环境的提升有助于强化高质量审计供给；并且第一大股东持股比重与审计质量正相关。

本章以会计师事务所是否具有更为一致的审计风格来衡量审计质量，重新讨论了会计师事务所规模与审计质量之间的关系。正如第一章第三节讨论，如果会计师事务所的规模较大，就有能力招聘更多人才，拥有更为庞大的人才资源，更容易积累专业知识和技巧，也能更加有效地监督合伙人和审计师行为。此外，由于大型会计师事务所承担了更大的法律责任和成本（DeAngelo，1981；Dye et al.，1993），更有能力和动机对内部工作准则进行投资，因此，更有能力保证审计风格的统一性。弗朗西斯等（Francis et al.，2014）发现，国际四大事务所审计公司的会计信息可比性更高，具有更加一致的审计风格。有学者（Ye and Cao，2016）发现事务所合并会提高被审公司财务报告的可比性，并且合并后事务所的整合程度越高，其所审公司财务报告的可比性越强。为此，笔者提出了如下研究假说：

假说3-1：在其他条件相同的情况下，大规模会计师事务所的审计风格强于小型会计师事务所。

第二节 研究设计

本部分研究以上海证券交易所和深圳证券交易所2009年至2020年的上市公司为研究样本，对初始数据进行了如下筛选：

1. 剔除了金融、保险行业上市公司。

2. 剔除了ST、*ST类上市公司，以控制公司财务状况、持续经营能力等因素对年度报告的可能影响。

3. 剔除了2009—2020年度存在数据缺失、数据不完整的上市公司，以确保研究数据的可得性。

研究所使用的相关资料来源于国泰安数据库。行业分类参考中国证监会发布的行业分类指引。

本部分以可操控性应计利润的可比性来衡量会计师事务所的审计风格。这是因为，可操控性应计利润通常是用来权衡会计信息品质的一个指标，它是会计盈余中审计师最有可能影响的项目。如果两个公司在同一年度，处于同一个行业，审计师为同一个会计师事务所，而且这家会计师事务所具有统一的内部工作标准，那么，审计调整的应计项目应该类似；在具体会计准则的应用上，应该采用类似的会计处理方法和专业判断。因此，与两家被不同的审计师所审计的公司相比，他们应计项目的结构应该更接近（Francis et al.，2014）。

根据弗朗西斯等学者的研究（Francis et al.，2014），笔者采用公式3-1来衡量会计师事务所在同行业两家公司的审计中是否具有一致的审计风格：

$$Style_{i,j,t} = -|Abn\_Accr_{i,t} - Abn\_Accr_{j,t}| \qquad 式3-1$$

其中，Style 代表同行业两家公司审计风格的一致性，Style 越大，则这两家公司可操控性应计利润之间的差异越小，说明这两家公司的审计风格更加一致。Abn_Accr 是可操控性应计利润的绝对值，笔者采用调整经营业绩以后的截面修正琼斯模型（Dechow et al.，1995）来估计。具体方法如下：

首先，对于每一个行业，用公式3-2估计 α_0、α_1、α_2、α_3 和 α_4。

$$\frac{Accr_{i,t}}{Asset_{i,t-1}} = \alpha_1 \frac{1}{Asset_{i,t-1}} + \alpha_2 \frac{\Delta REV_{i,t} - \Delta AR_{i,t}}{Asset_{i,t-1}} + \alpha_3 \frac{PPE_{i,t}}{Asset_{i,t-1}}$$
$$+ \alpha_4 ROA_{i,t-1} + \varepsilon_{i,t} \qquad 式3-2$$

其中，Accr 表示总应计项目（=营业利润+财务费用-投资收益-经营活动产生的现金净流量）；△REV 是本年主营业务收入的增加额；△AR 是本年应收账款的增加额；PPE 表示本年年末的固定资产原值；Asset 表示总资产；i 和 t 分别代表样本公司和年度。将每个公司每年财务数据加入相关行业的回归模型中，得到公式 3-2 的残差，取绝对值，即是调整业绩影响以后的各公司修正琼斯模型下的可操控性应计利润绝对值（Abn_Accr）。

Style 是样本数据两两配对的结果。如某行业某年有 A、B、C 三家公司，那么配对组有 3 组，即 AB、AC、BC。

为了研究不同会计师事务所有否产生自身独有的审计风格，笔者采用以下公式：

$$Style_{i,t} = \alpha_0 + \alpha_1 Same_{i,j,t} + Controls + \varepsilon_{i,t,t} \qquad 式3-3$$

其中，Same 表示比较的两家公司是否聘用了同一家会计师事务所。如果 i 公司和 j 公司的审计师是同一家，那么，Same 为 1；如果 i 公司和 j 公司被不同的事务所审计，那么 Same 为 0。如果同一家会计师事务所审计公司的会计信息可比性强于不同会计师事务所审计公司的会计信息可比性，那么，α_1 的系数将明显大于 0。

笔者用公式 3-4 来比较不同规模的审计师的审计风格差别：

$$Style_{i,t} = \alpha_0 + \alpha_1 Same\_Big4_{i,j,t} + \alpha_2 Same\_Big6_{i,j,t} + Controls + \varepsilon_{i,t,t}$$

$$式3-4$$

其中：Same_Big4 是虚拟变量，如果 i 公司和 j 公司的审计师同为国际四大会计师事务所，则为 1，否则为 0。Same_Big6 是虚拟变量，如果 i 公司和 j 公司的审计师同为国内六大会计师事务所，则为 1，否则为 0。如果 α_1 和 α_2 均显著小于 0，则说明国际四大会计师事务所和国内六大会计师事务所的风格显著强于其他所。

Controls 是其他可能影响会计信息可比性的控制变量。为避免极端数据的影响，在 1% 和 99% 的水平上对所有连续数据进行了缩尾处理。具体变量含义见表 3-1。

第三章 会计师事务所审计风格的一致性差异

表 3–1　　　　　　　　　变量定义

变量符号	变量解释
Style	表示审计风格，用可操控性应计利润的可比性衡量
	$Style_{ij,t} = \mid Abn\_Accr_{i,t} - Abn\_Accr_{j,t} \mid$
解释变量	
Abn_Accr	可操控性应计利润（调整经营利润的截面修正琼斯模型）
Same	虚拟变量，如果由同一家会计师事务所审计，则为1；否则为0
Same_Big4	虚拟变量，如果同由"国际四大"会计师事务所审计，则为1；否则为0
Same_Big6	虚拟变量，如果同由"国内六大"会计师事务所审计，则为1；否则为0
SPE	虚拟变量，如果两家公司的会计师事务所均在某行业具备特长，则为1；否则为0
控制变量	
Abn_Accr_min	公司 i 和公司 j 的可操控性应计利润的最小值
Abn_Accr_avg	公司 i 和公司 j 的可操控性应计利润的均值
LEV_diff	公司 i 和公司 j 的资产负债率差值的绝对值
LEV_min	公司 i 和公司 j 的资产负债率的较小值
Size_diff	公司 i 和公司 j 的总资产自然对数差值的绝对值
Size_min	公司 i 和公司 j 的总资产自然对数的较小值
M/B_diff	公司 i 和公司 j 的市值账面比差值的绝对值
M/B_min	公司 i 和公司 j 的市值账面比的较小值
CFO_diff	公司 i 和公司 j 的（经营活动现金流/期初总资产）差值的绝对值
CFO_min	公司 i 和公司 j 的（经营活动现金流/期初总资产）的较小值
LossProb_diff	公司 i 和公司 j 过去16个季度中净利润为负数的季度所占比重的差异的绝对值
LossProb_min	公司 i 和公司 j 过去16个季度中净利润为负数的季度所占比重的较小值
Std_REV_diff	公司 i 和公司 j 的过去16个季度主营业务收入标准差差值的绝对值
Std_REV_min	公司 i 和公司 j 的过去16个季度主营业务收入标准差的较小值
Std_CFO_diff	公司 i 和公司 j 的过去16个季度（经营活动净现金流/期初总资产）标准差差值的绝对值
Std_CFO_min	公司 i 和公司 j 的过去16个季度经营活动（经营活动净现金流/期初总资产）标准差中的较小值
Std_REVG_diff	公司 i 和公司 j 的过去16个季度主营业务收入增长率标准差差值的绝对值
Std_REVG_min	公司 i 和公司 j 的过去16个季度主营业务收入增长率标准差中的较小值

第三节 研究结果

一、描述性统计

表3-2列示了本部分的描述性统计结果。由表3-2可以看出，Same=1的样本占配对样本总数的6.5%，Same_Big4=1占基础配对总数的0.4%，Same_Big6=1占基础配对总数的26%，具有行业专长的配对样本量占68%。同行业不同公司间的审计风格指标平均为-9.7%，在绝对值上接近于弗朗西斯等（Francis et al.，2014）的会计信息的可比性指标，为10.6%。

表3-2 描述性统计

变量	最小值	下十分位点	均值	中位数	上十分位点	最大值	标准差
Style	-0.548	-0.218	-0.097	-0.067	-0.012	-0.001	0.101
Same	0.000	0.000	0.065	0.000	0.000	1.000	0.247
Same_Big4	0.000	0.000	0.004	0.000	0.000	1.000	0.060
Same_Big6	0.000	0.000	0.260	0.000	1.000	1.000	0.438
SPE	0.000	0.000	0.679	1.000	1.000	1.000	0.467
Abn_Accr_min	-0.394	-0.153	-0.041	-0.025	0.050	0.190	0.093
Abn_Accr_avg	-0.226	-0.084	0.007	0.008	0.096	0.260	0.079
LEV_diff	0.003	0.032	0.209	0.177	0.433	0.694	0.157
LEV_min	0.040	0.128	0.346	0.330	0.591	0.743	0.173
Size_diff	0.018	0.191	1.271	1.035	2.702	4.569	1.008
Size_min	19.46	20.560	21.700	21.660	22.920	24.060	0.933
M/B_diff	0.003	0.036	0.237	0.198	0.501	0.749	0.180
M/B_min	0.089	0.202	0.480	0.454	0.801	0.992	0.223
CFO_diff	0.001	0.011	0.088	0.064	0.189	0.471	0.085
CFO_min	-0.291	-0.076	0.007	0.016	0.083	0.196	0.074

续表

变量	最小值	下十分位点	均值	中位数	上十分位点	最大值	标准差
LossProb_diff	0.000	0.000	0.174	0.063	0.500	0.875	0.211
LossProb_min	0.000	0.000	0.033	0.000	0.125	0.750	0.089
Std_REV_diff	0.002	0.017	0.179	0.101	0.401	1.692	0.246
Std_REV_min	0.469	0.540	0.641	0.618	0.764	1.352	0.109
Std_CFO_diff	0.000	0.004	0.035	0.021	0.073	0.439	0.051
Std_CFO_min	0.010	0.018	0.038	0.034	0.061	0.149	0.019
Std_REVG_diff	0.002	0.018	1.025	0.110	0.783	56.200	5.591
Std_REVG_min	0.548	0.629	0.756	0.716	0.877	2.867	0.206

表3-3列示了不同规模会计师事务所之间的审计风格差异。可以看到，同一家国际四大会计师事务所的审计风格均值为-0.076，显著高于国内六大会计师事务所的均值-0.094，也显著高于国内其他会计师事务所的均值-0.099。这说明，国际四大会计师事务所客户之间的可操控性应计利润差异最小，其客户之间的会计利润最具有可比性。"国内六大"其次，其他会计师事务所客户之间的可操控性应计利润的可比性最差。

表3-3　不同规模会计师事务所的审计风格差异

变量	均值		中值	
同一家会计师事务所	-0.095		-0.065	
同一家国际四大会计师事务所	-0.076		-0.051	
同一家国内六大会计师事务所	-0.094		-0.065	
同一家其他会计师事务所	-0.099		-0.067	
	均值差异	T值	中值差异	Z值
"国际四大"vs"国内六大"	0.018	14.53	0.014	15.76
"国际四大"vs其他	0.023	17.40	0.016	18.64
"国内六大"vs其他	0.005	25.19	0.002	21.49

二、研究结果

表3-4列示了事务所规模与审计风格关系的回归结果。由表3-4的第(1)列可以看出,Same 的回归系数为0.001,且在1%的显著性水平上显著为正。表3-4的第(2)列控制了其他因素,Same 的回归系数仍然为0.001,在1%的显著性水平上显著为正。这说明,同一个会计师事务所的可操控性应计利润的可比性显著高于非同一会计师事务所审计的公司,也即,在样本期间,中国会计师事务所已经形成了统一的审计风格。

表3-4的第(3)列删除了不是同一家会计师事务所审计的公司样本,因此,样本数量减少为112 914。在所有同一家会计师事务所审计的样本中,Same_Big4 的回归系数为0.003,且在1%的水平上显著为正。Same_Big6 的回归系数为-0.002,且在1%的水平上显著为负。这说明,国际四大会计师事务所客户间的会计利润可比性显著高于其他会计师事务所,审计风格比较一致。但是,国内六大会计师事务所客户间的会计利润可比性较低,其审计风格差异较大。

表3-4　　事务所规模与审计风格

	(1) Style	(2) Style	(3) Style
Same	0.001 *** (4.54)	0.001 *** (2.76)	
Same_Big4			0.003 ** (2.13)
Same_Big6			-0.002 *** (-3.00)
Abn_Accr_min		0.671 *** (628.48)	0.660 *** (157.79)

续表

	(1) Style	(2) Style	(3) Style
LEV_diff		0.018*** (39.51)	0.023*** (13.57)
LEV_min		0.045*** (91.23)	0.044*** (23.07)
Size_diff		-0.004*** (-63.66)	-0.005*** (-19.50)
Size_min		-0.010*** (-108.90)	-0.009*** (-25.79)
M/B_diff		0.015*** (42.19)	0.015*** (10.94)
M/B_min		0.037*** (95.56)	0.032*** (21.22)
CFO_diff		-0.144*** (-118.60)	-0.147*** (-31.87)
CFO_min		0.576*** (415.02)	0.554*** (102.83)
LossProb_diff		0.022*** (75.62)	0.021*** (17.96)
LossProb_min		0.053*** (71.37)	0.042*** (14.37)
Std_REV_diff		-0.018*** (-48.99)	-0.015*** (-10.78)
Std_REV_min		-0.013*** (-13.65)	-0.023*** (-6.44)
Std_CFO_diff		-0.115*** (-68.05)	-0.137*** (-20.71)

续表

	（1）Style	（2）Style	（3）Style
Std_CFO_min		-0.289*** (-77.50)	-0.276*** (-19.71)
Std_REVG_diff		0.001*** (29.58)	0.000*** (3.52)
Std_REVG_min		-0.007*** (-11.84)	0.005** (2.37)
Constant	-0.131*** (-212.74)	0.114*** (63.29)	0.107*** (14.87)
Year	Control	Control	Control
样本量	1 734 730	1 734 730	112 914
调整后的 R^2	0.015	0.554	0.549

注：表中括号内数值为 t 值，** 和 *** 分别代表的显著性水平为 5% 和 1%。

第四节 行业专长的影响

行业专长是指审计师在执业过程中，不断积累的关于某一行业或某几个行业的特殊技能或专业知识。迪安杰洛（DeAngelo，1981）认为，审计师需要具备三种知识才能为被审计单位提供审计服务：(1) 通用知识，指所有被审计单位都需要的基础审计知识。(2) 行业知识，主要指有关特定行业的专业知识，或者是有利于审计师提供审计服务的其他外部信息。(3) 客户特定知识，主要是指适用于某一特定客户的专业知识或技能。如果审计师能够在提供审计服务的过程中，对某一行业进行深入研究或者在执业过程中获得更多的审计经验，积累更多的行业专业知识，那么，该审计师就在该行业具有一定的行业专长。

余玉苗（2004）认为，审计师的行业专长是其在实际执行审计鉴证服务时获得的有关被审计单位所在行业的普遍知识。这些知识包括：（1）该行业在生产经营过程中的基本规律，如生产流程，经营特点等；（2）行业中特殊的会计政策，如电子业、金融保险业等企业的特殊会计政策，惯例和信息披露的要求；（3）国家对于该行业的重要监管规定和相关标准，如金融企业中的核心资本充足率的要求、需要接受垄断测试的企业的市场集中度和有关企业的销售利润率等；（4）所在行业中平均的经济技术要求，如在该行业中的竞争力，该行业的市场需求即供应能力等；（5）该行业面临的国内外经营环境，如出口导向型企业的重要贸易对象国实行外汇管制或实行贸易保护主义、新的环保法规的颁布等。注册会计师在审计过程中掌握被审计客户所在行业的上述基本知识应该成为其必须具备的业务素质，这体现一定的专业性。

我国上市公司审计市场的早期研究并没有发现行业专长能够提高审计质量的证据。蔡春和鲜文铎（2007）发现，在中国的审计市场中，会计师事务所行业专长与审计质量呈负相关。他们认为，造成这个现象的主要原因是我国会计师事务所总体上审计独立性相对不高、易受行业内经济依赖度的负面影响，而且行业专长普遍较低。刘桂良和牟谦（2008）发现，在控制了影响审计质量的相关变量之后，审计市场集中度与审计质量呈正相关关系。市场的进入退出壁垒越高，审计质量越高。审计师的行业专长不但没有提高审计质量，反而在一定程度上降低了审计质量，审计市场的强地域性与审计质量也没有明显的相关关系。

但是，随着资本市场的发展，越来越多的证据表明，具备行业专长的会计师事务所会提供高效优质的审计服务。范经华等（2013）发现，事务所的行业专长能同时抑制公司的应计和真实盈余管理行为。熊家财（2015）使用2003—2012年A股非金融类上市公司数据，研究审计行业专长与股价崩盘风险之间的关系，发现会计师事务所的行业专长有助于降低上市公司未来的股价崩盘风险。在信息不对称更严重以及投资者异质情况较大的公司中，审计行业专长与股价崩盘风险之间的负相关关系更为显著。陈小林等（2013）认为，"国内十大"审计的公司，以及由具有审计行业专长的会计师事务所审计的公司，知情交易概率较低，而且具有行业专长的"国内十大"（非十大）会计师事务所审计的公司的知情交易概率也低于不具有行业专长的"国内十大"（非十大）会计师事务所。进一步检验还表明，在机构投资者持股的公司中，事务所规模和审计行业专长能够更有效地减少知情交易概率。谢盛纹和王清（2016）以沪深两市2005—2014年A股上市公司为研究样本，实证研究表明，拥有行业专长的会计师事务所审计的公司，其会计信息可比性要强于其他会计师事务所审计的公司。当拥有行业专长的会计师事务所为"国内十大"时，其审计的公司的会计信息可比性要显著优于拥有行业专长的非十大会计师事务所审计的公司。

在此基础上，笔者认为，具备行业专长的会计师事务所更有能力提供高质量的审计服务，积攒丰富的审计经验，并将这个经验以内部工作准则的形式规范下来。如果两家会计师事务所都具有行业专长，那么，它们的专业判断也会更加相近，客户的会计利润会更具有可比性。本部分接着对此进行了检验。

现有文献通常用四种方法来权衡审计师的行业专长：第一，事务所在某行业某年度审计公司的资产总额占该行业所有公司资产总额的比例；第二，事务所在某行业某年度审计公司的主营业务收入总额占该行业所有公司主营业务收入总额的比例；第三，用资产总额的平方根之和代替方法一中的资产总额；第四，用主营业务收入总额的平方根之和代替方法二中的主营业务收入总额。本章采用第二种方法来衡量行业专长，定义行业内审计市场份额大于10%的会计师事务所（刘文军等，2010）为在该行业具有行业专长的会计师事务所，并以此来设计虚拟变量 SPE（见表 3-5）。

表 3-5　　　　　行业专长与审计风格

	(1) Style	(2) Style	(3) Style	(4) Style
SPE	0.018*** (101.65)	0.003*** (25.33)	0.003*** (25.43)	0.001** (2.20)
Same			0.001*** (3.60)	
Same_Big4				0.003** (2.01)
Same_Big6				-0.002*** (-3.09)
Abn_Accr_min		0.671*** (628.51)	0.671*** (628.49)	0.660*** (157.53)
LEV_diff		0.018*** (39.51)	0.018*** (39.51)	0.023*** (13.58)
LEV_min		0.045*** (91.77)	0.045*** (91.79)	0.044*** (23.05)
Size_diff		-0.004*** (-61.84)	-0.004*** (-61.87)	-0.005*** (-19.53)
Size_min		-0.010*** (-107.12)	-0.010*** (-107.13)	-0.009*** (-25.78)
M/B_diff		0.015*** (42.92)	0.015*** (42.90)	0.015*** (10.91)
M/B_min		0.038*** (97.40)	0.038*** (97.38)	0.032*** (20.97)
CFO_diff		-0.145*** (-119.14)	-0.145*** (-119.13)	-0.147*** (-31.70)
CFO_min		0.575*** (414.42)	0.575*** (414.39)	0.554*** (102.37)

续表

	(1) Style	(2) Style	(3) Style	(4) Style
LossProb_diff		0.022*** (75.65)	0.022*** (75.63)	0.021*** (17.93)
LossProb_min		0.053*** (71.16)	0.053*** (71.15)	0.042*** (14.38)
Std_REV_diff		-0.018*** (-48.11)	-0.018*** (-48.10)	-0.015*** (-10.91)
Std_REV_min		-0.012*** (-13.16)	-0.012*** (-13.13)	-0.024*** (-6.53)
Std_CFO_diff		-0.113*** (-66.77)	-0.113*** (-66.76)	-0.137*** (-20.76)
Std_CFO_min		-0.276*** (-73.43)	-0.276*** (-73.42)	-0.281*** (-19.63)
Std_REVG_diff		0.001*** (29.23)	0.001*** (29.23)	0.000*** (3.56)
Std_REVG_min		-0.006*** (-11.03)	-0.006*** (-11.02)	0.005** (2.31)
Constant	-0.141*** (-225.39)	0.108*** (58.72)	0.108*** (58.74)	0.110*** (14.85)
Year	Control	Control	Control	Control
样本量	1 734 730	1 734 730	1 734 730	112 914
调整后的 R^2	0.021	0.554	0.554	0.549

注：表中括号内数值为 t 值，** 和 *** 分别代表的显著性水平为 5% 和 1%。

由表 3-5 的第（1）列可以看出，在不控制其他变量的情况下，行业专长 SPE 的回归系数为 0.018，且在 1% 的水平上显著为正。第（2）列控制了可能影响审计风格的变量，可以看到，SPE 的回归系数为 0.003，同样在 1% 的水平上显著。这说明，如果两家公司同时被具有行业专长的会计师事务审计,那么,它们的会计信息的可比性更强。

表 3-5 的第 (3) 列,除了一般控制变量以外,还控制了是否为同一会计师事务所审计 (Same)。可以看到,在控制 Same 以后,行业专长依然显著,其回归系数甚至高于 Same。表 3-5 的第 (3) 列,增加了是否为"国际四大"审计 (Same_Big4) 和是否为"国内六大"审计 (Same_Big6) 两个控制变量。可以看到,控制行业专长以后,Same_Big4 的回归系数依然显著为正,Same_Big6 的回归系数依然显著为负。

第五节　本章小结

本章讨论了不同会计师事务所审计风格的一致性差异。基于 2009—2020 年中国沪深两市 A 股的大样本研究结果表明,同一家会计师事务所审计的公司的会计数据更加可比,中国会计师事务所已经形成了自己的审计风格。相对来讲,国际四大会计师事务所的审计风格更加统一,国内六大会计师事务所的审计风格的一致性较弱。具有行业专长的会计师事务所的审计风格比较接近,对审计风格的影响显著。

中国会计师事务所
审计风格研究
Chapter 4

第四章 会计师事务所合并对审计风格的影响研究

第一节 理论基础及研究假说

合并是会计师事务所迅速扩大规模的重要途径（李明辉、刘笑霞，2010）。现有研究表明，将各自拥有不同历史、文化和执业标准的专业服务型企业合并在一起并非易事（Christensen et al., 2016）。恩普森（Empson, 2001）和拉波波特（Rapoport, 2014）指出，专业服务型企业之间的知识传递比较困难，成功整合需要很长时间。不同样本期间和不同方法的研究结果表明，事务所合并可能会影响审计质量。部分研究发现，合并后事务所的审计质量会显著提高（曾亚敏、张俊生，2010；王汇华，2015）。也有研究表明，合并后事务所的审计质量会显著下降（李明辉、刘笑霞，2015；Christensen et al., 2016），或合并后事务所的审计质量无显著变化（李明辉，2011；Gong et al., 2016）。另有研究发现，合并后审计质量的变化与合并类型（李凯，2010）或合并主体的证券从业资格（Chan and Wu, 2011）有关。有学者讨论了合并对上市公司会计信息可比性（即会计信息质量）的影响。但是，他们的关注重点是合并前后被审计公司之间的会计信息可比性，并没有关注合并对事务所整体审计风格的影响。本章将对此进行讨论。

事务所合并以后，如果参与合并的事务所能够彼此融合，更好地进行专业化投资，那么，短期内在新事务所内就会形成一致的审计风格。从另一个角度来看，虽然"规模扩大"让事务所有能力促进专业知识的标准化和整合，但是，对于会计师事务所这种专业服务型公司而言，其标准化和整合能力是受到一定限制的。一方面，专业知识转移主要发生在员工之间，而合并会导致员工身处高度紧张的环境，包括不确定性、担忧以及不信任，这些因素都可能妨碍合并后员工间的专业知识分享（Epson, 2000, 2001）；另一方面，标准化知识的

第四章 会计师事务所合并对审计风格的影响研究

解读和应用需要经验和洞察力,这些知识归员工个人私有,无法强迫分享。如果合并后的事务所无法实现有效知识分享和整合,合并前的不同审计风格会依然存在,那么,就会弱化合并后事务所的整体审计风格。

基于此,本章提出了两个互斥的研究假设:

假设4-1a:合并后事务所的审计风格会强于没有合并的事务所。

假设4-1b:合并后事务所的审计风格会弱于没有合并的事务所。

现有研究表明,合并前公司间的规模差异,会影响合并后公司的整合程度。这是因为,一方面,合并后公司的整合程度主要取决于知识转移难度。如果公司规模较大,则其知识来源更加可靠、知识接受能力也更强,这些都会显著降低知识转移难度(Szulanski et al.,2016)。另一方面,小公司员工之间的知识分享往往是非正式的、随意的;而大公司在知识标准化和传播方面往往更加正式,以保证组织的有效运行(Empson,2001)。与此相对应,恩普森(Empson,2001)研究的会计师事务所合并案中,合并后事务所沿袭的主要是大规模事务所的审计手册,只在某些方面会对小规模事务所的方法进行改进、采纳。为此,本部分提出如下研究假设:

假设4-2:参与合并的事务所规模越大,合并后事务所的审计风格越强。

第二节 研究设计

本部分通过单变量对比分析和多元回归分析来检验事务所合并对审计风格的影响。采用的多元回归公式如下:

$$Style = \alpha_0 + \alpha_1 Bef + \alpha_2 Aft + \alpha_3 Next + \alpha_4 Sales + \alpha_5 Punish + \varepsilon$$

式4-1

其中，Style 表示会计师事务所的审计风格指数，具体计算方法与公式 3-1 相同。

相关变量定义见表 4-1。

表 4-1　　　　　　　　　变量定义

变量	定义
Style	审计风格指数，具体定义见公式 3-1
Bef	虚拟变量，如果是合并前一年，则为 1；否则为 0
Aft	虚拟变量，如果是合并当年，则为 1；否则为 0
Next	虚拟变量，如果是合并次年，则为 1；否则为 0
Sales	当年百强信息中显示的事务所收入总额的自然对数
Punish	虚拟变量，如果当年百强信息中有惩戒数字，则为 1；否则为 0
Year	对 2004—2015 年设置哑变量

本部分以 2003—2015 年发生的会计师事务所合并案为基础选择样本。表 4-2 给出了样本的选择过程。2003—2015 年，合并事项涉及的会计师事务所/年样本为 149 个，去掉无法计算审计风格的样本，没有百强榜信息的样本以及无合并事项的样本，最终得到合并样本 107 个，合并前一年（t-1）、合并当年（t0）以及合并次年（t+1）对应的样本分别为 44 个、33 个和 31 个。控制样本以未涉及合并事项的事务所/年样本为基础，去掉无分析所需数据的样本，最终得到控制样本 359 个。

表 4-2　　　　　　　　　样本选择过程

	合并样本	控制样本	合计
初始记录	149	573	722
无法计算审计风格的记录	34	210	244
事务所未出现在百强榜的记录	1	4	5
出现连续合并的记录	7	—	7
最终样本	107	359	466

第三节 研究结果

一、描述性统计

表 4-3 给出了审计风格的描述性统计结果。从 Panel A 可以看到，在合并前一年（$Year_{t-1}$），Style 的平均值为 -0.084，与无合并事项的样本之间的差异是 -0.0010，该差异在统计意义上并不显著（t=0.24）。合并当年（$Year_{t0}$），Style 的平均值是 -0.097，比合并前一年降低了 0.013，该差异的双尾显著性水平为 5%（t=2.22）；与无合并事项的样本之间的差异是 -0.0137，该差异在 1% 的显著性水平上显著（t=2.87）。这说明，不管是自身的对比，还是与控制样本的对比，合并事项均导致审计风格减弱。合并次年（$Year_{t+1}$），合并事项对审计风格的影响逐渐消失，Style 的平均值提升到 -0.087，与合并当年的差异为 0.01，在统计上接近显著性水平（t=1.53）；与合并前一年以及无合并事项的样本之间的差异均不显著区别于 0。

表 4-3　　　　　　　　　描述统计结果

Panel A：合并前后的审计风格指标				
	样本量	均值	中位数	标准差
$Year_{t-1}$	43	-0.084	-0.082	0.023
$Year_{t0}$	33	-0.097	-0.091	0.027
$Year_{t+1}$	31	-0.087	-0.084	0.023
控制样本	359	-0.083	-0.080	0.026
Panel B：审计风格的单变量对比分析				
	均值	t 值		
$Year_{t0}$ vs $Year_{t-1}$	-0.013	2.22**		
$Year_{t+1}$ vs $Year_{t-1}$	-0.003	0.58		
$Year_{t+1}$ vs $Year_{t0}$	0.001	1.53		

续表

Panel B：审计风格的单变量对比分析		
	均值	t 值
$Year_{t-1}$ vs 控制样本	-0.001	0.24
$Year_{t0}$ vs 控制样本	-0.014	2.87***
$Year_{t+1}$ vs 控制样本	-0.004	0.85

注：*** 和 ** 分别表示在 1% 和 5% 水平上显著。

表 4-4 给出了相关系数分析结果。可以看到：合并前的虚拟变量 Bef 与事务所规模 Sales 无显著的相关关系，但是，合并以后，合并当年的虚拟变量 Aft 与 Sales 显著正相关，相关系数为 0.111，合并下一年 Next 与 Sales 的相关系数为 0.141，也在 1% 的显著性水平上显著正相关。这说明，合并显著扩大了会计师事务所的规模。Aft 与 Style 的相关系数为 -0.129，两者在 1% 的水平上显著负相关，而 Bef 和 Style 的相关系数为 0.001，两者无显著的相关关系，合并后一年 Next 与 Style 的相关系数为 -0.040，两者也无显著的相关关系。这说明，从单变量分析来看，会计师事务所之间的合并显著降低了合并后事务所的审计风格。

表 4-4　　　　　　　　描述统计结果

	Style	Bef	Aft	Next	Sales	Punish
Style	1	0.004	-0.132***	-0.029	0.213***	0.068
Bef	0.001	1	-0.088*	-0.085*	-0.038	-0.022
Aft	-0.129***	-0.088*	1	-0.074	0.111**	0.086*
Next	-0.040	-0.085*	-0.074	1	0.141***	0.044
Sales	0.185***	-0.015	0.131***	0.160***	1	0.306**
Punish	0.087*	-0.022	0.086*	0.044	0.324***	1

注：***、** 和 * 分别表示在 1%、5% 和 10% 水平上显著。

二、多元回归结果

表 4-5 给出了合并对审计风格影响的回归结果。整体而言，回

归结果与单变量分析结果一致。模型（1）—（4）展示的合并样本与控制样本的混合回归结果。模型（1）对比了合并前一年的样本与控制样本（无合并事项）。在该回归中，Bef 的估计系数为 0.002，在统计上并不显著（t = 0.50）。这说明合并前一年，样本与控制样本的审计风格不存在显著差异。模型（2）对比了合并当年的样本与控制样本，在该回归中 Aft 的估计系数为 -0.013，双尾显著性水平为 1%。这说明合并当年的审计风格显著减弱。不过这种弱化效应持续的时间并不长，表现在模型（3）中 Next 的估计系数虽然为负（-0.003），但在统计上已经不显著（t = 0.66）。在包括全部样本的模型（4）的回归结果中，Bef、Aft 和 Next 的估计系数与模型（1）—（3）是一致的。

表 4 - 5　　合并对审计风格的影响：回归分析结果

	A：混合样本回归			
	模型（1）	模型（2）	模型（3）	模型（4）
样本构成	t - 1 and Control	t0 and Control	t + 1 and Control	全部样本
Intercept	-0.131 *** (12.02)	-0.133 *** (11.97)	-0.137 *** (12.39)	-0.132 *** (12.76)
Bef	0.002 (0.50)			0.002 (0.51)
Aft		-0.013 *** (2.80)		-0.012 *** (2.83)
Next			-0.003 (0.66)	-0.002 (0.43)
Sales	0.005 *** (4.44)	0.006 *** (4.66)	0.006 *** (4.96)	0.006 *** (4.98)
Punish	0.002 (0.44)	-0.000 (0.03)	0.003 (0.66)	0.001 (0.17)
年度	控制	控制	控制	控制
Adj - R^2	0.115	0.146	0.136	0.148
样本量	402 (43)	392 (33)	390 (31)	466 (107)

续表

	B：时间序列回归					
	模型（5）	模型（6）	模型（7）	模型（8）	模型（9）	模型（10）
样本构成	合并样本	合并样本	合并样本	合并样本	合并样本	合并样本
Intercept	-0.102*** (5.25)	-0.084*** (4.53)	-0.086*** (4.57)	-0.090*** (4.55)	-0.102*** (5.33)	-0.086*** (4.63)
Bef	0.010** (2.09)			0.004 (0.77)	0.016*** (2.94)	
Aft		-0.014*** (3.24)		-0.012*** (2.59)		-0.016*** (2.94)
Next			0.004 (0.87)		0.012*** (2.59)	-0.004 (0.77)
Sales	0.006** (2.42)	0.005** (2.34)	0.004* (1.67)	0.006** (2.47)	0.006** (2.47)	0.006** (2.47)
Punish	-0.001 (0.21)	-0.000 (0.06)	-0.002 (0.44)	-0.000 (0.02)	-0.000 (0.02)	-0.000 (0.02)
年度	控制	控制	控制	控制	控制	控制
Adj-R^2	0.160	0.191	0.131	0.186	0.186	0.186
样本量	107	107	107	107	107	107

注：*** 和 ** 分别表示在1%和5%水平上显著。

模型（5）—（10）展示的是合并样本内部的时间序列回归结果。模型5显示的是合并前一年与其他年度（合并当年和合并次年）的差异，Bef在回归中的估计系数为0.010，双尾显著性水平达到5%。这说明事务所合并前一年的审计风格显著强于其他年度。不过，在模型（8）控制了Aft以后，Bef的估计系数不再显著区别于0。这说明模型（5）显示的差异主要是由合并前一年与合并当年的差异引起的。模型（6）显示的是合并当年与其他年度（合并前一年和合并次年）的差异，Aft在回归中的估计系数为-0.014，双尾显著性水平达到1%。这说明合并当年审计风格显著减弱。而在模型（9）中Bef和Next的估计系数均显著为正，说明合并当年的审计风格既弱于合并前一年，也弱于合并次年。

三、参与合并的事务所规模与合并后事务所的审计风格

根据会计师事务所的合并规模不同，分为强强合并、强弱合并和弱弱合并三种不同的类型。以中国注册会计师协会的百强榜排名来作为区别会计师事务所的规模依据，以百强榜排名是否进入前30名划分事务所合并前强弱的分界点，界定合并双方合并前均属于前30名的事务所为强强合并，不属于前30名的为强弱合并，双方合并前均没有排进前30名的为弱弱合并。为了进一步分析合并前事务所规模与合并后审计风格之间的关系，本部分引入虚拟变量EQ。如果本次合并属于强强合并，则EQ＝1；属于强弱合并，则EQ＝0；属于弱弱合并，则EQ＝ -1。本部分设计了EQ与合并前后虚拟变量的交互项来考察合并类型对审计风格的影响。

表4-6给出了研究结果。从表4-6的Panel A可以看到，合并前一年，弱弱合并事务所的审计风格指数的平均值为 -0.084，而强弱合并以及强强合并时的对应数值分别为 -0.085 和 -0.083，三种合并类型参与事务所间的审计风格差异不大。合并当年，三种合并类型的审计风格均出现下降，而弱弱合并下降的幅度（-0.0221）最大；合并次年，弱弱合并的审计风格指数不但未改善，反而较合并当年下降；而强弱合并和强强合并的审计风格指数均较合并当年上升。其中，强弱合并的审计风格指数与合并前一年基本相同，而强强合并的审计风格指数则高于合并前一年。

上述结果在Panel C的多元回归分析中得到了进一步的证实。在混合回归的模型（2）和模型（4）中，Aft的估计系数均为 -0.013，而且仍然在1%的水平上显著为负，说明合并会导致审计风格的减弱。不过，这种负面影响的持续时间并不长，表现为Next的估计系数虽然为负，但在统计意义上并不显著。

表4-6 参与合并的事务所规模与合并后事务所的审计风格

Panel A: 描述性统计

		(1) 合并前一年				(2) 合并当年				(3) 合并次年		
		样本	均值	中位数	标准差	样本	均值	中位数	标准差	样本	均值	中位数	标准差
小所合并小所（弱弱合并）	EQ=-1	9	-0.084	-0.085	0.026	7	-0.106	-0.107	0.025	6	-0.108	-0.111	0.018
大所合并小所（强弱合并）	EQ=0	19	-0.085	-0.083	0.026	17	-0.099	-0.098	0.031	17	-0.085	-0.084	0.025
大所合并大所（强强合并）	EQ=1	15	-0.083	-0.078	0.018	9	-0.085	-0.086	0.015	8	-0.076	-0.076	0.011
合计		43				33				31			

Panel B: 单变量对比分析

		$Year_{t0}$ vs $Year_{t-1}$		$Year_{t+1}$ vs $Year_{t-1}$		$Year_{t+1}$ vs $Year_{t0}$		$Year_{t-1}$ vs 控制样本		$Year_{t0}$ vs 控制样本		$Year_{t+1}$ vs 控制样本	
		均值	t值	均值	t值	均值	t值	均值	t值	均值	t值	均值	t值
小所合并小所（弱弱合并）	EQ=-1	-0.022	1.73*	-0.024	1.95**	-0.002	0.14	-0.001	0.11	-0.023	2.31**	-0.025	2.30**
大所合并小所（强弱合并）	EQ=0	-0.014	1.43	0.000	0.00	0.014	1.41	-0.002	0.36	-0.016	2.42**	-0.002	0.35
大所合并大所（强强合并）	EQ=1	-0.003	0.40	0.007	0.96	0.010	1.50	0.001	0.09	-0.002	0.26	0.007	0.79

续表

Panel C: 回归分析

样本构成	A: 混合样本回归				B: 时间序列回归					
	模型 (1) t−1 and Control	模型 (2) t0 and Control	模型 (3) t+1 and Control	模型 (4) 全部样本	模型 (5) 合并样本	模型 (6) 合并样本	模型 (7) 合并样本	模型 (8) 合并样本	模型 (9) 合并样本	模型 (10) 合并样本
Intercept	−0.132*** (12.06)	−0.132*** (11.74)	−0.135*** (12.07)	−0.129*** (12.28)	−0.109*** (5.38)	−0.075*** (3.75)	−0.069*** (3.74)	−0.087*** (3.83)	−0.092*** (4.40)	−0.057*** (2.90)
Bef	0.002 (0.62)			0.002 (0.60)	0.011** (2.24)			0.004 (0.75)	0.015*** (2.66)	
EQ × Bef	−0.004 (0.82)			−0.003 (0.78)	−0.005 (0.99)			−0.004 (0.78)	−0.003 (0.64)	
Aft		−0.013*** (2.84)		−0.013*** (2.85)		−0.014*** (3.20)		−0.012*** (2.63)		−0.013** (2.42)
EQ × Aft		0.006 (1.05)		0.006 (1.06)		0.007 (1.23)		0.006 (0.96)		0.010* (1.66)
Next			−0.003 (0.79)	−0.002 (0.56)			0.004 (1.02)		0.012*** (2.56)	−0.001 (0.24)

续表

Panel C: 回归分析

	A: 混合样本回归				B: 时间序列回归					
样本构成	模型 (1)	模型 (2)	模型 (3)	模型 (4)	模型 (5)	模型 (6)	模型 (7)	模型 (8)	模型 (9)	模型 (10)
	t−1 and Control	t0 and Control	t+1 and Control	全部样本	合并样本	合并样本	合并样本	合并样本	合并样本	合并样本
EQ × Next			0.010*** (2.65)	0.010*** (2.83)			0.015*** (3.16)		0.011** (2.53)	0.014*** (3.19)
Sales	0.005*** (4.51)	0.006*** (4.46)	0.006*** (4.67)	0.005*** (4.57)	0.007*** (2.68)	0.004* (1.71)	0.002 (0.78)	0.006** (2.02)	0.005* (1.78)	0.002 (0.75)
Punish	0.002 (0.46)	−0.000 (0.03)	0.002 (0.59)	0.000 (0.13)	−0.001 (0.09)	−0.001 (0.12)	−0.003 (0.62)	0.000 (0.02)	−0.001 (0.12)	−0.002 (0.34)
Next + EQ × Next			0.007	0.008*			0.019***		0.023***	0.013*
年度	控制	控制	控制	控制	控制	控制	控制	控制	控制	控制
Adj−R²	0.113	0.145	0.138	0.150	0.158	0.194	0.165	0.183	0.200	0.218
样本量	402 (43)	392 (33)	390 (31)	466 (107)	107	107	107	107	107	107

注: ***和**分别表示在1%和5%水平上显著。

第四章 会计师事务所合并对审计风格的影响研究

EQ × Next 在模型（3）和模型（4）中的估计系数均为 0.010，均在 1% 的水平上显著为正，说明合并主体的规模对审计风格的融合存在显著影响，强强联合后的审计风格显著强于其他合并类型。时间序列回归结果与混合回归结果是类似的：Aft 的估计系数显著为负，EQ × Next 的估计系数显著为正。

第四节 本章小结

本章探讨了事务所合并对审计风格的影响。基于 2003—2015 年的大样本研究结果表明，相比于合并前一年，合并当年的审计风格明显减弱，而合并次年的审计风格与合并前一年无显著差异。混合截面对比结果显示，相比于无合并事项的控制样本，合并前一年的审计风格不存在显著差异，合并当年的审计风格显著弱于控制样本，而合并次年该现象消失。上述研究结果表明，事务所合并只是在短期内影响了其审计风格，但是，从长期来看，合并不会弱化其审计风格。

本章还进一步将事务所的合并事项划分为强强、强弱和弱弱三类，结果发现，合并类型对合并后审计风格有显著影响。强强合并在合并次年的审计风格最强、强弱合并次之，弱弱合并最差。这与事务所规模与审计风格和审计质量相关的结论一致。这说明，规模较大的会计师事务所在专业知识标准化和整合方面存在一定的优势，能够加快其合并整合速度。

本章对监管部门的启示是同一会计师事务所的审计风格是相近的，即使两个或多个事务所合并形成新的会计师事务所，新事务所也能很快形成接近的审计风格，使其所审客户的会计信息更加可比。这说明，会计师事务所"做大"，可以有效地推动其"做强"。对于监管部门来说，需要考虑如何通过执业质量检查推动事务所进一步统一和规范审计技术标准，并确保其得到有效执行；同时，通过培训、研讨等方式，促进不同事务所之间的经验交流，提高整个审计行业的执业质量。

中国会计师事务所
审计风格研究

Chapter 5

第五章　审计师个人情绪对审计风格的影响研究

现有文献表明，空气质量等外部环境因素会影响人的情绪。一方面，空气污染引发的负面情绪会降低审计师对公司业绩表现的预期和判断，使其专业判断更加保守（Chung et al.，2008）；另一方面，负面情绪可能降低审计师的认知能力、工作效率和信息收集处理能力，进而降低其职业怀疑或专业判断能力。在这种情况下，审计师可能更容易接受客户激进的会计处理方法，更不容易出具非标意见的审计报告，即专业判断更加激进。

本章讨论了审计师个人情绪变化对审计质量和会计师事务所审计风格的影响。

第一节 文献回顾与理论推导

空气污染为什么会影响审计师的专业判断？笔者先从空气污染对个体生理健康、心理健康和决策行为的影响入手，然后再讨论其对审计师专业判断的影响。

一、空气污染对个体生理健康、心理健康和决策行为的影响

首先，空气污染，尤其是颗粒物（Particulate Matter，PM）会对人类的生理健康产生负面影响。世界卫生组织（WHO）公布的《全球疾病负担报告》已经把空气污染列入全球排名前10位的致病风险因素之一。医学研究表明，空气污染会引发心血管疾病和呼吸系统疾病，提高病死率（Franklin et al.，2015）。

其次，现有心理学的研究结果表明，空气污染会给人类的社会行为和心理健康带来负面影响。这些影响包括给个体带来焦虑、沮丧和冷漠等负面情绪（Evans et al.，1987，1988）、使人产生悲观心理进而降低幸福感（Zhang et al.，2017）、促使个体减少日常户外活动

(Noonan,2014)、增加青少年犯罪率(Haynes et al.,2011)、提高个体精神崩溃的可能性、出现更多的自杀行为(Bakian et al.,2015)、导致更多的违法犯罪和不道德行为等(Lu et al.,2018)。WHO 针对 27 个国家的调查也表明,空气污染会降低个体生活质量(Darcin,2014)。

最后,空气污染可能会影响人类的信息处理能力。如空气污染会增加人类出现认知缺陷和大脑畸形的概率(Calderón-Garcidueñas,2008);空气污染会降低人的认知能力(Colicino et al.,2016);空气污染会影响个人情绪,进而影响其信息处理能力(Ackert et al.,2003)、判断能力(Schwarz and Clore,1983)和决策能力(Etzioni,1988)。比如,在焦虑情绪下,民众辨别骗局的能力会下降(Depaulo,1994)。

二、空气污染对审计师专业判断的影响

鉴于空气污染对个体生理健康、心理健康和决策行为的影响,空气污染也可能对审计师的决策行为产生影响,这主要表现在以下两个方面。

1. 空气污染带来的负面情绪可能会让审计师比较悲观,很难接受公司激进的会计处理方法,专业判断趋于保守。这是因为:(1)悲观者更容易做出悲观决策。罗顿(Rotton,1983)和莫里斯(Morris,2000)发现,积极向上者更容易做出乐观决策,消极失落者更容易做出悲观决策。现有研究还发现,这种个人情绪对决策判断的影响不仅存在于一般决策领域,还存在于专业分析领域。有学者发现,在节日所带来的乐观情绪影响下,分析师预测的乐观偏差比较大,准确度比较低。也有学者发现,管理层业绩预告披露前 14 天内公司总部所在地的平均光照会影响管理层情绪。平均光照时间越长,管理者披露的业绩预告就越乐观。(2)审计专业判断会受悲观情绪的影响而变

得保守。如有学者采用实验研究方法，发现积极乐观的审计师在进行专业判断时，会采纳更多与乐观情绪相一致的信息，从而对存货价值做出更加乐观的估计。这就是情绪维护理论（Mood Maintenance Theory），即乐观者会通过规避困难或不愉快状况的方法来维护其乐观情绪；反之亦然。

综上所述，悲观情绪可能让审计师搜集更多悲观证据，使其对客户本年及未来业绩预期更加悲观。具体来说，审计师可能很难接受乐观的会计估计和判断，从而导致被审计公司的可操控性应计利润更加保守，被出具非标意见审计报告的可能性更大。为此，笔者提出了第一个研究假说：

假设 5-1：在其他条件相同的情况下，审计师外勤工作地的空气质量越差，审计专业判断就越保守。

2. 空气污染带来的紧张、焦虑、沮丧等负面情绪，可能让审计师更加担心自己的健康问题，使其工作态度变得相对消极。在这种情况下，可能由于以下问题的出现而降低审计师的信息收集和处理能力，导致其职业怀疑能力和专业判断能力下降，从而在与客户的谈判中处于劣势，更容易接受公司乐观激进的会计政策。

（1）空气污染对个体生理健康的影响可能会让审计师比较焦虑，从而试图通过减少外勤工作时间的方式来降低其伤害。如努南（Noonan，2014）发现，空气污染会让个体减少户外活动时间；艾森巴赫（Eisenbach）和施迈茨（Schmalz，2016）发现，个体对即期风险的厌恶程度要大于对远期风险的厌恶程度。对于审计师来说，眼前的健康威胁可能会让其有意识或无意识地缩短外勤工作时间。也有学者通过经验证据，发现空气污染越严重，审计师花费的审计时间越短。

（2）空气污染带来的紧张、焦虑和沮丧等负面情绪可能降低审计师的认知能力和信息处理能力，从而降低其职业怀疑能力和专业判断能力。根据"有限关注"假说（Peng and Xiong，2006），对自身健康风险的关注可能会分散投资者的注意力。空气污染所带来的负面情绪也会降低决策者的认知能力和创造力、减少决策者的信息收集和处理活动。如德哈恩（Dehaan et al.，2017）发现，正在经历坏天气的分析师的认知活动水平显著下降，表现在他们对上市公司盈余公告的反应速度比较慢，甚至无反应。有学者对分析师报告的研究也支持了"有限关注"假说。他们发现，当纽约和新泽西地区暴发流感时，分析师获取信息的能力明显受限，其研究报告中包含的私人信息有所减少。同理，空气污染也可能降低审计师的认知能力和信息处理能力。

（3）空气污染带来的悲观情绪可能降低审计师的职业风险意识，减少其对审计风险的关注。心理学研究表明，积极乐观的人会更加谨慎，具有更强的自我保护意识（Nygren et al.，1996）。如基丁（Jidin，2014）发现，对自身工作满意的审计师，由于了解激进专业判断的潜在风险和后果，所以，他们会在评估客户存货价值时做出更加稳健的专业判断。

（4）空气污染带来的焦虑情绪可能降低审计师的职业道德水准，从而更容易与被审计单位合谋，接受客户乐观激进的会计处理方法。如有学者发现，空气污染会让人更加焦虑，从而更容易发生违反道德或违法的行为。体现在审计领域，则可能会增加审计合谋的可能性，降低会计信息质量。

（5）空气污染带来的负面影响可能降低审计师的工作积极性，加上前述因素共同导致的职业怀疑能力和专业判断能力下降，使其在与客户的沟通交流中处于相对劣势，进而更容易接受被审计单位的判断，做出更有利于被审计单位的专业判断。

与其他决策过程不同，在审计决策中，审计师需要与客户进行大量的沟通和交流，需要了解客户的内部控制和所处环境，甚至在进行审计专业判断时，也需要与客户进行协商和谈判（Antle and Nalebuff，1991；宋衍蘅，2011）。虽然，外勤地的空气污染会同时影响审计师和被审计单位的工作人员，但是，笔者认为，空气污染对审计师的影响应该远远大于对被审计单位的工作人员的影响。这主要是因为：

①两者的工作量不同。被审计单位的工作人员常年在公司所在地工作，工作环境熟悉，工作内容也不是集中在审计师的外勤工作期间处理。因此，在审计师的外勤工作期间，被审计单位工作人员的工作量不会额外增加很多；相反，对于审计师而言，所有重要外勤工作都需要在外勤期间完成，相对而言，外勤期间的工作量更大。

②两者承受的工作强度和压力不同。两者的谈判议题是被审计单位的财务报告，财务报告是被审计单位的工作人员的日常工作结果，内容是他们所熟悉的，因此，外勤期间其承受的工作强度和压力相对较小；对于审计人员来说，来到一个相对陌生的工作环境，要在短时间内发现问题，工作强度和压力更大。

③两者对空气污染的感知不同。在同样的空气污染水平下，审计师和被审计单位的工作人员感知的空气污染程度可能是不同的，受到的负面影响程度也可能存在差异。这是因为，审计师通常来自外地，可能会对被审计单位所在地的空气污染更加敏感，从而变得更加焦虑、紧张和沮丧，可能会有尽快结束审计工作离开空气污染地的冲动；相反，审计师的外勤地就是被审计单位的工作人员的常驻地，被审计单位的工作人员无法逃脱，相对来讲，更能接受空气污染。因此，空气污染对其带来的焦虑、紧张和沮丧等负面情绪可能相对较弱。

在这种情况下，空气污染带来的工作效率和工作质量下降可能会降低审计师的谈判能力，使审计师更容易接受被审计单位的财务报告。

综上所述，笔者认为，空气污染带来的负面情绪，可能让审计师更容易接受客户的乐观估计，使其审计专业判断更加激进，具体影响机制如图 5-1 所示。

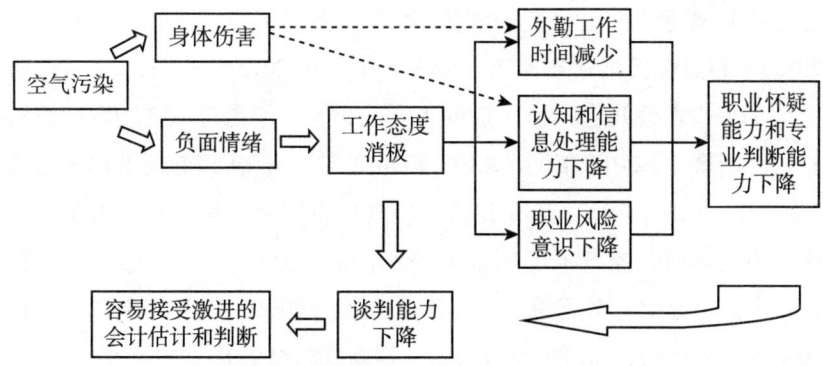

图 5-1 空气污染对审计师专业判断的影响机制

为此,笔者提出了与假说 H1a 完全相反的对立假说 H1b:

假设 5-2:在其他条件相同的情况下,审计师外勤工作地的空气质量越差,审计专业判断就越激进。

第二节 研究设计

一、数据来源与样本选取

1. 数据来源

笔者以 2013—2015 年 A 股公司为样本,去掉金融业公司、ST 公司、当年发生审计师变更的公司以及分析所需其他数据不全的公司,最终得到 4 823 个公司的年数据,在分析审计报告激进度时,样本量进一步缩减为 4 631 个。空气质量数据来自中国生态环境部的全国空气质量实时发布平台,审计师驻地数据为手工整理,其他数据来自 CSMAR 数据库。

2. 样本选取

我国的《环境空气质量标准》首次发布于 1982 年,1996 年进行第一次修订,2000 年进行第二次修订,2012 年进行第三次修订,第一批实施新空气质量标准的城市为 74 个。2013 年年初,北京、河北等地遭遇严重雾霾天气①，空气质量首次得到全民关注（穆泉、张世秋，2013）。以百度搜索指数为例，2011年1月至2012年12月，"空气质量"的搜索指数几乎平稳地接近于0。2013年年初起，空气质量搜索指数开始攀升，2013年1月13日至2013年1月19日的周平均值达到3.112②（见图5-2）。2013年是新空气质量实施的第一年，由于以前年度不同城市的空气质量标准不一致，且部分城市（如北京、上海、深圳和广州等地）数据缺失，因此，笔者以2013—2015年审计年度作为样本研究区间，对应的空气质量数据则延长至2016年（见图5-2）。

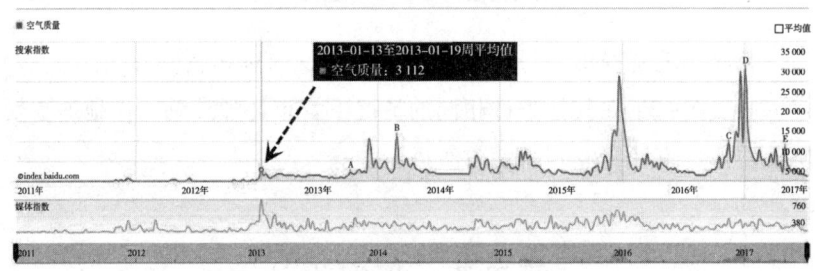

图5-2 百度空气质量搜索指数

二、空气质量与审计决策

1. 空气质量

笔者以审计报告日前28天公司总部所在地的平均空气质量等级或指数衡量审计外勤工作地的空气质量，分别命名为Grade28和AQI28③。这些变量的取值越大，空气污染越严重。

---

① 根据国家生态环境部网站公布的数据，2013年1月，74个实施空气质量新标准的城市，PM2.5平均超标率为68.9%，最大日均值为766 μg/m³，最大超标倍数为9.2。PM2.5月均浓度为130 μg/m³，最大值为336 μg/m³。

② 以"雾霾""空气污染"等关键词进行搜索，得到的指数趋势与图5-2一致。

③ 假设A公司总部在北京，审计报告日为2015年2月15日，笔者首先找到北京市2015年1月25日至2015年2月14日的空气质量日数据，其中包括空气质量指数和等级。然后取这28天内空气质量日数据的平均值，其中，空气质量等级日数据的平均值定义为Grade28，空气质量指数日数据的平均值定义为AQI28。

2. 审计专业判断

笔者用现有研究中常用的会计利润激进度和审计报告激进度来衡量审计师的专业判断特点。

(1) 会计利润激进度

笔者用可操控性应计利润衡量会计利润激进度。具体而言,笔者采用截面修正琼斯模型来估计可操控性应计利润(Discretionary Accruals, DA),并调整了经营业绩的影响(Kothari et al., 2005)。如公式5-1所示。

$$\frac{TA_{i,t}}{A_{i,t-1}} = \varphi_1\left(\frac{1}{A_{i,t-1}}\right) + \varphi_2(\Delta REV_{i,t} - \Delta AR_{i,t}) + \varphi_3(PPE_{i,t} - A_{i,t-1}) + \varphi_4 ROA_{i,t-1} + \varepsilon_{i,t} \quad \text{式}5-1$$

其中,TA(TotalAccr)表示总应计利润;REV是当年营业收入的增加额;AR是当年应收账款的增加额;PPE表示当年年末的固定资产原值;A(Asset)表示总资产;i和t分别代表样本公司和年度。公式5-1的残差即AbnAccr,AbnAccr的取值越高,表明会计利润的激进度越高,即审计专业判断越激进。

(2) 审计报告激进度

笔者以异常非标意见的概率衡量审计报告激进度。具体而言,笔者借鉴古尔(Gul, 2013)以及吴伟荣等(2017)的研究,首先采用公式5-2来预测审计师发表非标审计意见的可能性(Predicted_MAO)。

$$Prob(MAO_{i,t}) = \lambda_0 + \lambda_1 Quick_{i,t} + \lambda_2 AR_{i,t} + \lambda_3 OR_{i,t} + \lambda_4 Inventory_{i,t} + \lambda_5 ROA_{i,t} + \lambda_6 Loss_{i,t} + \lambda_7 Lev_{i,t} + \lambda_8 Size_{i,t} + \lambda_9 ListAge_{i,t} + IndustryFixedEffects + \varepsilon_{i,t} \quad \text{式}5-2$$

其中,MAO为虚拟变量,表示年报审计意见。如果审计师发表了非标意见,则为1,否则为0。控制变量包括速动比率(Quick Ratio)、应收账款比率(AR)、其他应收款比率(OR)、存货比率(Inventory)、盈利水平(ROA)、是否亏损(Loss)、资产负债率(LEV)、公司规模(Size)、上市年限(List Age)和行业固定效应。然后,根据公式5-2按年度回归得到的估计系数计算每个样本的

Predicted_MAO，再按公式 5-3 定义审计报告激进度：

$$ARAgg_{i,t} = Predicted\_MAO_{i,t} - MAO_{i,t} \qquad 式 5-3$$

ARAgg 取值越高，表明审计报告的激进程度越高，即审计专业判断越激进。

三、回归模型

笔者分别用公式 5-4 和 5-5 考察空气质量对审计决策激进度的影响：

$$AbnAccr_{i,t} = \alpha_0 + \alpha_1 AirQuality_{i,t} + Controls + \varepsilon_{i,t} \qquad 式 5-4$$

$$ARAgg_{i,t} = \beta_0 + \beta_1 AirQuality_{i,t} + Controls + \eta_{i,t} \qquad 式 5-5$$

其中，Air Quality 代表空气质量，Controls 为控制变量，其选取标准主要借鉴现有文献。控制变量的具体定义见表 5-1。

表 5-1　　　　　　　　　控制变量定义

变量	定义
A：审计决策激进度	
AbnAccr	可操纵性应计利润，计算方法见公式 5-1，用于衡量会计利润激进度
ARAgg	异常非标意见的概率，计算方法见公式 5-2 和公式 5-3，用于衡量审计报告激进度
B：空气质量	
Grade28	审计报告日前 28 天内审计客户公司总部所在地级市空气质量等级日数据的平均值；取值越大，空气污染越严重
AQI28	审计报告日前 28 天内审计客户公司总部所在地级市空气质量指数（取自然对数）日数据的平均值；取值越大，空气污染越严重
C：控制变量	
LEV	资产负债率
B/M	账面市值比
CFO	经营活动现金流/期初总资产
Size	上年末总资产自然对数
Effort	审计报告日与会计期间结束日之间的时间间隔（取自然对数），表示审计努力程度

续表

变量	定义
Std_REV	过去16个季度主营业务收入（以亿元为单位）的标准差
Std_CFO	过去16个季度经营活动净现金流（以亿元为单位）的标准差
Std_REVG	过去16个季度主营业务收入增长率的标准差
LossProb	过去16个季度中净利润为负数的季度所占比重
Big4	审计师为"国际四大"时取值为1；否则取值为0
Dom8	审计师为"国内八大"时取值为1；否则取值为0；"国内八大"按中注协百强榜排名
Inventory	存货占总资产的比例

第三节 实证分析结果

一、描述性统计

表5-2给出了变量的描述统计（所有连续变量均已在1%和99%分位数处进行了缩尾处理），Grade28的均值为2.2650，表明大部分样本的空气污染程度并不严重。Big4的均值为0.0570，Dom8的均值为0.6309，说明大部分上市公司由"国内八大"审计，由"国际四大"审计的比例并不高。

表5-2　　　　　　变量的描述统计

	样本量	均值	中位数	标准差	Q1	Q3	最小值	最大值
AbnAccr	4 823	0.0004	-0.0009	0.0706	-0.0371	0.0349	-0.2105	0.2341
ARAgg	4 631	0.0124	0.0121	0.1596	0.0045	0.0348	-0.9991	0.9044
Grade28	4 823	2.2650	2.2143	0.5029	1.9286	2.5714	1.2857	3.7037
AQI28	4 823	4.3973	4.4016	0.2657	4.2341	4.5803	3.7968	5.0445
LEV	4 823	0.4624	0.4568	0.2091	0.2979	0.6243	0.0615	0.9047
B/M	4 823	0.3886	0.3268	0.2610	0.2033	0.5015	0.0310	1.3528

续表

	样本量	均值	中位数	标准差	Q1	Q3	最小值	最大值
CFO	4 823	0.0464	0.0457	0.0842	0.0023	0.0924	-0.2259	0.3036
Size	4 823	8.3438	8.1628	1.2646	7.4590	9.0644	5.8017	12.1456
Std_REV	4 823	0.0468	0.0135	0.0956	0.0057	0.0395	0.0009	0.6432
Std_CFO	4 823	2.8010	1.0463	5.2736	0.4758	2.4968	0.0918	35.1205
Std_REVG	4 823	1.1173	0.3144	4.0044	0.1927	0.6173	0.0683	36.0944
LossProb	4 823	0.1605	0.0625	0.2098	0	0.2500	0	0.9375
Big4	4 823	0.0570	0	0.2319	0	0	0	1
Dom8	4 823	0.6309	1	0.4826	0	1	0	1
Inventory	4 631	0.1684	0.1223	0.1611	0.0684	0.2034	0.0000	0.7458

二、相关系数

表 5-3 给出了主要变量的相关系数。由表 5-3 可见，AbnAccr 和 Grade28 的相关系数为 0.036，在 5% 的水平显著为正；AbnAccr 和 AQI28 的相关系数为 0.037，同样在 5% 的水平显著为正。ARAgg 和 Grade28 的相关系数为 0.030，在 5% 的水平显著为正；ARAgg 和 AQI28 的相关系数为 0.026，同样在 5% 的水平显著为正。也就是说，审计决策激进度的两个指标与空气质量指标之间的相关系数均显著为正，初步证实了假说 H1b。

表 5-3　　　　　　　主要变量的相关系数矩阵

	AbnAccr	ARAgg	Grade28	AQI28	LEV	B/M	CFO
ARAgg	-0.017						
Grade28	0.036**	0.030**					
AQI28	0.037**	0.026*	0.980***	1.000			
LEV	-0.009	0.087***	0.051***	0.054***	1.000		
B/M	0.032**	-0.058***	0.132***	0.130***	0.237***	1.000	
CFO	-0.693***	-0.027*	-0.003	-0.005	-0.197***	-0.037***	1.000

续表

	AbnAccr	ARAgg	Grade28	AQI28	LEV	B/M	CFO
Size	0.014	-0.060***	0.061***	0.055***	0.495***	0.586***	0.028**
Std_REV	-0.015	-0.061***	0.049***	0.039***	0.345***	0.365***	0.009
Std_CFO	-0.010	-0.039***	0.051***	0.040***	0.352***	0.393***	0.013
Std_REVG	0.045***	-0.045***	0.035**	0.037***	0.082***	-0.040***	-0.073***
LossProb	-0.030**	0.035**	0.010	0.014	0.234***	-0.089***	-0.225***
Big4	-0.028*	-0.010	0.015	0.001	0.103***	0.215***	0.062***
Dom8	0.007	-0.017	-0.076***	-0.076***	-0.018	-0.048***	0.005
Inventory	0.089***	0.051***	-0.011	-0.012	0.348***	0.098***	-0.261***

	Size	Std_REV	Std_CFO	Std_REVG	LossProb	Big4	Dom8
Size	1.000						
Std_REV	0.670***						
Std_CFO	0.723***	0.828***					
Std_REVG	-0.028*	0.063***	0.005				
LossProb	-0.138***	-0.044***	-0.063***	0.158***			
Big4	0.376***	0.377***	0.435***	-0.040***	-0.061***		
Dom8	-0.068***	-0.078***	-0.097***	-0.011	-0.004	-0.322***	
Inventory	0.176***	0.121***	0.179***	0.205***	0.001	-0.014	-0.008

注：*、**和***分别代表的显著性水平为10%、5%和1%。

值得一提的是，表5-3中部分变量相关系数的绝对值超过0.5，使得模型可能存在严重的多重共线性问题。为此，笔者对模型进行了VIF检验。由表5-4可见，各解释变量的VIF均不超过5，说明模型不存在严重的多重共线性问题。

表5-4　　　　　　　　VIF诊断检验

	A：会计利润激进度				B：审计报告激进度			
	回归1		回归2		回归3		回归4	
	VIF	1/VIF	VIF	1/VIF	VIF	1/VIF	VIF	1/VIF
Grade28	1.09	0.9156			1.09	0.9143		
AQI28			1.09	0.9177			1.09	0.9166
LEV	1.80	0.5544	1.80	0.5543	1.89	0.5295	1.89	0.5294

续表

	A：会计利润激进度				B：审计报告激进度			
	回归1		回归2		回归3		回归4	
	VIF	1/VIF	VIF	1/VIF	VIF	1/VIF	VIF	1/VIF
B/M	2.09	0.4791	2.09	0.4787	2.06	0.4860	2.06	0.4855
CFO	1.20	0.8343	1.20	0.8343	1.21	0.8234	1.21	0.8234
Size	4.05	0.2469	4.05	0.2469	3.97	0.2519	3.97	0.2519
Std_REV	3.57	0.2802	3.57	0.2802	3.54	0.2825	3.54	0.2824
Std_CFO	4.05	0.2470	4.05	0.2470	4.00	0.2499	4.00	0.2499
Std_REVG	1.14	0.8803	1.14	0.8798	1.15	0.8721	1.15	0.8717
LossProb	1.29	0.7756	1.29	0.7756	1.31	0.7612	1.31	0.7612
Big4	1.43	0.7009	1.43	0.7004	1.44	0.6949	1.44	0.6945
Dom8	1.14	0.8777	1.14	0.8771	1.14	0.8793	1.14	0.8786
Inventory					2.15	0.4662	2.14	0.4662

三、回归结果

由表5-5可以看出，Grade28和AQI28的估计系数分别为0.0049和0.0093，且均在1%的水平上显著为正；在回归5和回归6中，Grade28和AQI28的估计系数分别为0.0116和0.0182，分别在5%和1%的水平显著为正。这说明，在控制了其他因素以后，空气污染程度仍然与审计决策激进度显著正相关。换句话说，空气污染通过减少外勤工作时间，或降低外勤工作效率，或降低审计师的认知能力，影响了其职业怀疑能力或专业判断能力。

表5-5　　　　空气质量与审计决策的激进度

	A：会计利润激进度			B：审计报告激进度		
	(1)	(2)	(3)	(4)	(5)	(6)
截距	0.0007 (0.05)	-0.0098 (0.62)	-0.0396* (1.95)	0.0882** (2.06)	0.0631 (1.44)	0.0093 (0.15)

续表

	A：会计利润激进度			B：审计报告激进度		
	（1）	（2）	（3）	（4）	（5）	（6）
Grade28		0.0049*** (3.13)			0.0116** (2.24)	
AQI28			0.0093*** (3.50)			0.0182* (1.76)
LEV	-0.0522*** (8.99)	-0.0523*** (9.03)	-0.0524*** (9.06)	0.1159*** (4.58)	0.1156*** (4.57)	0.1154*** (4.57)
B/M	-0.0162*** (3.77)	-0.0168*** (3.91)	-0.0169*** (3.95)	-0.0044 (0.29)	-0.0058 (0.39)	-0.0058 (0.39)
CFO	-0.6880*** (44.98)	-0.6879*** (45.04)	-0.6879*** (45.04)	0.0172 (0.52)	0.0180 (0.54)	0.0179 (0.54)
Size	0.0090*** (5.98)	0.0089*** (5.89)	0.0089*** (5.90)	-0.0183*** (3.38)	-0.0186*** (3.44)	-0.0185*** (3.43)
Std_REV	-0.0148 (0.91)	-0.0137 (0.85)	-0.0136 (0.84)	-0.1437 (1.60)	-0.1418 (1.58)	-0.1418 (1.58)
Std_CFO	-0.0001 (0.20)	-0.0001 (0.26)	-0.0001 (0.26)	0.0017 (1.28)	0.0017 (1.27)	0.0017 (1.28)
Std_REVG	0.0010*** (3.74)	0.0010*** (3.68)	0.0010*** (3.66)	-0.0020* (1.92)	-0.0021** (1.99)	-0.0021** (1.98)
LossProb	-0.0577*** (12.52)	-0.0578*** (12.58)	-0.0578*** (12.59)	-0.0025 (0.10)	-0.0028 (0.11)	-0.0027 (0.11)
Big4	0.0007 (0.19)	0.0011 (0.30)	0.0012 (0.33)	0.0221* (1.83)	0.0231* (1.90)	0.0232* (1.90)
Dom8	0.0012 (0.73)	0.0016 (0.99)	0.0016 (1.01)	-0.0051 (0.79)	-0.0041 (0.63)	-0.0042 (0.65)
Inventory				0.0918** (2.40)	0.0926** (2.43)	0.0923** (2.42)
年度	控制	控制	控制	控制	控制	控制
行业	控制	控制	控制	控制	控制	控制
Adj-R^2	0.5694	0.5704	0.5704	0.0355	0.0365	0.0361
N	4823	4823	4823	4631	4631	4631

注：回归中均在公司层面进行 cluster 处理。*、** 和 *** 分别代表的显著性水平为 10%、5% 和 1%。

第四节 稳健性检验

一、内生性检验

笔者虽然发现空气污染程度会影响审计师的专业判断,但是,两者之间存在因果关系的理论基础不是很直接。空气污染既可能通过影响审计师情绪而影响其专业判断,也可能与其他非审计师心理因素相联,而这些因素导致了审计师更加谨慎。如空气污染比较严重的地区,通常也可能是市场化程度比较低、或者经济不发达、或者政府干预比较多的地区。这些制度背景可能导致公司的会计利润比较激进(朱松、夏冬林,2009)。也就是说,表 5-3 的结果可能是地区差异,而不是空气质量差异引起的。为检验这一可能性是否存在,笔者采用了两种方法。

1. 以资产负债表日之前 28 天的空气质量数据计算 Grade28 和 AQI28,重复表 5-4 的回归,回归结果见表 5-6。以资产负债表日之前 28 天的空气质量数据替代原 Grade28 和 AQI28 以后,Grade28 和 AQI28 对会计利润激进度和审计报告激进度的影响不再显著。这说明,对审计师专业判断有影响的空气质量问题发生在审计师外勤工作期间,而不是其他可能日期。也就是说,空气质量对会计和审计报告结果的影响受地区制度背景因素影响的可能性较小。

表 5-6　基于资产负债表日前空气质量数据的检验

	A:会计利润激进度		B:审计报告激进度	
	回归 1	回归 2	回归 3	回归 4
截距	0.0016 (0.12)	-0.0119 (0.72)	0.1161** (2.39)	0.1229** (2.05)
Grade28	0.0017 (1.46)		0.0003 (0.06)	

续表

	A：会计利润激进度		B：审计报告激进度	
	回归 1	回归 2	回归 3	回归 4
AQI28		0.0040 (1.60)		-0.0014 (0.16)
LEV	-0.0497*** (7.44)	-0.0498*** (7.46)	0.1205*** (4.28)	0.1206*** (4.29)
B/M	-0.0196*** (3.49)	-0.0197*** (3.50)	0.0023 (0.12)	0.0026 (0.13)
CFO	-0.6795*** (36.58)	-0.6796*** (36.59)	-0.0320 (0.79)	-0.0322 (0.80)
Size	0.0089*** (4.92)	0.0089*** (4.94)	-0.0214*** (3.30)	-0.0214*** (3.30)
Std_REV	-0.0188 (1.00)	-0.0187 (0.99)	-0.1259 (1.01)	-0.1264 (1.01)
Std_CFO	0.0000 (0.08)	0.0000 (0.08)	0.0016 (0.86)	0.0016 (0.86)
Std_REVG	0.0010*** (3.50)	0.0010*** (3.49)	-0.0023* (1.75)	-0.0023* (1.75)
LossProb	-0.0594*** (11.07)	-0.0594*** (11.06)	-0.0278 (0.99)	-0.0279 (0.99)
Big4	0.0015 (0.36)	0.0015 (0.36)	0.0286** (2.28)	0.0285** (2.28)
Dom8	0.0015 (0.80)	0.0015 (0.80)	-0.0058 (0.82)	-0.0060 (0.83)
Inventory			0.0763** (2.00)	0.0763** (2.00)
年度和行业	控制	控制	控制	控制
Adj-R^2	0.5546	0.5547	0.0347	0.0347
N	4 823	4 823	4 631	4 631

注：*、**和***分别代表的显著性水平为10%、5%和1%。

2. 城市固定效应检验。李小飞等（2014）发现，城市大气环境质量在地域上表现为由南到北、从沿海到内陆逐渐变差的趋势；艾小青等（2017）指出，产业结构会影响空气质量。笔者认为，这些因素在短期内（至少在笔者 3 年的样本期内）发生重大变化的可能性比较小。因此，笔者可以用城市层面的固定效应来解决可能的内生性问题，研究结果见表 5-7。

控制城市固定效应以后，Grade28 与会计利润激进度和审计报告激进度之间的正相关关系依然显著，Grade28 与会计利润激进度也在 5% 的显著性水平上显著。也就是说，总体来讲，在控制城市固定效应后，空气质量仍显著影响会计利润激进度。

表 5-7　　　　　　　　城市固定效应的影响

	A：会计利润激进度		B：审计报告激进度	
	回归 1	回归 2	回归 3	回归 4
截距	-0.0071 (0.59)	-0.0456 (1.61)	0.0389 (0.96)	-0.0357 (-0.38)
Grade28	0.0058** (1.98)		0.0164* (1.70)	
AQI28		0.0117** (1.98)		0.0256 (1.31)
LEV	-0.0528*** (11.52)	-0.0528*** (11.52)	0.0944*** (5.82)	0.0945*** (5.83)
B/M	-0.0170*** (4.30)	-0.0170*** (4.32)	-0.0196 (1.47)	-0.0197 (1.47)
CFO	-0.6916*** (76.41)	-0.6914*** (76.39)	0.0290 (0.91)	0.0294 (0.92)
Size	0.0088*** (7.91)	0.0088*** (7.90)	-0.0138*** (3.66)	-0.0138*** (3.68)
Std_REV	-0.0109 (0.76)	-0.0110 (0.77)	-0.1489*** (3.13)	-0.1490*** (3.13)

续表

	A：会计利润激进度		B：审计报告激进度	
	回归1	回归2	回归3	回归4
Std_CFO	-0.0001 (0.45)	-0.0001 (0.45)	0.0022** (2.41)	0.0022** (2.42)
Std_REVG	0.0011*** (5.85)	0.0011*** (5.84)	-0.0027*** (4.32)	-0.0027*** (4.33)
LossProb	-0.0562*** (14.51)	-0.0563*** (14.53)	-0.0035 (0.24)	-0.0035 (0.25)
Big4	0.0016 (0.44)	0.0016 (0.46)	0.0130 (1.07)	0.0132 (1.09)
Dom8	0.0011 (0.62)	0.0010 (0.61)	0.0018 (0.32)	0.0017 (0.31)
Inventory			0.0825*** (3.85)	0.0825*** (3.86)
年度和行业	控制	控制	控制	控制
Within-R^2	0.5671	0.5671	0.0405	0.0403
N	4823	4823	4631	4631

注：*、**和***分别代表的显著性水平为10%、5%和1%。

二、变更空气质量的度量方法

前文以审计外勤工作日前28天内的审计客户公司总部所在地级市空气质量等级日数据的均值来衡量空气污染水平。但是，审计时间可能会长于28天。笔者认为，即便如此，以28天作为取值时间是可行的，主要原因如下：

1. 虽然外勤工作时间可能很长，但是，审计师在进行常规外勤工作时，会有严格的工作流程或程序要求，空气污染感知对既定程序执行的影响应该有限。笔者认为，受空气污染影响最大的，应该是审计师的专业判断，而审计师的专业判断，应该主要体现在审计计划、审计沟通和审计报告出具阶段。也就是说，空气污染感知对审计师专业判断的影响可能并不贯穿整个外勤工作时间。

2. 审计的最终工作成果是审计报告和经审计的财务报告，这些报告出具的关键节点都是审计报告出具日前。笔者认为，这段时间是审计师与公司高管反复沟通和谈判的时间，也是最容易受到空气污染感知影响的时间。

3. 客观来讲，很难采用一个统一标准，证明具体用审计报告日前多少天作为外勤工作时间比较合适。为了减轻空气污染观察时段对研究结果的可能影响，笔者将考察期分别变更为 21 天、35 天和 42 天，以 Grade 来替代，重新对表 5-3 进行了回归分析，研究结果见表 5-8。

由表 5-8 可知，变更空气污染的衡量时间以后，无论以 21 天、35 天，还是 42 天来衡量，Grade 均与会计利润的激进度在 1% 的水平上显著正相关。以审计报告激进度为被解释变量时，21 天和 35 天观测期的显著性水平略有下降，但是，依然在 10% 的显著性水平上显著为正。这说明，本章的研究结果在变更空气污染观测期以后依然显著，研究结果是稳健的。

表 5-8　　　　　　　不同衡量期的结果

	A：会计利润激进度			B：审计报告激进度		
	21 天	35 天	42 天	21 天	35 天	42 天
截距	-0.0110 (0.94)	-0.0076 (0.64)	-0.0090 (0.77)	0.0666 (1.53)	0.0804* (1.90)	0.0624 (1.43)
Grade	0.0054*** (3.78)	0.0045*** (3.06)	0.0044*** (2.99)	0.0099* (1.94)	0.0092* (1.78)	0.0115** (2.16)
LEV	-0.0522*** (9.01)	-0.0509*** (8.70)	-0.0523*** (9.04)	0.1158*** (4.58)	0.1153*** (4.63)	0.1154*** (4.57)
B/M	-0.0168*** (3.92)	-0.0165*** (3.79)	-0.0167*** (3.91)	-0.0056 (0.37)	0.0013 (0.09)	-0.0059 (0.39)

续表

	A：会计利润激进度			B：审计报告激进度		
	21 天	35 天	42 天	21 天	35 天	42 天
CFO	-0.6878 *** (45.04)	-0.6860 *** (44.42)	-0.6880 *** (45.05)	0.0181 (0.54)	0.0247 (0.75)	0.0179 (0.54)
Size	0.0089 *** (5.88)	0.0086 *** (5.67)	0.0089 *** (5.91)	-0.0186 *** (3.43)	-0.0196 *** (3.69)	-0.0186 *** (3.44)
Std_REV	-0.0138 (0.86)	-0.0144 (0.88)	-0.0137 (0.85)	-0.1425 (1.59)	-0.1243 (1.37)	-0.1415 (1.57)
Std_CFO	-0.0001 (0.25)	-0.0000 (0.16)	-0.0001 (0.27)	0.0017 (1.28)	0.0016 (1.16)	0.0017 (1.26)
Std_REVG	0.0010 *** (3.67)	0.0010 *** (3.64)	0.0010 *** (3.69)	-0.0021 ** (1.98)	-0.0022 ** (2.00)	-0.0021 ** (2.00)
LossProb	-0.0578 *** (12.60)	-0.0586 *** (12.70)	-0.0579 *** (12.59)	-0.0028 (0.11)	-0.0028 (0.11)	-0.0030 (0.12)
Big4	0.0010 (0.28)	0.0011 (0.29)	0.0012 (0.32)	0.0228 * (1.87)	0.0207 * (1.71)	0.0234 * (1.92)
Dom8	0.0017 (1.03)	0.0013 (0.80)	0.0016 (0.98)	-0.0042 (0.65)	-0.0041 (0.66)	-0.0040 (0.63)
Inventory				0.0925 ** (2.42)	0.0763 ** (2.06)	0.0928 ** (2.43)
年度和行业	控制	控制	控制	控制	控制	控制
Adj-R^2	0.5707	0.5687	0.5702	0.0362	0.0354	0.0365
N	4 823	4 823	4 823	4 631	4 631	4 631

注：*、**和***分别代表的显著性水平为10%、5%和1%。

三、控制潜在的遗漏变量

如前所述，本章控制变量的选取主要借鉴和参考学者（弗朗西斯，2014；古尔，2013）的研究成果，本部分增加了事务所任期

(Ten_af,即事务所连续审计的年数)、审计师任期(Ten_if,即每个签字审计师连续审计年数的平均值)、事务所客户规模(Psize_af,即事务所本年度所有客户总资产之和)、签字审计师客户规模(Psize_if,即每个签字审计师本年度所有客户总资产之和的平均值)、客户重要性(CI_af,即样本公司总资产/签字审计师本年度所有客户总资产)、客户重要性均值(CI_if,即样本公司所有签字审计师的客户重要性均值)作为控制变量,重复表5-5的回归。增加控制变量以后,会计利润激进度和审计报告激进度的样本量分别由表5-5的4 823和4 631,下降为4 780和4 589。

表5-9的结果表明,增加控制变量以后,Grade28和AQI28的回归系数依然显著,本部分的研究结果稳健。

表5-9 增加控制变量的检验

	A:会计利润激进度		B:审计报告激进度	
	回归1	回归2	回归3	回归4
截距	-0.0172 (1.39)	-0.0479*** (2.84)	0.0648 (1.45)	0.0283 (0.47)
Grade28	0.0050*** (3.45)		0.0085* (1.70)	
AQI28		0.0096*** (3.48)		0.0127* (1.68)
LEV	-0.0510*** (8.76)	-0.0511*** (8.79)	0.1131*** (4.53)	0.1129*** (4.52)
B/M	-0.0161*** (3.74)	-0.0162*** (3.77)	0.0001 (0.00)	0.0001 (0.00)
CFO	-0.6866*** (44.75)	-0.6866*** (44.74)	0.0243 (0.75)	0.0243 (0.75)
Size	0.0082*** (5.30)	0.0082*** (5.31)	-0.0221*** (4.03)	-0.0220*** (4.02)
Std_REV	-0.0158 (0.97)	-0.0156 (0.96)	-0.1248 (1.41)	-0.1249 (1.41)

续表

	A：会计利润激进度		B：审计报告激进度	
	回归1	回归2	回归3	回归4
Std_CFO	-0.0001	-0.0001	0.0017	0.0017
	(0.38)	(0.38)	(1.29)	(1.29)
Std_REVG	0.0010***	0.0010***	-0.0021*	-0.0021*
	(3.56)	(3.54)	(1.85)	(1.85)
LossProb	-0.0581***	-0.0581***	-0.0029	-0.0029
	(12.60)	(12.61)	(0.12)	(0.12)
Big4	0.0024	0.0025	0.0249*	0.0248*
	(0.64)	(0.67)	(1.83)	(1.82)
Dom8	0.0006	0.0006	0.0114	0.0116
	(0.20)	(0.23)	(1.19)	(1.21)
Inventory			3.8311*	3.7764*
			(1.87)	(1.84)
Ten_af	-0.0001	-0.0001	0.0757**	0.0754**
	(0.86)	(0.89)	(2.06)	(2.05)
Ten_if	-0.0005	-0.0005	0.0012*	0.0012*
	(0.61)	(0.63)	(1.90)	(1.89)
Psize_af	0.0384***	0.0381***	0.0621	0.0618
	(3.44)	(3.41)	(1.41)	(1.40)
Psize_if	0.8969	0.8903	-0.0637*	-0.0649*
	(1.39)	(1.38)	(1.86)	(1.89)
CI_af	0.2175***	0.2177***	-0.0018	-0.0018
	(3.35)	(3.36)	(-0.69)	(-0.70)
CI_if	0.0141	0.0141	0.0506	0.0547
	(1.22)	(1.22)	(0.25)	(0.27)
年度和行业	控制	控制	控制	控制
Adj-R^2	0.5710	0.5710	0.0374	0.0372
N	4 780	4 780	4 589	4 589

注：*、**和***分别代表的显著性水平为10%、5%和1%。

第五节 进一步分析

一、空气质量与空气质量感知

空气污染对审计师专业判断的影响原因是什么？是影响了个体生理健康导致工作能力下降？还是带来了负面情绪导致工作能力下降？由于空气污染对个体生理健康和情绪的影响相互交织，很难区分，因此，笔者试图利用准自然实验的不同情况下，空气污染对审计师专业判断的影响差异来进行分析。

笔者认为，如果空气污染是通过影响审计师的身体健康发挥作用的，那么，其对审计师专业判断的影响不应随时间或空间的变化而变化；如果空气污染是通过影响审计师的情绪发挥作用的，那么，只有当审计师能够感受到不同程度的空气污染时，空气污染才会对其专业判断产生显著影响。以下三个准自然实验为笔者区分空气污染与空气污染感知提供了可能：

1. 空气质量受到社会公众普遍关注与没有受到普遍关注时的影响差异。笔者认为，如果在没有得到社会公众的普遍关注时，空气污染对审计师专业判断没有显著影响，那么，就能在一定程度上说明影响审计师专业判断的，是审计师感知的空气污染对个人情绪带来的负面影响，而不是空气污染本身对个人身体伤害带来的影响。

表 5-10 列示了 2006—2011 年，空气污染对审计师专业判断的影响。从表 5-10 可以看出，在 2006—2011 年，社会公众尚未普遍意识到空气质量问题的样本期内，空气质量对审计师专业判断并无显著影响。比如，在回归 2 中，Grade28 的估计系数为 -0.0007，对应的 t=0.22；在回归 6 中，AQI28 的估计系数为 -0.0159，对应的 t=

第五章 审计师个人情绪对审计风格的影响研究

1.11。这个结果在一定程度上证明，表5-10所发现的空气质量对审计师专业判断的影响可能主要源于审计师对空气质量问题的感知，而并非空气污染对身体的直接伤害。

表5-10 空气质量与审计决策的激进度：2006—2011年样本

	A：会计利润激进度			B：审计报告激进度		
	（1）	（2）	（3）	（4）	（5）	（6）
截距	0.0051 (0.43)	0.0065 (0.48)	0.0030 (0.14)	0.1391*** (3.28)	0.1683*** (3.88)	0.2069*** (2.99)
Grade28		-0.0007 (0.22)			-0.0147 (1.38)	
AQI28			0.0005 (0.12)			-0.0159 (1.11)
LEV	-0.0705*** (10.79)	-0.0705*** (10.73)	-0.0706*** (10.72)	0.1540*** (5.82)	0.1550*** (5.85)	0.1552*** (5.87)
B/M	-0.0310*** (6.10)	-0.0310*** (6.11)	-0.0310*** (6.10)	-0.0022 (0.18)	-0.0023 (0.18)	-0.0020 (0.16)
CFO	-0.7355*** (60.37)	-0.7354*** (60.32)	-0.7355*** (60.38)	0.0107 (0.40)	0.0123 (0.46)	0.0118 (0.44)
Size	0.0105*** (6.51)	0.0105*** (6.51)	0.0105*** (6.50)	-0.0326*** (6.97)	-0.0325*** (6.94)	-0.0326*** (6.97)
Std_REV	0.0313 (1.47)	0.0313 (1.47)	0.0313 (1.47)	0.0361 (1.40)	0.0353 (1.37)	0.0360 (1.40)
Std_CFO	-0.0013*** (2.70)	-0.0013*** (2.70)	-0.0013*** (2.70)	0.0016* (1.88)	0.0016* (1.85)	0.0016* (1.83)
Std_REVG	0.0006*** (4.20)	0.0006*** (4.19)	0.0006*** (4.18)	-0.0006 (1.45)	-0.0006 (1.38)	-0.0006 (1.39)
LossProb	-0.0735*** (11.30)	-0.0735*** (11.29)	-0.0734*** (11.29)	0.0485* (1.74)	0.0477* (1.71)	0.0480* (1.72)
Big4	0.0058 (1.26)	0.0057 (1.24)	0.0058 (1.26)	-0.0038 (0.34)	-0.0051 (0.46)	-0.0048 (0.43)

续表

	A：会计利润激进度			B：审计报告激进度		
	（1）	（2）	（3）	（4）	（5）	（6）
Dom8	-0.0008 (0.39)	-0.0008 (0.39)	-0.0008 (0.39)	-0.0145** (2.31)	-0.0144** (2.29)	-0.0144** (2.29)
Inventory				0.0122 (0.49)	0.0120 (0.49)	0.0119 (0.48)
年度和行业	控制	控制	控制	控制	控制	控制
Adj – R^2	0.6386	0.6385	0.6385	0.0750	0.0755	0.0752
N	4 251	4 251	4 251	3 997	3 997	3 997

注：*、**和***分别代表的显著性水平为10%、5%和1%。

2. 空气质量受到个体关注与没有受到个体关注时的影响差异——空气污染是否存在的影响不同。笔者认为，个体对空气污染的关注可能随空气质量的变化而变化。在空气质量是优或者良的时候，个体可能并不会关注空气质量问题。因此，如果是空气质量感知带来的负面情绪对审计师专业判断产生影响，此时，空气质量就不应该影响审计师的专业判断。

表 5-11 中，如果审计报告结束日前 28 天内的空气质量等级均为优或良，定义为"无污染"样本；否则，定义为"有污染"样本。表 5-11 的（1）—（4）列报告了会计利润激进度的回归结果。在无污染样本中，Grade28 和 AQI28 在回归中的估计系数均不显著区别于 0；在有污染的样本中，Grade28 和 AQI28 在回归中的估计系数分别为 0.0041 和 0.0084，均在 5% 的水平上显著为正。这说明，空气质量对被审计单位会计利润激进度的影响主要发生在有污染的样本中。

表 5-11 的（5）—（8）报告了空气质量与审计报告激进度的回归结果。在无污染样本中，Grade28 和 AQI28 在回归中的估计系数均不显著区别于 0；在有污染样本中，Grade28 和 AQI28 在回归中的估计系数均为 0.0169 和 0.0297，在 1% 或 5% 的水平上显著为正。这说明，空气质量对被审计报告激进度的影响主要发生在有污染样本中。

表 5-11 空气质量与审计决策的激进度：区分有无空气污染

	A：会计利润激进度				B：审计报告激进度			
	无污染	有污染	无污染	有污染	无污染	有污染	无污染	有污染
	(1)	(2)	(3)	(4)	(5)	(6)	(7)	(8)
截距	-0.0357 (1.04)	-0.0068 (0.54)	-0.0966 (1.32)	-0.0344* (1.78)	0.0142 (0.11)	0.0684 (1.54)	0.0637 (0.27)	-0.0235 (0.36)
Grade28	0.0183 (1.49)	0.0041** (2.41)			-0.0417 (1.01)	0.0169*** (2.89)		
AQI28			0.0224 (1.23)	0.0084** (2.42)			-0.0277 (0.52)	0.0297** (2.46)
LEV	-0.0657*** (5.03)	-0.0506*** (8.13)	-0.0653*** (4.97)	-0.0507*** (8.16)	0.0528 (0.93)	0.1249*** (4.57)	0.0516 (0.90)	0.1245*** (4.56)
B/M	-0.0345*** (2.66)	-0.0156*** (3.53)	-0.0343*** (2.63)	-0.0157*** (3.56)	0.0281 (0.75)	-0.0103 (0.65)	0.0263 (0.71)	-0.0105 (0.67)
CFO	-0.6931*** (16.81)	-0.6903*** (42.64)	-0.6927*** (16.78)	-0.6902*** (42.62)	0.0268 (0.31)	0.0126 (0.35)	0.0242 (0.28)	0.0126 (0.35)
Size	0.0107** (2.55)	0.0086*** (5.48)	0.0108** (2.58)	0.0086*** (5.49)	-0.0094 (0.73)	-0.0201*** (3.51)	-0.0098 (0.75)	-0.0200*** (3.50)
Std_REV	-0.0591* (1.67)	-0.0048 (0.27)	-0.0593* (1.68)	-0.0048 (0.26)	-0.0224 (0.52)	-0.1688 (1.64)	-0.0206 (0.48)	-0.1687 (1.64)
Std_CFO	0.0004 (0.66)	-0.0001 (0.38)	0.0004 (0.62)	-0.0001 (0.37)	-0.0015 (1.22)	0.0023 (1.54)	-0.0014 (1.18)	0.0023 (1.55)
Std_REVG	0.0006 (1.48)	0.0010*** (3.52)	0.0006 (1.49)	0.0010*** (3.50)	0.0012 (1.04)	-0.0024** (2.12)	0.0012 (1.02)	-0.0024** (2.12)
LossProb	-0.0602*** (3.89)	-0.0576*** (12.03)	-0.0602*** (3.89)	-0.0576*** (12.04)	0.0480 (0.95)	-0.0084 (0.31)	0.0470 (0.93)	-0.0084 (0.31)
Big4	-0.0005 (0.07)	0.0013 (0.31)	-0.0009 (0.12)	0.0013 (0.33)	0.0144 (0.65)	0.0224* (1.74)	0.0168 (0.72)	0.0226* (1.75)
Dom8	0.0019 (0.40)	0.0017 (1.00)	0.0016 (0.34)	0.0017 (1.00)	-0.0111 (0.65)	-0.0038 (0.57)	-0.0096 (0.56)	-0.0039 (0.58)

续表

	A：会计利润激进度				B：审计报告激进度			
	无污染	有污染	无污染	有污染	无污染	有污染	无污染	有污染
	(1)	(2)	(3)	(4)	(5)	(6)	(7)	(8)
Inventory					0.1758 * (1.77)	0.0852 ** (2.32)	0.1705 * (1.73)	0.0848 ** (2.30)
年度和行业	控制	控制	控制	控制	控制	控制	控制	控制
Adj – R^2	0.5639	0.5711	0.5633	0.5711	0.0222	0.0393	0.0205	0.0387
N	672	4151	672	4151	649	3982	649	3982

注：*、** 和 *** 分别代表的显著性水平为10%、5%和1%。

3. 空气质量受到个体关注与没有受到个体关注时的影响差异——审计师常驻地与被审计单位所在地空气质量是否存在差异时的影响不同。19世纪末美国康奈尔大学的科学家做的著名的"青蛙实验"表明，个体对渐变过程会有一个适应性和习惯性。如果审计师常驻地（即会计师事务所所在地）和被审计单位所在地空气质量并无差异，那么，审计师对新工作地点空气质量的关注度会降低，对空气质量的感知也会较弱。如果审计师常驻地与被审计单位所在地空气质量存在差异，审计师对空气质量问题就会更加敏感。因此，如果是空气质量感知带来的负面情绪影响了审计师的专业判断，笔者预期，空气质量对审计专业判断的影响主要发生在审计师常驻地与被审计单位所在地空气质量存在差异时。

表5-12列示了审计师常驻地与被审计单位空气质量是否存在差异时，空气质量对审计师专业判断的影响差异。表5-12中，当审计师和上市公司所在地的空气质量无差异时，空气质量对会计利润激进度无显著影响。比如，在Panel A 的回归1中，Grade28 的估计系数为0.0024，t = 1.15；在Panel A 的回归3中，AQI28 的估计系数为0.0043，t = 1.05。当两地的空气质量存在差异时，上市公司所在地的空气质量会显著影响会计利润激进度。比如，在Panel A 的回归2中，Grade28 的估计系数为0.0067，t = 3.35；在Panel

A 的回归 4 中，AQI28 的估计系数为 0.0132，t = 3.48。不过，在针对审计报告激进度的回归中，两组样本并不存在显著差异。因此，表 5-12 只部分证实了空气质量感知的对会计利润激进度的影响。

表 5-12 空气质量与审计决策的激进度：事务所与上市公司所在地的空气质量有无差异

	\multicolumn{4}{c}{Panel A：会计利润激进度}			
	无差异	有差异	无差异	有差异
	(1)	(2)	(3)	(4)
截距	0.0112 (0.66)	-0.0195 (1.19)	-0.0020 (0.09)	-0.0622*** (2.68)
Grade28	0.0024 (1.15)	0.0067*** (3.35)		
AQI28			0.0043 (1.05)	0.0132*** (3.48)
LEV	-0.0523*** (6.33)	-0.0523*** (6.28)	-0.0524*** (6.36)	-0.0524*** (6.29)
B/M	-0.0154** (2.50)	-0.0186*** (3.05)	-0.0154** (2.50)	-0.0189*** (3.09)
CFO	-0.6927*** (30.85)	-0.6826*** (32.30)	-0.6927*** (30.85)	-0.6826*** (32.29)
Size	0.0072*** (3.27)	0.0097*** (4.57)	0.0072*** (3.27)	0.0098*** (4.59)
Std_REV	-0.0003 (0.01)	-0.0117 (0.65)	-0.0002 (0.01)	-0.0116 (0.65)
Std_CFO	-0.0002 (0.50)	0.0001 (0.23)	-0.0002 (0.49)	0.0001 (0.24)
Std_REVG	0.0017*** (3.56)	0.0005 (1.63)	0.0017*** (3.56)	0.0005 (1.61)

续表

Panel A：会计利润激进度

	无差异 (1)	有差异 (2)	无差异 (3)	有差异 (4)
LossProb	-0.0582*** (8.96)	-0.0585*** (8.87)	-0.0581*** (8.95)	-0.0586*** (8.90)
Big4	-0.0004 (0.07)	0.0020 (0.39)	-0.0003 (0.06)	0.0020 (0.40)
Dom8	-0.0015 (0.59)	0.0033 (1.44)	-0.0015 (0.59)	0.0032 (1.41)
年度和行业	控制	控制	控制	控制
Adj-R^2	0.5786	0.5640	0.5786	0.5642
N	2227	2553	2227	2553

Panel B：审计报告激进度

	无差异 (1)	有差异 (2)	无差异 (3)	有差异 (4)
截距	0.0482 (0.88)	0.1208** (1.99)	0.0158 (0.22)	0.1078 (1.20)
Grade28	0.0083 (1.24)	0.0036 (0.47)		
AQI28			0.0116 (0.85)	0.0048 (0.31)
LEV	0.0829** (2.45)	0.1459*** (4.29)	0.0822** (2.43)	0.1461*** (4.29)
B/M	-0.0191 (1.07)	0.0030 (0.15)	-0.0191 (1.07)	0.0031 (0.15)
CFO	0.0429 (0.77)	-0.0154 (0.40)	0.0431 (0.78)	-0.0156 (0.41)
Size	-0.0102 (1.38)	-0.0253*** (3.45)	-0.0101 (1.37)	-0.0252*** (3.45)

续表

	Panel B：审计报告激进度			
	无差异	有差异	无差异	有差异
	（1）	（2）	（3）	（4）
Std_REV	-0.0593 (0.80)	-0.1904 (1.33)	-0.0584 (0.78)	-0.1909 (1.33)
Std_CFO	0.0007 (0.60)	0.0023 (1.03)	0.0007 (0.60)	0.0023 (1.03)
Std_REVG	-0.0026 (1.53)	-0.0018 (1.36)	-0.0026 (1.52)	-0.0018 (1.36)
LossProb	0.0689** (2.07)	-0.0538 (1.49)	0.0693** (2.08)	-0.0539 (1.49)
Big4	-0.0191 (1.29)	0.0575*** (3.65)	-0.0193 (1.30)	0.0576*** (3.65)
Dom8	-0.0220*** (3.31)	0.0062 (0.65)	-0.0223*** (3.30)	0.0062 (0.64)
Inventory	0.0640 (1.36)	0.0739 (1.38)	0.0641 (1.35)	0.0736 (1.37)
年度和行业	控制	控制	控制	控制
Adj-R^2	0.0435	0.0461	0.0431	0.0461
N	2136	2453	2136	2453

注：*、** 和 *** 分别代表的显著性水平为 10%、5% 和 1%。

综上所述，由于空气质量对审计师专业判断的影响只在 2013 年以后（即空气质量受到社会公众普遍关注时）才显著，且只存在于有空气污染的样本和会计师事务所所在地与被审计单位总部所在地空气质量存在差异的情况，因此，笔者认为，空气质量影响审计师专业判断的主要原因是空气质量感知对个体情绪带来的负面影响。

二、中介效应检验

为了检验空气污染和审计师专业判断之间的传导路径，笔者引入了审计努力这个变量，参考现有文献（Hope et al.，2017；刘笑霞等，2016；徐露莹等，2017），笔者用审计延迟来替代审计工时，表示审计师的努力程度。

参考国内外学者（Baron and Kenny，1986；权小锋等，2015；蒋德权等，2018）的 Sobel 中介因子检验方法，笔者对审计努力路径的检验链条是：空气污染—审计努力—审计师专业判断，以空气污染对被审计单位会计利润激进度的影响为例，设定路径模型 Path a、Path b、Path c 如下：

$$AbnAccr_{i,t} = \alpha_0 + \alpha_1 AirQuality_{i,t} + Controls + \varepsilon_{i,t} \quad (Path\ a)$$

$$ARAgg_{i,t} = \beta_0 + \beta_1 AirQuality_{i,t} + Controls + \eta_{i,t} \quad (Path\ b)$$

$$AbnAccr_{i,t} = \gamma_0 + \gamma_1 AirQuality_{i,t} + \gamma_2 Effort_{i,t} Controls + \varepsilon_{i,t} \quad (Path\ c)$$

其中 Effort 表示审计努力，是审计报告日与会计期间结束日之间的时间间隔（取自然对数）。路径模型 Path a 和 Path c 的控制变量与表 5-10 相同。路径模型 Path b 的控制变量设计参考霍普等的研究（Hope et al.，2017），包括：ROA = 净利润/总资产；LOSS 为虚拟变量，亏损为 1，否则为 0；CLEV = 流动资产/总资产；QRATIO = （流动资产 - 存货）/流动负债；INVREC = （应收账款 + 存货）/总资产；GROWTH = 总资产增长率。此外，笔者还控制了这些变量的定义（见表 5-13）。

表 5-13 列示了审计努力对空气污染和审计师专业判断之间的关系是否具有中介效应的检验结果。在表 5-13 的 Path b 回归中，Grade28 的估计系数分别为 -0.0980 和 -0.0965（由于会计利润激进度和审计报告激进度的样本量略有差异，因此，回归系数稍有不同），均在 1% 的水平上显著为负；AQI28 的估计系数分别为 -0.1414 和 -0.1382，均在 1% 的水平上显著为负；这说明无论用空气质量等级还是空气质量指数来衡量，空气污染均会显著减少审计师的努力程度。

表 5-13 会计利润激进度部分的 Path c 回归中（Panel A），Effort 在回归中的估计系数均显著为负，说明审计努力程度越大，被审计单

位的会计利润激进度越低。在加入 AbnAccr 后，Grade28 和 AQI28 的回归系数分别为 0.0040 和 0.0080，虽然依然显著为正，但分别小于表 5-5 中的对应回归系数 0.0049 和 0.0093，且 Sobel z 分别为 2.38 和 2.47，单尾显著性水平达到 1%，这就证实了部分中介效应的存在性，即在空气质量与会计决策激进度的关系中，AbnAccr 发挥了部分中介效应。

表 5-13 的审计报告激进度部分 Path c 的回归中（Panel B），Effort 在回归中的估计系数均显著为负，说明审计努力越大，审计报告激进度越低。而且，在加入 ARAgg 后，Grade28 和 AQI28 在回归中的估计系数均已不再显著，说明在空气质量与审计报告激进度的关系中，ARAgg 发挥了完全中介效应。

表 5-13 审计努力在空气污染和审计师专业判断关系中的中介效应检验

Panel A：会计利润激进度				
被解释变量	Effort	AbnAccr	Effort	AbnAccr
模型	Path b	Path c	Path b	Path c
截距	4.6696*** (99.30)	0.0301 (1.52)	5.0707*** (58.25)	0.0057 (0.24)
Grade28	-0.0980*** (10.40)	0.0040*** (2.66)		
AQI28			-0.1414*** (7.97)	0.0080*** (2.84)
Effort		-0.0086** (2.48)		-0.0089*** (2.60)
控制变量	控制	控制	控制	控制
Sobel z	2.38***		2.47***	
年度和行业	控制	控制	控制	控制
调整 R^2	0.0780	0.5710	0.0606	0.5711
N	4807	4807	4807	4807

续表

<table>
<tr><td colspan="5" align="center">Panel B：审计报告激进度</td></tr>
<tr><td>被解释变量</td><td>Effort</td><td>ARAgg</td><td>Effort</td><td>ARAgg</td></tr>
<tr><td>模型</td><td>Path b</td><td>Path c</td><td>Path b</td><td>Path c</td></tr>
<tr><td>截距</td><td>4.6683***
(97.34)</td><td>0.3133***
(4.83)</td><td>5.0579***
(56.95)</td><td>0.2856***
(3.89)</td></tr>
<tr><td>Grade28</td><td>-0.0965***
(10.09)</td><td>0.0062
(1.26)</td><td></td><td></td></tr>
<tr><td>AQI28</td><td></td><td></td><td>-0.1382***
(7.66)</td><td>0.0104
(1.06)</td></tr>
<tr><td>Effort</td><td></td><td>-0.0537***
(4.66)</td><td></td><td>-0.0546***
(4.74)</td></tr>
<tr><td>控制变量</td><td>控制</td><td>控制</td><td>控制</td><td>控制</td></tr>
<tr><td>Sobel z</td><td colspan="2" align="center">4.22***</td><td colspan="2" align="center">4.01***</td></tr>
<tr><td>年度和行业</td><td>控制</td><td>控制</td><td>控制</td><td>控制</td></tr>
<tr><td>调整 R^2</td><td>0.0772</td><td>0.0418</td><td>0.0600</td><td>0.0417</td></tr>
<tr><td>N</td><td>4 616</td><td>4 616</td><td>4 616</td><td>4 616</td></tr>
</table>

注：** 和 *** 分别代表的显著性水平为5%和1%。

三、空气质量与事务所审计风格

如果空气质量会影响审计师的执业行为，那么，其存在就会突出审计师专业判断的个人差异，导致会计师事务所的审计风格受到影响。即在其他条件相同的情况下，同一会计师事务所的审计师外勤工作地的空气质量差异越大，其审计风格就越弱。

笔者将同年度、同行业由同一事务所审计的上市公司进行配对组合，以两家公司可操纵应计差异定义审计风格。以两家公司所在地空气质量差异定义 Diff_Grade28 和 Diff_AQI28，控制变量的选择借鉴弗朗西斯等的研究（Francis et al.，2014）。

表 5-14 的回归 1 和回归 3 报告了回归结果。另外，考虑到在中

国特殊的制度背景下，两家公司在经济发展程度、市场竞争程度以及政府监管程度等方面的差异也可能影响其可操纵应计差异，除了在弗朗西斯等（Francis et al.，2014）所用变量之外，笔者额外增加了四个控制变量，组合样本减少为46021个，对应回归2和回归4。

Diff_Grade28 在回归1中的估计系数为0.0071，在1%的水平上显著为正；Diff_AQI28 在回归3中的估计系数为0.0136，也在1%的水平上显著为正。在控制更多变量的回归2和回归4中，Diff_Grade28 和 Diff_AQI28 的符号和显著性水平也分别与回归1和回归3一致。可见，在其他条件相同时，空气质量对审计师个人行为的影响会导致事务所层次的审计风格减弱。

表5-14　　　　空气质量对事务所审计风格的影响

	回归1	回归2	回归3	回归4
截距	0.0228*** (2.78)	0.0026 (0.31)	0.0228*** (2.78)	0.0026 (0.31)
Diff_Grade28	0.0071*** (16.35)	0.0076*** (17.42)		
Diff_AQI28			0.0136*** (16.79)	0.0150*** (18.31)
Avg_Abn_Accr	0.2227*** (25.86)	0.0181* (1.96)	0.2228*** (25.88)	0.0184** (1.99)
Diff_LEV	-0.0422*** (32.33)	-0.0511*** (39.71)	-0.0422*** (32.37)	-0.0512*** (39.77)
Avg_LEV	0.0127*** (4.88)	-0.0020 (0.78)	0.0126*** (4.83)	0.0022 (0.84)
Diff_B/M	-0.0254*** (22.30)	-0.0289*** (26.12)	-0.0257*** (22.50)	-0.0292*** (26.32)
Avg_B/M	-0.0009 (0.46)	-0.0060*** (3.10)	-0.0007 (0.36)	-0.0058*** (2.99)
Diff_CFO	-0.6735*** (248.49)	-0.7169*** (265.34)	-0.6733*** (248.45)	-0.7166*** (265.31)

续表

	回归1	回归2	回归3	回归4
Avg_CFO	0.1791*** (22.65)	-0.0153* (1.78)	0.1787*** (22.60)	-0.0154* (1.80)
Diff_Size	0.0080*** (23.58)	0.0125*** (36.68)	0.0080*** (23.65)	0.0125*** (36.76)
Avg_Size	-0.0046*** (7.02)	0.0015** (2.29)	-0.0046*** (7.03)	0.0015** (2.26)
Diff_Std_REV	0.0243*** (4.57)	0.0072 (1.27)	0.0242*** (4.55)	0.0069 (1.23)
Avg_Std_REV	0.0379*** (2.60)	-0.0233* (1.67)	0.0393*** (2.70)	-0.0218 (1.56)
Diff_Std_CFO	-0.0135 (1.33)	-0.0704*** (7.06)	-0.0137 (1.36)	-0.0713*** (7.15)
Avg_Std_CFO	0.1419*** (5.06)	0.1265*** (4.62)	0.1406*** (5.02)	0.1252*** (4.58)
Diff_Std_REVG	0.0032*** (27.74)	0.0010*** (8.84)	0.0032*** (27.62)	0.0010*** (8.67)
Avg_Std_REVG	0.0022*** (3.35)	-0.0016** (2.41)	0.0022*** (3.36)	-0.0016** (2.35)
Diff_LossProb	-0.0610*** (55.76)	-0.0666*** (61.20)	-0.0610*** (55.83)	-0.0667*** (61.31)
Avg_LossProb	-0.0005 (0.22)	-0.0203*** (8.99)	-0.0004 (0.16)	-0.0202*** (8.94)
Same_Big4	-0.0045 (1.54)	-0.0016 (0.57)	-0.0047 (1.57)	-0.0017 (0.62)
Same_Dom8	-0.0040*** (3.65)	-0.0037*** (3.35)	-0.0040*** (3.63)	-0.0038*** (3.37)
Dist_ij		0.0003** (1.99)		0.0003** (2.11)
Diff_Dist_Reg		-0.0005*** (5.10)		-0.0005*** (5.22)

续表

	回归 1	回归 2	回归 3	回归 4
Diff_PGDP		-0.0010*** (3.71)		-0.0010*** (3.57)
Diff_PREV		-0.1186 (1.16)		-0.1112 (1.09)
Adj - R^2	0.5489	0.6120	0.5490	0.6123
N	52 507	46 021	52 507	46 021

注：因变量为 Diff_Abn_Accr。本表各变量中，以 Diff 为前缀的变量是配对公司 i 和 j 相关变量的差异值，以 Avg 为前缀的变量是公司 i 和 j 相关变量的平均值。Abn_Accr 至 LossProb 各变量的定义见上文。如果公司 i 和 j 由同一"国际四大"审计，则 Same_Big4 = 1；否则，Same_Big4 = 0。如果公司 i 和 j 由同一"国内八大"审计，则 Same_Dom8 = 1；否则，Same_Dom8 = 0。Dist_ij 代表公司 i 和 j 之间的直线距离；Dist_Reg 代表样本公司与本地证监局的直线距离；其中直线距离根据两地的经度和维度，以 6378 千米为地球半径测算。PGDP 代表公司总部所在地级市人均 GDP。上述三个变量均在原始数据基础上加 1 后取自然对数。PREV 等于样本公司营业收入占行业内上市公司营业收入总额的比例。由于部分城市缺失相关数据，回归 2 和回归 4 中配对数量少于回归 1 和回归 3。

四、外勤地法制环境的调节作用

现有研究发现，法制环境能够对会计信息质量起到有效的约束作用（方红星等，2017）。同理，如果外勤地法制环境较好，即公司治理环境较好，那么，可能会约束公司的行为，减少空气污染对审计师专业判断的影响。为此，笔者讨论了外勤地法制环境对空气污染与审计师专业判断关系的影响差异。

表 5-15 按上市公司总部所在省份法制环境排序是否小于样本中位数分组，检验法制环境的高低是否影响空气质量与审计决策激进度之间的关系。

表 5-15 的 Panel A 报告了会计利润激进度的回归结果。在法制环境比较好的样本中，Grade28 和 AQI28 在回归中的估计系数均不显著区别于 0；在法制环境比较差的样本中，Grade28 和 AQI28 在回归

中的估计系数均为 0.0062 和 0.0115，均在 1% 的水平上显著为正。这说明，空气质量对被审计单位会计利润激进度的影响主要发生在法制环境比较差的样本中。

表 5-15　空气质量与审计决策激进度：按法制环境分组

Panel A：会计利润激进度				
	比较高 (1)	比较低 (2)	比较高 (3)	比较低 (4)
截距	0.0481* (1.91)	-0.0250** (2.24)	0.0493 (1.22)	-0.0614*** (3.75)
Grade28	-0.0000 (0.01)	0.0062*** (3.95)		
AQI28			-0.0003 (0.04)	0.0115*** (3.95)
LEV	-0.0499*** (6.75)	-0.0534*** (10.08)	-0.0499*** (6.76)	-0.0536*** (10.10)
B/M	-0.0206*** (3.15)	-0.0159*** (3.50)	-0.0206*** (3.15)	-0.0161*** (3.54)
CFO	-0.6799*** (45.75)	-0.6930*** (64.64)	-0.6799*** (45.75)	-0.6928*** (64.62)
Size	0.0062*** (3.52)	0.0106*** (7.88)	0.0062*** (3.52)	0.0106*** (7.89)
Std_REV	0.0139 (0.54)	-0.0251 (1.62)	0.0139 (0.54)	-0.0252 (1.63)
Std_CFO	0.0000 (0.05)	-0.0002 (0.54)	0.0000 (0.05)	-0.0002 (0.54)
Std_REVG	0.0015*** (5.12)	0.0006*** (2.80)	0.0015*** (5.12)	0.0006*** (2.77)
LossProb	-0.0542*** (7.94)	-0.0602*** (14.03)	-0.0542*** (7.94)	-0.0603*** (14.05)

续表

	Panel A：会计利润激进度			
	比较高 (1)	比较低 (2)	比较高 (3)	比较低 (4)
Big4	0.0036 (0.69)	－0.0011 (－0.24)	0.0036 (0.69)	－0.0010 (0.22)
Dom8	0.0033 (1.28)	0.0005 (0.25)	0.0033 (1.28)	0.0005 (0.28)
Inventory				
年度和行业	控制	控制	控制	控制
Adj－R^2	0.5486	0.5851	0.5486	0.5851
N	1763	3060	1763	3060
	Panel B：审计报告激进度			
	比较高 (1)	比较低 (2)	比较高 (3)	比较低 (4)
截距	0.0357 (0.47)	0.0942** (2.26)	－0.0096 (0.08)	0.0346 (0.57)
Grade28	0.0140 (1.40)	0.0114** (1.96)		
AQI28			0.0178 (0.83)	0.0194* (1.80)
LEV	0.0877*** (3.82)	0.1358*** (6.78)	0.0864*** (3.77)	0.1358*** (6.78)
B/M	－0.0137 (0.69)	0.0036 (0.21)	－0.0144 (0.73)	0.0034 (0.20)
CFO	－0.0123 (0.27)	0.0430 (1.07)	－0.0132 (0.30)	0.0434 (1.08)
Size	－0.0089* (1.68)	－0.0256*** (－5.10)	－0.0087* (1.65)	－0.0255*** (5.09)
Std_REV	－0.0846 (1.08)	－0.1487*** (2.62)	－0.0815 (1.04)	－0.1492*** (2.62)

续表

Panel B：审计报告激进度

	比较高 （1）	比较低 （2）	比较高 （3）	比较低 （4）
Std_CFO	0.0012 (0.86)	0.0017 (1.47)	0.0012 (0.86)	0.0017 (1.47)
Std_REVG	-0.0013 (1.47)	-0.0025*** (3.02)	-0.0013 (1.47)	-0.0025*** (3.01)
LossProb	0.0021 (0.10)	-0.0116 (0.72)	0.0022 (0.11)	-0.0118 (0.73)
Big4	-0.0044 (-0.28)	0.0432** (2.42)	-0.0043 (0.27)	0.0431** (2.42)
Dom8	-0.0061 (0.78)	-0.0022 (0.32)	-0.0064 (0.82)	-0.0022 (0.33)
Inventory	0.0283 (0.93)	0.1409*** (4.97)	0.0275 (0.90)	0.1408*** (4.96)
年度和行业	控制	控制	控制	控制
Adj-R^2	0.0106	0.0491	0.0099	0.0489
N	1719	2912	1719	2912

注：*、**和***分别代表的显著性水平为10%、5%和1%。

Panel B 报告了审计报告激进度的回归结果。在法制环境比较好的样本中，Grade28 和 AQI28 在回归中的估计系数均不显著区别于 0；在法制环境比较差的样本中，Grade28 和 AQI28 在回归中的估计系数均为 0.0114 和 0.0194，在 5% 或 10% 的水平上显著为正。这说明，空气质量对审计报告激进度的影响主要发生在法制环境比较差的样本中。

第六节 本章小结

本章用 2013—2015 年的大样本数据检验了空气污染对审计师专

业判断和审计风格的影响。与现有有关个体情绪对个人决策的影响方向不同,本章发现,审计师外勤工作时,被审计单位总部所在地的空气质量越差,审计师的专业判断就越乐观激进。具体表现为,被审计单位的可操纵性应计利润越高,审计师出具非标意见的概率越低。也就是说,空气污染引发的负面情绪并没有让审计师做出更加悲观的专业判断,反而可能由于降低了审计师的外勤工作时间、工作效率或认知能力,影响了其职业怀疑能力和专业判断能力。

有学者采用 2003—2014 年的中国上市公司数据,发现空气污染会降低审计师出具非标准无保留意见审计报告的可能性,并且与客户的可操控性应计利润的绝对值和财务报表重述显著正相关。他们的研究结论是空气污染会降低审计师的工作效率,从而降低审计质量。

但是,正如本章研究设计中指出,中国《环境空气质量标准》从 1996 年就开始修订,到 2012 年 2 月进行了第三次修订,新标准从 2012 年才开始在重点区域和省会直辖市实施,2013 年才开始在全国 113 个环境保护重点城市等展开,因此,2012 年以前和 2012 年以后的空气质量标准是不同的,将不同的空气质量标准混在一起研究会降低研究结果的可信度。此外,中国的空气质量问题在 2013 年起才引起社会的普遍关注(百度搜索指数从接近于 0 攀升至 3.112),因此,不同时期个体主观感受到的空气质量问题可能也是不同的。

本章的样本数据从 2013 年到 2015 年,去掉了采用不同标准的年度,数据的可信度更高。笔者在研究中,将样本数据划分为 2011 年及以前和 2013 年及以后,结果发现,空气质量对审计专业判断的影响在 2011 年及以前并不显著。一方面证实了本章有关空气质量感知的推论,另一方面,证实了本章前面的猜测,即将具有不同特点的期间混在一起研究并不合适。除此以外,与以往研究(Chen,Peng and Zeng,2017)不同,本章不仅关注空气质量对工作效率的影响,更关注空气质量感知对个体带来的负面情绪造成的影响,丰富了有关审计情绪作用的研究。

本章的研究结果揭示了个人情绪对审计领域专业判断的影响特点。虽然现有的实验研究结果表明，个人情绪越悲观，审计决策也越悲观。但是，在现实社会中，由于审计决策不仅是审计团队的个人单方面行为，还包括与被审计单位的沟通交流等谈判环节。在与被审计单位的沟通交流中，空气污染可能会影响审计师的认知能力、工作效率或效果，因此，导致审计结果更加有利于被审计单位。

研究结果还表明，空气污染对个人决策的影响，不仅表现在空气污染本身，还可能表现在个人对空气污染的感知方面。如空气质量对审计师专业判断的影响主要发生在空气污染引起社会公众普遍关注的时期，只存在于有空气污染的样本和会计师事务所与被审计单位空气质量存在差异的样本中。被审计单位工作人员虽然也同样生活在空气污染环境当中，但是，却能在与审计师的沟通交流中获得更加有利的结果。原因可能是被审计单位工作人员对空气污染环境的适应能力更强，而审计师作为外来人员，对空气污染的感知可能更加强烈，因此受到的影响也更大。笔者还发现，审计努力在空气污染与被审计单位会计决策激进度的关系中发挥了部分中介作用，在空气污染与审计报告激进度的关系中，发挥了完全中介效应。这说明空气污染主要是通过影响审计师的工作努力程度影响其专业判断的。

本章的结果有助于进一步认识审计师个人专业判断的局限性。这一方面可以提请审计行业对这一问题的关注，从而降低其发生作用的可能性（Chung et al.，2008）；另一方面希望能引起监管部门和研究者的注意，以便进一步讨论如何尽量避免个人情绪对审计决策的可能影响。

中国会计师事务所
审计风格研究
Chapter 6

第六章 审计风格对审计市场的影响

纵向高管兼任指上市公司董事长或总经理兼任控股股东或实际控制人的高级管理人员。在中国资本市场上，纵向高管兼任现象非常普遍。无论是理论界还是实务界，纵向高管兼任对上市公司重要决策的影响一直备受关注。一方面，资本市场中出现的诸多大股东侵占小股东案例让投资者倍感焦虑。如康得新公司 122 亿现金离奇"失踪"，引人遐想。投资者关心的是，纵向高管兼任的管理架构，是不是容易混淆管理层的决策立场？由于在金字塔形的股权结构下，大股东在上市公司的控制权大于现金流权，因此，从经济的角度出发，更理性的选择是否是照顾大股东利益，而伤害上市公司？但是，从另外一个角度讲，纵向高管兼任是否还意味着大股东能够更好地监督上市公司，从而可能有效降低第一类代理成本而提升公司价值？

大股东拥有的多数投票权让其在审计师选择方面具有更大的话语权。那么，在存在纵向高管兼任的时候，同时具备监督和管理职能，又拥有重要表决权的大股东会如何选择审计师？是选择高质量审计师来监督自己（于鹏、申慧慧，2018），向市场传递利好信息（张娟等，2010）？还是选择低质量审计师来规避可能的监督，获得寻租收益？这些公司的选择是否与会计师事务所的审计风格有关？本章即对此进行探讨。

第一节 文献回顾与理论推导

一、纵向高管兼任的经济后果研究

现有文献表明，纵向高管兼任可能对公司产生两个方向相反的影响。一方面，纵向高管兼任能够加强大股东对上市公司的监督，降低代理成本，提高会计信息质量（潘红波、韩芳芳，2016）。除此以外，纵向高管兼任还能给上市公司带来更多资源，减少管理层的短视行为，提高企业的风险承担水平（佟爱琴、李孟洁，2018）。在此基础上，代理成本较高的家族企业存在纵向高管兼任时，能够提升企业价值和业绩（Anderson and Reeb, 2003；Villalonga and Amit, 2006），国有企业的纵向高管兼任能够提升企业业绩（Arnoldi et al., 2013）。

另一方面，在存在纵向高管兼任的情况下，大股东同时拥有管理权和表决权，更有机会和能力进行自利性机会主义行为，从而增加大股东和中小股东之间的第二类代理成本（Chen and Yang, 2019）。相关经验证据包括：纵向高管兼任公司进行了更多大规模的与担保相关的关联交易，有更多的信息披露违规行为。因此，尽管其会计收益率较高，但是，却显著降低了公司价值（郑杲娉等，2014）；同时，纵向高管兼任降低了公司智力资本的价值创造效率，对其技术创新绩效有显著的负面影响（冉秋红、周宁慧，2018）；纵向高管兼任还显著降低了企业的创新水平，而且这种影响主要存在于制度环境较差的地区，大股东掏空则是其抑制创新的重要路径（闫珍丽等，2019）。

综上所述，纵向高管兼任可能带来加强监督和方便大股东掏空两种不同的效应，而且这种效应可能随企业所有权性质和制度环境的不同而不同。

二、影响审计师选择的因素研究

根据代理成本理论，审计师是会计信息的鉴证者，能够对企业的财务会计信息提供合理保证。现有文献认为，由于大规模会计师事务所的客户特有准租金更多（DeAngelo, 1981）、诉讼风险（Dye, 1993；Lennox, 1999）更大，因此，审计独立性更强，更有动机提供高质量的审计服务。与此相对应，选择高质量会计师事务所，可以提高公司的会计信息质量，传递有关公司价值的积极信号。反过来说，如果公司的代理成本较高，管理层或大股东攫取私人利益的可能性更大，可能就更愿意选择低质量审计师，以谋求个人利益的最大化。因此，现有文献提供了两方面的审计师选择理论。

1. 信号传递理论

高质量审计师能有效缓解公司的信息不对称问题，向市场传递有关公司会计信息质量和价值的积极信号。因此，代理问题越严重，对会计信息的鉴证要求就越高，越需要高质量审计师来降低代理成本，提升公司价值。相关的经验证据包括：公司的代理层级越多（孙铮、于旭辉，2007），大股东现金流权与投票权的分离程度越大（Fan and Wong，2005），高管持股比例处于很高或很低两个极端，或存在以会计利润为基础的薪酬计划（Francis and Wilson，1988），公司董事长或总经理同时变更（张敏等，2010）等，越有可能选择高质量审计师。聘请高质量审计师，能有效降低上市公司的股价崩盘风险（吴克平、黎来芳，2016）。从全世界37个国家的资本市场数据来看，IPO时聘请"国际四大"，会使其权益资本成本降低23到55个基点（EI Ghoul et al.，2016）。IPO公司的利好消息越多（Titman and Trueman，1986），经营风险越低（陈俊等，2010），越愿意聘请高质量审计师来传递利好信息。放松卖空管制以后，上市公司更愿意选择高质量审计师，来避免卖空机制造成的市场价值降低。而且，这种效应对非国有企业和卖空标的公司更加显著（陈关亭等，2019）。在债券市场上，聘请高质量审计师可以降低债务成本（尤其是信用评级较差公司的债务成本）（Sattar et al.，2004）；降低长短期银行贷款利率（胡奕明、唐松莲，2007）；获得信用评级机构的认可（陈关亭等，2014）；缓解企业面临的融资约束，提高长期债务融资能力（吕伟，2008；余冬根、张嘉兴，2017）；而且，公司董事长或总经理同时变更时，更容易聘任高质量审计师来向投资者传递信号（张敏等，2010）。此外，上市公司会关注会计师事务所的声誉，如果事务所收到了监管部门的惩罚，那么，其新增客户数量就会大幅度减少，即使更改了事务所名称，也无法提高其新增客户数量（李晓慧等，2016）。

2. 寻租理论

公司在选择审计师时,会综合权衡成本与收益,选择符合自身利益最大化的审计师以确保获得寻租收益。相关经验证据包括但不限于:(1)地区腐败越严重,该地企业聘请高质量审计师的概率就越低(吴晓辉等,2017);(2)公司首次发行股票时,大股东持股比例越高,越愿意聘请有审计师在发行审核委员会(发审委)担任委员的会计师事务所(蔺欣等,2011);如果事务所有合伙人任职发审委委员,则该所在 IPO 审计市场中就拥有更高的市场份额(王兵、辛清泉,2009);(3)IPO 公司的公司治理较差时(如股权集中度高、监事会规模小、两职合一),更不愿意聘请高质量审计师,因为相对于降低资本成本的收益来说,信息不透明带来的收益更大(Lin and Liu,2009)。(4)中央管理企业更愿意选择中央政府背景的审计师,地方国有企业愿意选择本地政府背景的会计师事务所,而且,在各自对应的选择下,公司获得标准无保留审计意见的可能性更大(龚启辉等,2012)。(5)家族企业更愿意选择低质量审计师,但是,如果其所处行业是出口型的,则聘请高质量审计师的可能性更大(Khan et al.,2015)。综上所述,审计师选择与公司管理层或大股东的目标和利益相关,因此,纵向高管兼任很可能会影响公司对审计师的选择。

第二节 理论分析与研究假设

根据现有文献,纵向高管兼任可能会加强大股东对上市公司的监督,也可能更方便大股东攫取上市公司利益。因此,这两个效应都会影响审计师选择。

1. 如果纵向高管兼任能够加强对公司管理层的监督,那么,纵向高管兼任就能显著降低股东和管理层之间的第一类代理成本,提升公司的会计信息质量和可靠性。这时，大股东与中小股东的利益是一致的，大股东从事侵害中小股东利益行为的可能性较低，聘请高质量审计师影响大股东利益的可能性也较小。同时，聘请高质量审计师的收益较高。这是因为，纵向高管兼任本身就有方便大股东掏空的可能性和证据（王兵、辛清泉，2009），因此，这类公司的代理成本较高。由于代理成本较高的公司更有动机聘请高质量审计师（孙铮、于旭辉，2007；Fan and Wong，2005；Francis and Wilson，1988），即通过聘请高质量审计师，可以向市场释放有关公司代理成本较低、会计信息质量较高或大股东侵占中小股东利益可能性较小的信号，从而能有效提升公司价值。也就是说，从大股东的角度出发，如果纵向高管兼任降低了第一类代理成本且无掏空问题，那么，其聘请高质量审计师的收益就大于成本。因此，基于信号传递理论，纵向高管兼任可能提高公司聘请高质量审计师的概率。

2. 如果纵向高管兼任更方便大股东攫取上市公司利益，那么，纵向高管兼任就会增加大股东和中小股东之间的第二类代理成本。纵向高管兼任让大股东拥有大比例投票权的同时，获得了参与上市公司经营管理的权利，因此，更有可能通过关联交易和资金占用来谋求自身利益最大化（闫珍丽等，2019）。在这种情况下，会计信息质量越高、越透明，大股东侵占中小股东利益被发现的可能性就越大。因此，聘请高质量审计师可能会增加大股东的成本，降低攫取中小股东利益的可能性。从大股东的角度来说，聘请高质量审计师提升公司价值所带来的收益可能低于其从公司获取私人利益的成本。因此，基于寻租理论，如果纵向高管兼任方便大股东侵占中小股东利益，那么，大股东可能就会利用自己的投票权和表决权聘请低质量审计师来规避可能的监督。

综上所述，纵向高管兼任既可能提高公司聘请高质量审计师的概率，也可能降低公司聘请高质量审计师的概率，最终结果取决于纵向高管兼任的动机是更好地监督公司管理层维护全体股东利益，还是方便大股东攫取私人利益。如果动机是前者，基于信号传递理论，公司聘请高质量审计师的可能性就更大；如果动机是后者，基于寻租理论，公司聘请高质量审计师的可能性就较小。基于以上分析，笔者提出了如下对立假设。

假说6-1a：其他因素相同的条件下，纵向高管兼任公司选择高质量审计师的可能性更大。

假说6-1b：其他因素相同的条件下，纵向高管兼任公司选择高质量审计师的可能性更小。

第三节　研究设计

一、样本与数据来源

本章的研究样本是2009—2020年[①]中国A股上市公司。借鉴已有研究，剔除了：（1）金融保险类上市公司；（2）已退市和ST公司；（3）净资产为负的公司；（4）研究数据有缺失的样本。本章的最终样本是29381个"公司-年度"观测值。为消除异常值的影响，笔者对连续变量进行了1%和99%水平上的缩尾处理。本章的数据来源是CSMAR和WIND数据库。纵向高管兼任数据根据CSMAR中的高管动态和关联公司数据库手工匹配获得。

---

① 由于《会计师事务所从事H股企业审计业务试点工作方案》2009年发布，而且，相关的审核工作也从2009年开始。首批通过H股企业审计业务试点审核的国内会计师事务所名单中，有国富浩华、立信大华和天健会计师事务所。其中，国富浩华是万隆亚洲会计师事务所和北京五联方圆会计师事务所于2009年合并而成，立信大华由北京立信（部分）和大华德律会计师事务所于2009年合并而成，天健会计师事务所由浙江天健东方于2009年吸收合并开元信德而成。由于这几起合并事件都发生在2009年，因此，笔者认为，2009年以后，"本土大所"才正式形成。因此，为了更好地反映上市公司对"本土大所"的聘任决策，本文的样本期间从2009年开始。

二、回归模型

为检验研究假设，参考已有研究（Zhang et al., 2019；王兵等，2019），本文根据以下公式来检验纵向兼任高管对审计师选择的影响。

$$\begin{aligned} BIG4/BIG6_{i,t} = & \alpha_0 + \alpha_1 AM_{i,t} + \alpha_2 SIZE_{i,t} + \alpha_3 LEV_{i,t} + \alpha_4 ROA_{i,t} \\ & + \alpha_5 LOSS_{i,t} + \alpha_6 INV_{i,t} + \alpha_7 REC_{i,t} + \alpha_8 SOE_{i,t} \\ & + \alpha_9 BOARD_{i,t} + \alpha_{10} GROWTH_{i,t} + \alpha_{11} CUR_{i,t} \\ & + \alpha_{12} OCF_{i,t} + \alpha_{13} LIQ_{i,t} + \alpha_{14} BTM_{i,t} + \alpha_{15} TOP1_{i,t} \\ & + \alpha_{16} INDEP_{i,t} + \alpha_{17} EHOLD_{i,t} + \sum IND \\ & + \sum YEAR + \varepsilon \end{aligned} \quad 式 6-1$$

公式 6-1 为 Logit 模型，下标 i 表示公司，t 表示年份。为控制可能的异方差问题，所有回归中均进行了 White 稳健标准误调整。模型中的主要变量定义如下：

1. 纵向高管兼任（AM）。借鉴已有研究，本章将纵向高管兼任界定为上市公司董事长或总经理兼任其大股东或实际控制人的高级管理人员。如果存在上述兼任现象则 AM 取值为 1，否则为 0。笔者也将纵向高管兼任定义中的高管界定为上市公司所有董事、监事和高管（不限于董事长和总经理），并且进行了稳健性检验。

2. 审计师选择（BIG4/BIG6）。现有文献认为，由于大规模会计师事务所的客户特有准租金更多（DeAngelo，1981）、诉讼风险（Dye，1993；Lennox，1999）更大，因此，更有动机提供高质量的审计服务。现有研究大多认为国际四大会计师事务所[①]能够提供更高质量的审计服务（徐会超等，2019；林永坚、王志强，2013）。但是，国内学者也发现，"国际四大"和"本土八大"的审计质量并

---

① 包括普华永道中天会计师事务所（PwC）、德勤华永会计师事务所（DTT）、毕马威华振会计师事务所（KPMG）、安永华明会计师事务所（EY）。

第六章 审计风格对审计市场的影响

没有显著差异（袁知柱等，2014）。因此，在选择高质量审计师方面，上市公司是否会区分"国际四大"和"本土八大"，仍然需要经验证据。本文分别用"国际四大"和"本土大所"来代表高质量审计师，考察存在纵向高管兼任的上市公司对不同审计师的选择问题。

理论界和实务界对"国际四大"的名单并无争议。但是，由于近年来会计师事务所之间的合并事件较多，"本土八大"的排名经常变化，导致国内事务所规模是否能代表审计质量存在争议（宋云玲等，2017；唐建新等，2015）。本部分将本土大所定义为"前十大"中的国内会计师事务所，即"国内六大"。如果将本土大所定义为国内前八大，主要研究结果基本不变。

3. 控制变量。本章控制了公司规模（SIZE）、存货占比（INV）、应收账款占比（REC）、流动资产占总资产的比重（CUR）、负债水平（LEV）、盈利能力（ROA）、经营性现金流量占比（OCF）、销售增长率（GROWTH）、产权性质（SOE）、董事会规模（BOARD）、股权集中度（TOP1）、高管持股（EHOLD）、董事长和总经理兼任情况（DUAL）、董事会独立性（INDEP）、市场化指数（MI）、行业和年度（王兵，2019）；控制了流动比率（LIQ）和是否发生亏损（LOSS）（Zhang et al.，2019）；控制了账面市值比（BTM）（刘畅、张姗姗，2019）；控制了高管薪酬（COMP）（王新、毛慧贞，2012）。

表6-1列示了变量的定义和计算方法。回归中同时控制了行业和年度固定效应。

表6-1 变量定义

变量符号	变量名称	变量说明
AM	纵向高管兼任	如果当年度上市公司董事长或总经理兼任其第一大股东或实际控制人的高级管理人员则为1；否则为0
BIG4	"国际四大"	如果公司当年度的审计师为国际四大会计师事务所，则取值为1；否则为0

续表

变量符号	变量名称	变量说明
BIG6	"国内六大"	如果公司当年度的审计师为事务所百强榜前十名内的本土所，则取值为1；否则为0
SOE	产权性质	如果公司为国有企业，则取值为1；否则为0
SIZE	公司规模	公司当年度期末资产总额的自然对数
LEV	负债水平	公司当年度期末负债总额除以期末资产总额
ROA	盈利能力	公司当年度净利润除以期末资产总额
LOSS	是否亏损	如果公司当年度的净利润小于0则为1；否则为0
INV	存货占比	公司当年度期末存货净额除以期末资产总额
REC	应收账款占比	公司当年度期末应收账款净额除以期末资产总额
CUR	流动资产占比	公司当年度期末流动资产除以期末资产总额
LIQ	流动比率	公司当年度期末流动资产除以期末流动负债
BTM	账市比	公司当年度期末账面价值除以期末市场价值
OCF	经营现金流占比	公司当年度经营性现金流量除以期末资产总额
BOARD	董事会规模	公司当年度董事人数的自然对数
TOP1	股权集中度	公司当年度第一大股东持股比例
EHOLD	高管持股	公司当年度高管所持股份占总股份的比例
INDEP	董事会独立性	公司当年度独立董事人数除以董事会总人数

第四节 研究结果

一、描述性统计

表6-2报告了各主要变量的描述性统计结果。由表6-2可见，存在纵向高管兼任的样本约占全样本的43%，与前人文献报告的结果极为接近。上市公司选择"国际四大"审计的比例约为6.9%，选择"本土大所"的比例约为48.8%，说明"国际四大"审计的客户虽不多，但通常是大型客户，与国内的审计市场情况大体一致。样本

中，37.6%的公司为国有企业，平均资产负债率为43%，平均总资产报酬率为4.1%。大约8.9%的公司为亏损公司，百元总资产平均带来的经营活动产生的现金流量净额为4.7元。各个变量的总体分布情况与现有研究基本接近。

表6-2 主要变量描述性统计

变量	均值	标准差	最小值	25分位数	中位数	75分位数	最大值
AM	0.430	0.495	0.000	0.000	0.000	1.000	1.000
BIG4	0.069	0.253	0.000	0.000	0.000	0.000	1.000
BIG6	0.488	0.500	0.000	0.000	0.000	1.000	1.000
SOE	0.376	0.484	0.000	0.000	0.000	1.000	1.000
SIZE	22.167	1.437	19.625	21.146	21.928	22.905	27.191
LEV	0.430	0.216	0.049	0.256	0.420	0.591	0.929
ROA	0.041	0.059	-0.228	0.015	0.039	0.069	0.205
LOSS	0.089	0.284	0.000	0.000	0.000	0.000	1.000
INV	0.146	0.138	0.000	0.057	0.112	0.184	0.721
REC	0.117	0.103	0.000	0.033	0.094	0.174	0.465
OCF	0.047	0.073	-0.186	0.007	0.046	0.089	0.252
LIQ	2.600	2.833	0.305	1.141	1.676	2.833	18.226
CUR	0.576	0.213	0.069	0.430	0.594	0.741	0.965
BTM	0.622	0.245	0.117	0.436	0.622	0.807	1.151
TOP1	0.352	0.151	0.088	0.233	0.333	0.453	0.750
BOARD	2.139	0.206	1.609	1.946	2.197	2.197	2.708
INDEP	0.375	0.053	0.333	0.333	0.353	0.429	0.571
EHOLD	0.075	0.144	0.000	0.000	0.001	0.073	0.617

二、相关性分析和单变量检验

表6-3列举了主要变量之间的相关系数。从表6-3可以看出，

主要变量两两之间的相关系数绝对值均小于 0.5，说明主要变量之间的相关度不高。笔者计算了模型的方差膨胀系数（VIF），未报告的结果显示各变量的 VIF 均值为 1.79，均不超过 5，说明模型不存在严重的多重共线性问题。

表6-3　　　　　　　　　　　　主要变量相关系数

	AM	BIG4	BIG6	SIZE	LEV	TOP1	BOARD	INDEP
AM	1	0.033***	-0.028***	0.169***	0.146***	0.237***	0.108***	-0.058***
BIG4	0.033***	1	-0.265***	0.315***	0.164***	0.094***	0.142***	0.014***
BIG6	-0.028***	-0.265***	1	-0.040***	-0.073***	0.005	-0.057***	0.009*
SIZE	0.130***	0.444***	-0.070***	1	0.526***	0.123***	0.269***	-0.018***
LEV	0.139***	0.180***	-0.076***	0.533***	1	0.030***	0.182***	-0.016***
TOP1	0.235***	0.108***	-0.001	0.147***	0.033***	1	-0.010*	0.029***
BOARD	0.097***	0.173***	-0.058***	0.336***	0.208***	-0.002	1	-0.556***
INDEP	-0.045***	0.024***	0.007	0.011**	-0.015***	0.047***	-0.499***	1

注：*和***分别代表的显著性水平为10%和1%。

三、多元回归结果分析

表6-4 报告了纵向高管兼任对审计师选择影响的多元回归分析结果。由表6-4 可以看出，回归（1）中，纵向高管兼任（AM）的估计系数为 -0.164，在 1% 的显著性水平上显著为负。表明存在纵向高管兼任的公司不愿意选择"国际四大"会计师事务所审计。在回归（2）中，AM 的估计系数为 0.074，在 1% 的水平上显著为正，说明存在纵向高管兼任的公司更愿意选择"本土大所"审计。如果将"国际四大"和"本土大所"作为一个整体来看，则 AM 的估计系数为 0.021，不显著区别于 0。综合三个回归结果，纵向高管兼任公司更愿意选择"本土大所"，而不是"国际四大"。

表 6-4　　　　　　　　纵向高管兼任与审计师选择

变量	BIG4	BIG6	BIG4 + BIG6
	(1)	(2)	(3)
AM	-0.164***	0.074***	0.021
	(-2.577)	(2.713)	(0.774)
SOE	0.037	-0.110***	-0.108***
	(0.537)	(-3.654)	(-3.519)
BOARD	0.006	0.141*	0.198**
	(0.037)	(1.826)	(2.541)
SIZE	1.154***	-0.087***	0.245***
	(36.865)	(-6.220)	(16.846)
LEV	-1.526***	0.071	-0.296***
	(-7.187)	(0.840)	(-3.416)
ROA	0.227***	0.002	0.037
	(3.092)	(0.074)	(1.486)
LOSS	0.033	-0.081*	-0.031
	(0.248)	(-1.799)	(-0.674)
INV	-2.188***	-0.175	-0.516***
	(-5.804)	(-1.321)	(-3.821)
REC	1.223***	0.160	0.322**
	(3.081)	(1.085)	(2.120)
OCF	2.664***	0.346**	0.595***
	(6.843)	(2.192)	(3.502)
LIQ	-0.012	-0.002	-0.002
	(-0.829)	(-0.642)	(-0.643)
CUR	-0.288	0.209**	0.172*
	(-1.219)	(2.321)	(1.880)
BTM	-0.738***	0.038	-0.344***
	(-4.845)	(0.561)	(-4.902)
TOP1	1.527***	0.279***	0.722***
	(8.315)	(3.180)	(8.051)

续表

变量	BIG4 (1)	BIG6 (2)	BIG4 + BIG6 (3)
INDEP	-0.034 (-0.062)	-0.140 (-0.541)	0.378 (1.440)
EHOLD	-1.204*** (-2.973)	0.552*** (5.606)	0.557*** (5.587)
Constant	-28.791*** (-31.772)	-0.611* (-1.783)	-7.590*** (-21.393)
INDUSTRY	YES	YES	YES
YEAR	YES	YES	YES
Observations	28 904	29 378	29 378
Pseudo R^2	0.284	0.043	0.051

注:括号内为 z 值,变量定义参见表 1。由于控制了行业因素,被解释变量是"国际四大"(BIG4)时,某些样本因同行业样本的 BIG4 均取值为 1 或 0 且样本量少而被 STATA 自动删除,因此,BIG4 回归的样本量较 BIG6 少。*、** 和 *** 分别代表的显著性水平为 10%、5% 和 1%。

第五节 稳健性检验

一、内生性检验

本研究可能存在内生性问题,为了控制潜在的内生性问题,本节分别用倾向得分匹配模型、赫克曼(Heckman)两阶段模型这两种方法来进行稳健性检验。

1. 倾向得分匹配模型(PSM)

参考已有研究(潘红波、韩芳芳,2016),本文根据如下公式来估计影响企业发生纵向高管兼任的可能性:

第六章 审计风格对审计市场的影响

$$AM_{i,t} = \eta_0 + \eta_1 CUR_{i,t} + \eta_2 LIQ_{i,t} + \eta_3 OCF_{i,t} + \eta_4 SIZE_{i,t} + \eta_5 ROA_{i,t}$$
$$+ \eta_6 TOP1_{i,t} + \eta_7 LOSS_{i,t} + \eta_8 INDEP_{i,t} + \eta_9 EHOLD_{i,t}$$
$$+ \sum IND + \sum YEAR + \varepsilon \quad\quad 式6-2$$

公式 6-2 中各变量的定义见表 6-1。首先，使用公式 6-2 来估计纵向高管兼任发生的可能性，计算出 PS 值，然后采用半径匹配法，在 0.01 的半径内，一对一不放回进行配对，筛选出配对样本。两组样本的协变量没有显著差异，配对结果满足平衡性检验。PSM 以后的回归结果见表 6-5。

表 6-5 显示，在 PSM 以后，回归（1）中，AM 的估计系数为 -0.165，依然在 1% 的水平上显著为负；回归（2）中，AM 的估计系数为 0.075，依然在 1% 的水平上显著为正。表 6-5 结果与表 6-4 基本一致，即存在纵向高管兼任的公司更倾向于选择"本土大所"，而不是"国际四大"。

表 6-5 纵向高管兼任与审计师选择（PSM 检验）

变量	BIG4	BIG6
	（1）	（2）
AM	-0.165***	0.075***
	(-2.590)	(2.738)
SOE	0.036	-0.110***
	(0.522)	(-3.632)
BOARD	0.004	0.138*
	(0.022)	(1.786)
SIZE	1.154***	-0.087***
	(36.801)	(-6.271)
LEV	-1.534***	0.062
	(-7.234)	(0.734)
ROA	0.228***	0.026
	(3.119)	(0.335)

续表

变量	BIG4 (1)	BIG6 (2)
LOSS	0.035 (0.262)	-0.079* (-1.711)
INV	-2.193*** (-5.815)	-0.183 (-1.378)
REC	1.221*** (3.074)	0.142 (0.958)
OCF	2.657*** (6.830)	0.330** (2.054)
LIQ	-0.011 (-0.821)	-0.004 (-1.054)
CUR	-0.276 (-1.166)	0.216** (2.393)
BTM	-0.739*** (-4.850)	0.044 (0.639)
TOP1	1.525*** (8.283)	0.273*** (3.103)
INDEP	-0.028 (-0.051)	-0.139 (-0.537)
EHOLD	-1.273*** (-3.113)	0.556*** (5.581)
Constant	-28.776*** (-31.750)	-0.583* (-1.699)
INDUSTRY	YES	YES
YEAR	YES	YES
Observations	28 858	29 332
Pseudo R^2	0.2835	0.0435

注：*、** 和 *** 分别代表的显著性水平为 10%、5% 和 1%。

第六章 审计风格对审计市场的影响

2. 赫克曼（Heckman）两阶段模型

样本的自选择问题也是内生性问题的一类，为控制可能的自选择问题，本节采用赫克曼（Heckman）两阶段模型进行重新回归。第一阶段，用Probit模型估计存在纵向高管兼任的概率，得到逆米尔斯比率（IMR），其中，用去除本企业样本以后的年度 – 行业纵向高管兼任的平均值（AM_MEAN）作为工具变量，替换AM。第二阶段，把逆米尔斯比率（IMR）作为控制变量，分别加入公式6-1、公式6-2。研究结果见表6-6。

表6-6　　　　　赫克曼两阶段模型

变量	第一阶段	第二阶段	
	AM	BIG4	BIG6
	Probit	(1)	(2)
AM		-0.216***	0.061*
		(-2.787)	(1.890)
SIZE	0.068***	1.189***	-0.113***
	(10.430)	(25.355)	(-5.904)
ROA	-0.086	0.165*	0.054
	(-1.506)	(1.716)	(1.408)
LOSS	-0.011	0.019	-0.073
	(-0.382)	(0.143)	(-1.599)
CUR	-0.052	-0.291	0.224**
	(-1.312)	(-1.227)	(2.475)
OCF	0.067	2.706***	0.313**
	(0.891)	(6.886)	(1.971)
LIQ	-0.006***	-0.016	0.001
	(-2.824)	(-1.098)	(0.262)
TOP1	1.697***	2.408***	-0.400
	(31.413)	(2.637)	(-1.149)

续表

变量	第一阶段 AM Probit	第二阶段 BIG4 (1)	第二阶段 BIG6 (2)
EHOLD	-0.613*** (-4.320)	-0.383 (-0.590)	0.146 (0.495)
BOARD		0.004 (0.022)	0.143* (1.854)
SOE		0.034 (0.501)	-0.103*** (-3.403)
LEV		-1.522*** (-7.147)	0.077 (0.906)
INV		-2.205*** (-5.843)	-0.169 (-1.276)
REC		1.201*** (3.020)	0.158 (1.073)
BTM		-0.738*** (-4.839)	0.032 (0.466)
IMR		0.931 (0.980)	-0.659** (-2.020)
AM_MEAN	0.723*** (6.740)		
Constant	-1.949*** (-12.405)	-30.362*** (-16.735)	0.519 (0.792)
INDUSTRY	—	YES	YES
YEAR	YES	YES	YES
Observations	30 791	28 904	29 378
Pseudo R^2	0.172	0.284	0.044

注：*、**和***分别代表的显著性水平为10%、5%和1%。

由表6-6可以看出，控制可能的自选择问题后，纵向高管兼任对选择"国际四大"或"本土大所"的估计系数基本不变。本研究的主要研究结论基本不变。

二、改变纵向高管兼任的度量方法

前文对纵向高管兼任的定义是：上市公司董事长或总经理，兼任大股东或实际控制人的高级管理人员。除了董事长和总经理以外，财务总监可能在审计师选择方面有重要的话语权，因此，笔者将兼任的范围扩大，分别考察了董事长（Chairman）、总经理（CEO）、财务总监（CFO）和上述三位高管之外的其他董事会成员（Board）的兼任情况对审计师选择的影响。由表6-7可以看出，大股东兼任董事长、总经理和其他董事会成员时，更不愿意选择"国际四大"，兼任董事长和总经理时，更愿意选择"本土大所"。所有兼任情况放到一个模型后，只有纵向兼任其他董事会成员的上市公司更不愿意选择"国际四大"，纵向兼任董事长的公司更愿意选择"本土大所"，纵向兼任其他董事会成员的公司更不愿意选择"本土大所"。这从某种程度上说明，大股东兼任的具体职务对审计师选择有一定影响。

三、改变模型的估计方法

前文在审计师选择的回归分析中，采用了Logit模型，表6-8采用Probit模型重新进行了回归。表6-8列示的结果说明与表6-4相比基本不变，说明本文的研究结论依旧稳健。

表6-7 稳健性检验：替换衡量指标

变量	BIG4 (1)	BIG6 (2)	BIG4 (3)	BIG6 (4)	BIG4 (5)	BIG6 (6)	BIG4 (7)	BIG6 (8)	BIG4 (9)	BIG6 (10)
Chair	-0.152**	0.069**							0.072	0.095**
	(-2.412)	(2.554)							(0.783)	(2.359)
CEO			-0.189***	0.068**					-0.102	0.041
			(-2.782)	(2.205)					(-1.286)	(1.111)
CFO					-0.209	0.105			-0.094	0.067
					(-1.494)	(1.507)			(-0.635)	(0.921)
Board							-0.266***	0.022	-0.274***	-0.071*
							(-3.870)	(0.763)	(-2.781)	(-1.705)
Constant	-28.781***	-0.617*	-28.972***	-0.589*	-28.844***	-0.613*	-28.627***	-0.636*	-28.750***	-0.559
	(-31.766)	(-1.800)	(-31.896)	(-1.718)	(-31.819)	(-1.787)	(-31.623)	(-1.856)	(-31.612)	(-1.628)
Controls	YES	YES	YES	YES	YES	YES	YES	YES	YES	YES
INDUSTRY	YES	YES	YES	YES	YES	YES	YES	YES	YES	YES
YEAR	YES	YES	YES	YES	YES	YES	YES	YES	YES	YES
Observation	28 904	29 378	28 904	29 378	28 904	29 378	28 904	29 378	28 904	29 378
Pseudo R^2	0.284	0.043	0.284	0.043	0.284	0.043	0.285	0.043	0.285	0.044

注：*、**和***分别代表的显著性水平为10%、5%和1%。

表 6-8　　　　　　　稳健性检验：Probit 回归

变量	BIG4 (1)	BIG6 (2)
AM	-0.073** (-2.308)	0.045*** (2.700)
SOE	0.016 (0.479)	-0.067*** (-3.567)
BOARD	0.024 (0.282)	0.086* (1.812)
SIZE	0.577*** (36.317)	-0.053*** (-6.154)
LEV	-0.732*** (-7.157)	0.045 (0.857)
ROA	0.107*** (2.843)	0.000 (0.035)
LOSS	0.054 (0.858)	-0.051* (-1.809)
INV	-1.088*** (-5.799)	-0.110 (-1.346)
REC	0.427** (2.220)	0.102 (1.114)
OCF	1.274*** (6.240)	0.206** (2.115)
LIQ	-0.004 (-0.723)	-0.001 (-0.647)
CUR	-0.386*** (-5.028)	0.021 (0.506)
BTM	-0.065 (-0.587)	0.129** (2.309)

续表

变量	BIG4	BIG6
	(1)	(2)
TOP1	0.850***	0.172***
	(9.190)	(3.162)
INDEP	0.039	-0.090
	(0.142)	(-0.562)
EHOLD	-0.418**	0.345***
	(-2.452)	(5.656)
Constant	-14.512***	-0.348
	(-33.057)	(-1.642)
Observation	28 904	29 378
Pseudo R^2	0.281	0.043

注：*、**和***分别代表的显著性水平为10%、5%和1%。

第六节 进一步分析

一、对信号传递假设的进一步检验

根据上文对纵向高管兼任的代理成本的分析，纵向高管兼任加剧了大股东和中小股东之间的利益冲突，使这些公司更有动机聘请高质量审计师来获取中小投资者的信任。如果该假说成立，笔者预期，在大股东和中小股东之间利益冲突更加激烈的情况下，公司聘请高质量审计师来传递信号的动机更强烈。

现有文献发现，大股东股权质押会引发更多的利益侵占行为（王化成等，2019），降低公司财务报告的可比性（王宇峰、刘颖，2019），损害公司业绩（夏一丹等，2019）。在这种情况下的大股东股权质押，一方面，大股东通过侵害中小股东利益获取的超额收益远大于选择低质量审计师带来的成本，因此，大股东就更不愿意选择高质量审计师去监督自己；另一方面，如果大股东不存在侵占中小股东利益的情形，就更有可能通过选择高质量的审计师传递信号摆脱潜在的利益侵占怀疑。两方面影响相互抵消，纵向高管兼任对审计师选择的影响很难判断。表6-9是大股东股权质押情况的分组回归。

表6-9表明，第（1）栏AM的回归系数是-0.073，在5%水平上显著；第（2）栏AM的回归系数是0.045，在1%水平上显著。这说明，公司大股东有股权质押时，存在纵向高管兼任的公司更愿意聘请高质量的审计师传递信号；第（3）栏AM的回归系数是-0.164，第（4）栏AM的回归系数是-0.016，均在统计上不显著区别于0。以上结果这说明，当公司大股东存在股权质押时，存在纵向高管兼任的公司更愿意选择"本土大所"事务所而不愿意选择"国际四大"传递信号。

表6-9 大股东股权质押的影响

变量	存在股权质押		不存在股权质押	
	BIG4	BIG6	BIG4	BIG6
	（1）	（2）	（3）	（4）
AM	-0.073**	0.045***	-0.164	-0.016
	(-2.308)	(2.700)	(-0.604)	(-0.128)
SOE	0.016	-0.067***	0.285	0.079
	(0.479)	(-3.567)	(0.866)	(0.581)
SIZE	0.024	0.086*	-1.054	0.118
	(0.282)	(1.812)	(-1.352)	(0.377)
BOARD	0.577***	-0.053***	1.388***	-0.084
	(36.317)	(-6.154)	(10.224)	(-1.412)
LEV	-0.732***	0.045	-4.618***	-0.535
	(-7.157)	(0.857)	(-3.434)	(-1.511)
ROA	0.107***	0.000	0.306***	-0.431
	(2.843)	(0.035)	(2.794)	(-0.707)

续表

变量	存在股权质押		不存在股权质押	
	BIG4	BIG6	BIG4	BIG6
	(1)	(2)	(3)	(4)
LOSS	0.054	-0.051*	-0.223	0.035
	(0.858)	(-1.809)	(-0.296)	(0.164)
INV	-1.088***	-0.110	0.370	-0.268
	(-5.799)	(-1.346)	(0.224)	(-0.497)
REC	0.427**	0.102	1.197	1.268*
	(2.220)	(1.114)	(0.512)	(1.895)
OCF	1.274***	0.206**	1.963	0.909
	(6.240)	(2.115)	(0.998)	(1.202)
LIQ	-0.004	-0.001	-0.285	-0.014
	(-0.723)	(-0.647)	(-1.561)	(-1.285)
CUR	-0.386***	0.021	0.080	0.509
	(-5.028)	(0.506)	(0.096)	(1.598)
BTM	-0.065	0.129**	0.596	-0.055
	(-0.587)	(2.309)	(0.466)	(-0.140)
TOP1	0.850***	0.172***	1.356	-0.173
	(9.190)	(3.162)	(1.510)	(-0.433)
INDEP	0.039	-0.090	-0.754	-1.010
	(0.142)	(-0.562)	(-0.285)	(-0.913)
EHOLD	-0.418**	0.345***	1.274	0.597
	(-2.452)	(5.656)	(0.614)	(1.152)
Constant	-14.512***	-0.348	-42.149***	-1.630
	(-33.057)	(-1.642)	(-13.218)	(-1.069)
INDUSTRY	YES	YES	YES	YES
YEAR	YES	YES	YES	YES
Observations	28 904	29 378	1 606	1 677
Pseudo R^2	0.281	0.043	0.415	0.088

注：由于存在股权质押不明的样本，因此，此表样本量有所减少。*、**和***分别代表的显著性水平为10%、5%和1%。

二、纵向高管兼任公司选择"国际四大"和"本土大所"的区别

前文的研究结果表明,在存在纵向高管兼任时,上市公司更愿意选择高质量审计师来传递信号,那么,相比国际四大事务所,上市公司为什么更愿意选择本土八大事务所来传递信号呢?接下来,本研究从审计投入、审计费用和审计质量三个维度考察"国际四大"与"本土八大"的差异。下文样本中仅包括审计师是"国际四大"和"国内八大"的样本,因此样本量有所减少。

笔者分别用以下公式来考察"国际四大"和"本土八大"在审计投入和审计收费方面的差异:

$$\begin{aligned}
\text{EFFORT}_{i,t} = &\ \alpha_0 + \alpha_1 \text{AM}_{i,t} + \alpha_2 \text{BIG4/BIG6}_{i,t} + \alpha_3 \text{BIG4/BIG6} \times \text{AM}_{i,t} \\
&+ \alpha_4 \text{SIZE}_{i,t} + \alpha_5 \text{LEV}_{i,t} + \alpha_6 \text{ROA}_{i,t} + \alpha_7 \text{LOSS}_{i,t} \\
&+ \alpha_8 \text{INV}_{i,t} + \alpha_9 \text{REC}_{i,t} + \alpha_{10} \text{OCF}_{i,t} + \alpha_{11} \text{LIQ}_{i,t} \\
&+ \alpha_{12} \text{CUR}_{i,t} + \alpha_{13} \text{GROWTH}_{i,t} + \alpha_{14} \text{TOP1}_{i,t} \\
&+ \alpha_{15} \text{AGE}_{i,t} + \sum \text{IND} + \sum \text{YEAR} + \varepsilon \quad \text{式 6-3}
\end{aligned}$$

$$\begin{aligned}
\text{AFEE}_{i,t} = &\ \alpha_0 + \alpha_1 \text{AM}_{i,t} + \alpha_2 \text{BIG4/BIG6}_{i,t} + \alpha_3 \text{BIG4/BIG6} \\
&\times \text{AM}_{i,t} + \alpha_4 \text{SIZE}_{i,t} + \alpha_5 \text{LEV}_{i,t} + \alpha_6 \text{ROA}_{i,t} + \alpha_7 \text{LOSS}_{i,t} \\
&+ \alpha_8 \text{INV}_{i,t} + \alpha_9 \text{REC}_{i,t} + \alpha_{10} \text{GROWTH}_{i,t} + \alpha_{11} \text{CUR}_{i,t} \\
&+ \alpha_{12} \text{OCF}_{i,t} + \alpha_{13} \text{LIQ}_{i,t} + \alpha_{14} \text{SEO}_{i,t} + \alpha_{15} \text{MA}_{i,t} \\
&+ \alpha_{16} \text{SUBS}_{i,t} + \alpha_{17} \text{MI}_{i,t} + \sum \text{IND} + \sum \text{YEAR} + \varepsilon \\
&\quad \text{式 6-4}
\end{aligned}$$

其中,EFFORT 是会计期末(12月31日)至第二年审计报告日之间的日历天数,取自然对数,用来表示审计投入(Mao and Yu,2015;翟胜宝等,2017)。AFEE 是审计收费,以年度审计收费的自然对数来衡量。参考现有文献,公式(6-3)的控制变量包括:公司规模(SIZE)、负债水平(LEV)、盈利能力(ROA)、是否亏损(LOSS)、存货占比(INV)、应收账款占比(REC)、经营现金流占

比（OCF）、流动比率（LIQ）、流动资产占比（CUR）、销售增长率（GROWTH）、股权集中度（TOP1）、公司上市年数①（AGE）；公式（6-4）的控制变量包括：公司规模（SIZE）、负债水平（LEV）、盈利能力（ROA）、是否亏损（LOSS）、存货占比（INV）、应收账款占比（REC）、销售增长率（GROWTH）、流动资产占比（CUR）、经营现金流占比（OCF）、流动比率（LIQ）、是否有股票增发②（SEO）、是否发生并购③（MA）、业务复杂程度④（SUBS）、市场化指数⑤（MI）。表6-10显示了"国际四大"事务所和"本土大所"事务所对存在纵向高管兼任公司的审计投入和审计收费差异。

表6-10 "国际四大"与"本土六大"的异同

变量	EFFORT (1)	AFEE (2)
AM	-0.001 (-0.268)	-0.006 (-0.581)
BIG4	-0.065*** (-8.673)	0.360*** (10.544)
BIG4×AM	0.016* (1.763)	0.244*** (4.281)
BOARD	0.011 (1.215)	-0.019 (-0.699)
SIZE	0.014*** (7.362)	0.298*** (35.434)
LEV	-0.001 (-0.073)	0.021 (0.530)

---

① 公司上市年限加1取自然对数。
② 如果公司当年度增发了股票则SEO取值为1；否则为0。
③ 如果公司当年度发生了并购MA取值为1；否则为0。
④ 公司当年度控股子公司数量的平方根。
⑤ 参见樊纲等（2017）。

续表

变量	EFFORT	AFEE
	(1)	(2)
ROA	-0.032 (-1.126)	-0.440*** (-5.218)
LOSS	0.077*** (10.777)	0.076*** (3.730)
INV	0.047** (2.334)	0.256*** (3.966)
REC	0.066*** (2.936)	0.357*** (6.878)
OCF	-0.205*** (-6.538)	0.353*** (4.871)
LIQ	-0.000 (-0.165)	-0.001 (-0.617)
CUR	-0.011 (-0.750)	-0.188*** (-5.254)
GROWTH	0.000*** (10.914)	0.012*** (3.792)
AGE	-0.017*** (-6.449)	
TOP1	-0.024* (-1.913)	
MA		-0.001 (-0.073)
SEO		0.032*** (2.889)
SUBS		0.064*** (15.078)
MI		0.034*** (11.760)

续表

变量	EFFORT (1)	AFEE (2)
Constant	4.264 *** (93.865)	6.631 *** (35.148)
INDUSTRY	YES	YES
YEAR	YES	YES
Observations	15 909	7 090
Adj R^2	0.122	0.669
F	63.96 ***	202.95 ***
AM	-0.001 (-0.268)	-0.006 (-0.581)

注：*、** 和 *** 分别代表的显著性水平为 10%、5% 和 1%。

由表 6-10 可以看出，总体上，"国际四大"的审计投入明显低于"本土大所"（BIG4 的估计系数是 -0.065，且在 1% 的水平上显著），但是，却显著增加了对存在纵向高管兼任公司的审计投入（BIG4×AM 的估计系数是 0.016，且在 10% 的水平上显著）；在审计收费方面，"国际四大"的审计收费总体显著高于"本土大所"，而且，又增加了对存在纵向高管兼任公司的审计收费。"本土大所"的情况刚好相反。这说明，"国际四大"和"本土大所"对上市公司的纵向高管兼任表现出了不同的风险态度，那么二者的审计质量是否存在差异呢？

表 6-11 显示了"国际四大"和"本土六大"在审计质量方面的差异。这里分别用可操纵性应计利润（Dechow et al.，1998）、真实盈余管理（Roychowdhury，2006）和出具非标意见的可能性来衡量审计质量，其中，可操纵性应计利润使用修正后的截面琼斯模型来计量。

参考已有研究（Lee et al.，2019），笔者用公式 6-5 来衡量"国际四大"和"本土六大"在审计质量方面的差异。模型的控制变量包括公司规模（SIZE）、负债水平（LEV）、盈利能力（ROA）、是否亏损（LOSS）、存货占比（INV）、应收账款占比（REC）、经营现金流占比（OCF）、流动比率（LIQ）、销售增长率（GROWTH）、股权集中度（TOP1）、账市比（BTM）、董事会人数（BOARD）、高管持股比例（EHOLD）、两职合一①（DUAL）。

$$\begin{aligned}\text{Audit\_Quality}(\text{DA/ABS/REM/AOP})_{i,t} = &\alpha_0 + \alpha_1 \text{AM}_{i,t} \\ &+ \alpha_2 \text{BIG4/BIG8}_{i,t} + \alpha_3 \text{BIG4/BIG8} \times \text{AM}_{i,t} + \alpha_4 \text{SIZE}_{i,t} \\ &+ \alpha_5 \text{LEV}_{i,t} + \alpha_6 \text{ROA}_{i,t} + \alpha_7 \text{LOSS}_{i,t} + \alpha_8 \text{INV}_{i,t} + \alpha_9 \text{REC}_{i,t} \\ &+ \alpha_{10} \text{GROWTH}_{i,t} + \alpha_{11} \text{BTM}_{i,t} + \alpha_{12} \text{OCF}_{i,t} + \alpha_{13} \text{BOARD}_{i,t} \\ &+ \alpha_{14} \text{EHOLD}_{i,t} + \alpha_{15} \text{DUAL}_{i,t} + \alpha_{16} \text{COMP}_{i,t} + \alpha_{17} \text{TOP1}_{i,t} \\ &+ \sum \text{IND} + \sum \text{YEAR} + \varepsilon \quad\quad \text{式 6-5}\end{aligned}$$

表 6-11 审计质量差异

变量	DA	ABS（DA）	REM	AOP
	(1)	(2)	(3)	(4)
AM	0.002	0.000	0.001	-0.234*
	(0.599)	(0.002)	(0.257)	(-1.893)
BIG4	-0.013**	0.001	-0.012	-0.062
	(-1.987)	(0.082)	(-1.293)	(-0.162)
AM×BIG4	0.004	0.001	-0.014	0.620
	(0.641)	(0.121)	(-1.337)	(1.350)
SIZE	0.009***	-0.001	0.005**	-0.394***
	(6.917)	(-0.813)	(2.226)	(-4.522)
LEV	-0.030***	0.004	0.040***	4.193***
	(-3.555)	(0.527)	(3.057)	(11.392)
LOSS	-0.005	0.018***	-0.050***	1.345***
	(-0.626)	(3.221)	(-6.730)	(8.298)
ROA	0.835***	-0.046	-0.306***	-0.277
	(11.158)	(-1.218)	(-5.729)	(-0.419)

① 若上市公司董事长和总经理为同一人，则取值为 1；否则为 0。

续表

变量	DA (1)	ABS(DA) (2)	REM (3)	AOP (4)
INV	-0.032** (-2.462)	0.031** (2.207)	0.170*** (7.879)	-2.357*** (-4.113)
REC	-0.035** (-2.370)	0.025 (1.639)	-0.063*** (-3.190)	-0.428 (-0.742)
OCF	-1.033*** (-25.280)	-0.213*** (-5.171)	-1.677*** (-31.698)	-1.527 (-1.551)
BTM	-0.013** (-2.237)	-0.026*** (-4.754)	0.079*** (7.001)	-0.403 (-1.050)
GROWTH	0.000*** (8.540)	0.000*** (8.242)	0.000*** (35.406)	-0.000 (-0.485)
BOARD	-0.010 (-1.209)	-0.013 (-1.565)	0.011 (1.111)	-0.024 (-0.073)
EHOLD	0.006 (0.691)	0.003 (0.298)	-0.054*** (-3.470)	-1.369* (-1.871)
DUAL	-0.004 (-1.272)	0.001 (0.359)	-0.013*** (-2.854)	0.107 (0.761)
COMP	-0.000 (-0.201)	0.001 (0.340)	-0.026*** (-7.310)	-0.270** (-2.491)
TOP1	0.005 (0.412)	-0.009 (-0.799)	0.003 (0.194)	-2.189*** (-4.879)
LIQ	-0.001*** (-3.164)	-0.000 (-1.406)	0.003*** (6.575)	0.035*** (3.086)
Constant	-0.080** (-2.290)	0.128*** (3.736)	0.304*** (3.904)	7.879*** (4.442)
INDUSTRY	YES	YES	YES	YES
YEAR	YES	YES	YES	YES
Observations	14 067	14 067	13 081	14 707
Adj/Pseudo R^2	0.268	0.087	0.343	0.204

注：*、** 和 *** 分别代表的显著性水平为10%、5%和1%。

由表 6-11 可以看出，在以可操纵性应计利润、真实盈余管理和出具非标意见的可能性来衡量审计质量时，"国际四大"与"本土六大"并没有显著差异。第（1）栏 BIG4 的估计系数是 -0.013，在 5% 的水平上显著。总体来看，"国际四大"的审计质量更好，这与现有文献中的看法基本一致。上述结果说明，"国际四大"与"本土大所"对存在纵向高管兼任公司的审计质量不存在明显差别。

综合上述审计投入、审计收费和审计质量的分析结果，笔者认为，"本土大所"事务所对存在纵向高管兼任公司的审计质量并不显著低于"国际四大"事务所，同时，审计投入更少，审计收费更低，还能向市场传递利好信号。这可能是公司选择"本土大所"事务所审计的原因之一。

第七节　本章小结

本章以 2009—2020 年中国沪深 A 股上市公司为研究样本，剔除掉金融类、被 ST 和资不抵债的公司，讨论了纵向高管兼任这一公司治理方式对审计师选择的影响。研究结果发现：存在纵向高管兼任的公司更愿意选择"本土大所"事务所审计，而不愿意选择"国际四大"事务所审计，在采用倾向得分匹配模型和赫克曼（Heckman）两阶段模型进行稳健性检验后，研究结果依然存在。高管纵向兼任的职位对审计师选择具有一定的影响，大股东兼仕董事长、总经理和其他董事会成员时，更不愿意选择"国际四大"，高管兼任董事长和总经理时，更愿意选择"本土大所"。存在纵向高管兼任的上市公司似乎认为"本土大所"能够起到向资本市场传递好消息的作用，并且试图规避"国际四大"的可能监督。

进一步分析显示，如果公司大股东存在股权质押，更有动机通过审计师选择来释放信号。虽然"国际四大"的总体审计时间较少，但是，却显著增加了对存在纵向高管兼任公司的审计投入，而且审计收费更高，审计质量却并没有显著差异，因此，可能是公司不愿意选择的原因。"本土大所"对上市公司存在纵向高管兼任的反应则完全相反，公司更愿意选择"本土大所"来传递利好信号。

中国会计师事务所
审计风格研究
Chapter 7

第七章　审计风格对分析师
　　　　行为的影响

第一节　研究背景

前文发现，中国会计师事务所形成了相对一致的审计风格。那么，这个审计风格的一致性是否意味着更高的审计质量呢？接下来，笔者从会计信息的使用者的角度，来对这个问题进行分析。

随着我国资本市场的发展，证券分析师在市场中的影响日益凸显。一个证券市场有效的标志，是有能正确分析市场信息并对这些信息做出恰当反应，能够解读信息对股价的影响并进行预测和分析的人——证券分析师（胡奕明等，2003）。有学者发现，公司信息披露越有效，分析师跟踪数量就越多，分析师预测更准确、分析师之间的分歧度也越小。胡奕明等（2003）以证券分析师对上市公司年报所做的分析报告为研究对象，考察了证券分析师的实际信息使用和分析能力。他们搜集了1993—2001年上市公司的年报，以"年报点评""年报分析"和"记者看年报"等相关栏目为研究对象，发现九年间，中国证券分析师对年报信息的使用能力在提高，对管理信息和会计信息的使用频率都有所上升，而且对会计信息的使用比例远远高于管理信息。在会计信息中，证券分析师更加关注盈利能力数据，并且增加了对盈利质量和现金流量等项目的分析。

在此基础上，笔者预计，如果会计师事务所审计风格的一致性意味着较高的审计质量，那么，会计师事务所的审计风格越一致，客户的会计信息就越可比，会计信息质量越高，越容易被会计信息使用者理解。因此，审计风格一致的会计师事务所的客户更可能被证券分析师跟踪。而且，分析师对这些公司的预测准确度会更高，预测分歧度会较小。

第二节 研究方法

参考现有文献，笔者分别用分析师数量、分析师预测准确度、分析师预测偏差和分析师预测质量来替代分析师行为，用公式 7-1、公式 7-2 和公式 7-3 来考察审计风格对分析师行为的影响。

$$AFN_{i,t+1} = \alpha_0 + \alpha_1 High\_Style_{i,t} + \alpha_2 BM_{i,t} + \alpha_3 Volume_{i,t}$$
$$+ \alpha_4 EarnStd_{i,t} + \alpha_5 RetStd_{i,t} + \alpha_6 R\&D_{i,t} + \alpha_7 Depre_{i,t}$$
$$+ \alpha_8 Finance_{i,t} + \alpha_9 Gap\_AF_{i,t} + \sum IND + \sum YEAR + \varepsilon$$
$$\text{式 7-1}$$

$$FERROR_{i,t+1} = \alpha_0 + \alpha_1 High\_Style_{i,t} + \alpha_2 BM_{i,t} + \alpha_3 Volume_{i,t}$$
$$+ \alpha_4 EarnStd_{i,t} + \alpha_5 RetStd_{i,t} + \alpha_6 R\&D_{i,t}$$
$$+ \alpha_7 Depre_{i,t} + \alpha_8 Finance_{i,t} + \alpha_9 Gap\_AF_{i,t}$$
$$+ \sum IND + \sum YEAR + \varepsilon \qquad \text{式 7-2}$$

$$FDISP_{i,t+1} = \alpha_0 + \alpha_1 High\_Style_{i,t} + \alpha_2 BM_{i,t} + \alpha_3 Volume_{i,t}$$
$$+ \alpha_4 EarnStd_{i,t} + \alpha_5 RetStd_{i,t} + \alpha_6 R\&D_{i,t}$$
$$+ \alpha_7 Depre_{i,t} + \alpha_8 Finance_{i,t} + \alpha_9 Gap\_AF_{i,t}$$
$$+ \sum IND + \sum YEAR + \varepsilon \qquad \text{式 7-3}$$

其中，$AFN_{i,t+1}$ 表示第 t+1 年跟踪上市公司 i 的分析师数量，High_Style 为虚拟变量，表示会计师事务所审计风格的强弱。如果会计师事务所的审计风格指数位于全部从事上市公司审计业务的会计师事务所的前 10%，则为 1；否则为 0。$FERROR_{i,t+1}$ 为第 t+1 年分析师对公司 i 盈余预测的平均误差，参考王玉涛和王彦超（2012），用分析师盈利预测值与实际值的平均误差表示。$FDISP_{i,t+1}$ 为预测分歧度，用每个分析师最近一次盈余预测值的标准差来衡量。

其他变量为控制变量。控制变量的选取参考王玉涛和王彦超（2012）等。具体而言，BM 为市净率的倒数，是公司成长性的相反指标。公司成长性越高，越容易获得证券分析师关注和跟踪，因此，预计 BM 的回归系数相反，为负。Volume 为公司股票交易量的自然对数，代表公司规模和成交活跃度。公司规模越大，成交越活跃，越容易获得证券分析师的关注与跟踪，预计 Volume 的回归系数为正。EarnStd 和 RetStd 分别为公司前 16 个季度的盈余波动率和股票收益波动率，代表公司的风险。R&D 为公司的研发投入强度，代表公司的未来发展潜力。具体变量定义见表 7-1。

表 7-1　　　　　　　　　变量定义

变量	定义
被解释变量	
AFN	第 t+1 年跟踪公司的分析师的数量加 1 后取自然对数
FERROR	第 t+1 年分析师对公司盈余预测值的平均误差程度（王玉涛、王彦超，2012）
FDISP	第 t+1 年分析师对公司盈余预测值的分歧程度（王玉涛、王彦超，2012）
解释变量	
High_Style	为虚拟变量，如果审计师的审计风格位于前 10%，则为 1；否则为 0
控制变量	
BM	第 t 年末公司的账面市值比
Volume	第 t 年度内公司股票交易数量（百万股）的自然对数
EarnStd	前 16 个季度的盈余波动率
RetStd	前 48 个月的公司股票收益波动率
R&D	第 t 年公司研发投入总额/t 年公司销售收入总额
Depre	第 t 年公司的折旧费用总额/t 年末公司总资产
Finance	如果公司在 t-1 年，t 年，t+1 年有再融资行为，则取值为 1；否则取值为 0
Gap_AF	分析师预测时滞 = （预测披露日 - t 年年报披露日 + 1）后取自然对数

第三节　研究结果

一、描述性统计

本章的研究样本、数据来源和筛选方法与第三章完全相同。表 7-2

列示了本章主要变量的描述性统计。

表 7-2　　　　　　　描述性统计

变量名称	最小值	下四分位数	均值	中值	上四分位数	最大值	标准差
Panel A：主要变量的描述性统计							
AFN	0	0	1.454	1.386	2.485	3.784	1.187
FERROR	0.005	0.240	2.435	0.769	2.093	33.270	5.082
FDISP	0.014	0.239	1.538	0.549	1.318	20.680	3.097
Style	-0.238	-0.113	-0.102	-0.093	-0.081	-0.041	0.035
High_Style	0	0	0.122	0	0	1	0.327
BM	0.001	0.432	0.617	0.617	0.799	1.485	0.246
Volume	4.041	6.316	7.087	7.142	7.888	9.788	1.166
EarnStd	0.003	0.013	0.028	0.021	0.032	0.181	0.026
RetStd	0.066	0.112	0.143	0.136	0.166	0.304	0.044
Gap_AF	0	0	4.293	5.889	6.052	6.159	2.631
R&D	0	0	0.035	0.028	0.047	0.242	0.044
Depre	0.001	0.012	0.023	0.020	0.032	0.075	0.015
Finance	0	0	0.018	0	0	1	0.133

Panel B：组别差异检验

	均值			中位数		
	AFN	FERROR	FDISP	AFN	FERROR	FDISP
High_Style = 1	1.539	2.232	1.423	1.609	0.602	0.467
High_Style = 0	1.442	2.463	1.554	1.386	0.795	0.562
Difference	0.097***	-0.231**	-0.131**	0.223***	-0.193***	-0.095***

由表 7-2 可以看出,样本公司的平均分析师跟踪数量的对数是 1.454,分析师对公司盈余预测的平均误差为 2.435,平均盈余预测的分歧程度为 1.538。表 7-2 的 Panel B 列示了审计风格高低两组的分析师预测情况差异。可以看到,审计风格较高一组的分析师跟踪数量的均值为 1.539,高于审计风格较低组的 1.442,两者的均值和中位数差异均在 1% 的水平上显著;审计风格较高一组的分析师平均预

测误差为 2.232，低于审计风格较低组的 2.463。两者的均值差异在 5% 的显著性水平上显著，中位数差异在 1% 的显著性水平上显著；审计风格较高一组的分析师预测分歧度的均值为 1.423，低于审计风格较低组的 1.554，而且两者的均值差异和中位数差异均在 1% 的水平上显著。也就是说，从单变量分析的结果来看，审计风格会影响分析师决策，即审计风格较高一组的分析师跟踪数量更多，预测质量更好。

二、相关性分析

表 7-3 列示了本章主要数据的相关系数表。可以看到，高审计风格的虚拟变量（High_Style）与分析师跟踪数量之间的相关系数为 2.7%，而且在 1% 的显著性水平上显著。审计风格与分析师预测误差的相关系数为 -1.5%，与分析师预测分歧度的相关系数为 -1.4%。审计风格与分析师预测误差和预测分歧度的相关系数均在 5% 的显著性水平上显著。这个结果与表 7-2 的结果基本一致。

表 7-3   相关系数

	AFN	FERROR	FDISP	High_Style	BM	Volume
AFN	1					
FERROR	-0.217***	1				
FDISP	-0.150***	0.887***	1			
High_Style	0.027***	-0.015**	-0.014**	1		
BM	-0.077***	0.019***	0.013*	0.064***	1	
Volume	0.075***	0.022***	0.052***	0.059***	0.056***	1
EarnStd	0.028***	0.048***	0.040***	-0.030***	-0.245***	-0.039***
RetStd	-0.075***	0.079***	0.079***	-0.048***	-0.310***	0.135***
Gap_AF	0.558***	-0.034***	0	0.021***	-0.009*	0.106***
R&D	0.059***	0.043***	0.037***	-0.039***	-0.247***	-0.149***
Depre	0.001	0.009	0.028***	0.030***	0.017***	0.119***
Finance	-0.010*	-0.005	0	-0.009	-0.004	0.016***

续表

	EarnStd	RetStd	Gap_AF	R & D	Depre	Finance
EarnStd	1					
RetStd	0.136***	1				
Gap_AF	-0.075***	0.00700	1			
R & D	0.044***	-0.085***	-0.019***	-0.103***	1	
Depre	-0.026***	0.00600	-0.00400	-0.029***	-0.020***	1

注：*、** 和 *** 分别代表的显著性水平为 10%、5% 和 1%。

三、多元回归分析

表 7-4 采用多元回归的分析方法，讨论了审计风格对分析师跟踪数量、分析师预测误差和预测分歧度的影响。可以看到，回归（1）中，High_Style 的估计系数为 0.102，t = 4.82；在控制了行业和年度以后，回归（2）中，High_Style 的估计系数为 0.096，t = 4.64。这说明，整体而言，审计风格越强，分析师跟踪数量越多。

表 7-4　　　　　　多元回归分析

	（1）	（2）	（3）	（4）	（5）	（6）
	AFN	AFN	FERROR	FERROR	FDISP	FDISP
High_Style	0.102*** (4.82)	0.096*** (4.64)	-0.266** (-2.25)	-0.205* (-1.73)	-0.184** (-2.42)	-0.129* (-1.70)
BM	-0.419*** (-14.07)	-0.358*** (-10.09)	1.120*** (6.17)	1.036*** (4.53)	0.592*** (5.03)	0.685*** (4.61)
Volume	0.110*** (14.73)	0.113*** (13.82)	0.093** (2.23)	0.244*** (4.93)	0.139*** (5.19)	0.201*** (6.40)
EarnStd	1.272*** (4.29)	1.249*** (4.12)	12.673*** (5.09)	10.730*** (4.24)	6.669*** (4.28)	5.720*** (3.59)
RetStd	-2.943*** (-16.38)	-4.288*** (-20.07)	9.987*** (9.68)	11.956*** (9.68)	6.336*** (10.06)	7.317*** (9.91)
R & D	0.716*** (3.69)	1.781*** (7.15)	5.585*** (5.37)	2.237 (1.61)	3.072*** (4.69)	3.803*** (4.46)

续表

	(1) AFN	(2) AFN	(3) FERROR	(4) FERROR	(5) FDISP	(6) FDISP
Depre	0.877** (1.99)	-0.564 (-1.09)	5.925** (2.21)	0.429 (0.13)	8.077*** (4.66)	1.877 (0.89)
Finance	-0.055 (-1.12)	-0.023 (-0.47)	-0.141 (-0.55)	-0.131 (-0.51)	0.048 (0.25)	0.026 (0.13)
Gap_AF	0.254*** (122.33)	0.241*** (107.34)	-0.105*** (-4.95)	-0.108*** (-5.07)	-0.014 (-0.92)	-0.021 (-1.35)
Constant	0.028 (0.43)	0.370*** (3.85)	-0.482 (-1.21)	-1.655*** (-2.67)	-1.144*** (-4.49)	-1.126*** (-2.71)
Industry	No	Yes	No	Yes	No	Yes
Year	No	Yes	No	Yes	No	Yes
N	19632	19632	16270	16270	14821	14821
Adj-R^2	0.343	0.363	0.014	0.032	0.013	0.040

注：*、**和***代表的显著性水平分别是10%、5%和1%；括号里是回归参数的t检验值。

回归（3）和回归（4）的被解释变量为分析师预测误差。回归（3）中，High_Style的估计系数为-0.266，t=-2.25；回归（4）控制了行业和年度，High_Style的估计系数为-0.205，t=-1.73。这说明，整体而言，审计风格越强，分析师预测误差越小。回归（5）和回归（6）的被解释变量为分析师预测分歧度。回归（5）中，High_Style的估计系数为-0.184，t=-2.42；回归（6）控制了行业和年度，High_Style的估计系数为-0.129，t=-1.70。也就是说，整体而言，审计风格越强，分析师预测分歧度越低。这个结果与单变量的分析结果一致。

第四节　进一步分析

一、稳健性检验

为了检验研究结果的稳健性，笔者改变了High_Style的衡量方法，将审计风格较高的分界点从 10% 分位点，调整为 50% 分位点。也就是说，如果会计师事务所的审计风格指数位于行业前 50%，则 High_Style = 1；否则，High_Style = 0。表 7 – 5 列示了调整审计风格高低定义以后的检验结果。

表 7 – 5　　　　　　　　　稳健性检验

	(1)	(2)	(3)
	AFN	FERROR	FDISP
High_Style	0.046 *** (3.30)	-0.097 (-1.20)	-0.054 (-1.02)
BM	-0.354 *** (-9.98)	1.024 *** (4.48)	0.676 *** (4.56)
Volume	0.114 *** (13.93)	0.242 *** (4.89)	0.200 *** (6.36)
EarnStd	1.271 *** (4.19)	10.663 *** (4.21)	5.679 *** (3.57)
RetStd	-4.308 *** (-20.16)	11.997 *** (9.72)	7.348 *** (9.95)
R&D	1.768 *** (7.10)	2.260 (1.63)	3.817 *** (4.48)
Depre	-0.561 (-1.08)	0.414 (0.13)	1.851 (0.87)
Finance	-0.025 (-0.52)	-0.127 (-0.49)	0.028 (0.15)
Gap_AF	0.241 *** (107.29)	-0.107 *** (-5.08)	-0.021 (-1.34)
Constant	0.347 *** (3.59)	-1.598 ** (-2.56)	-1.092 *** (-2.62)
Industry	Yes	Yes	Yes
Year	Yes	Yes	Yes
N	19 632	16 270	14 821
Adj – R^2	0.363	0.032	0.040

注：** 和 *** 分别代表的显著性水平为 5% 和 1%。

由表 7-5 可知,调整审计风格高低的定义以后,High_Style 的估计系数为 0.046,t = 3.30,也就是说,审计风格较高的会计师事务所的客户,会有更多的证券分析师跟踪,会计师事务所审计风格对证券分析师跟踪的影响结果是稳健的。但是,调整定义以后,High_Style 对分析师预测误差和预测分歧度的影响均不再显著。这说明,审计风格高低对证券分析师的预测结果的影响对审计风格的定义敏感,只有排名较高的会计师事务所的审计风格才会对证券分析师的预测结果产生影响。

二、中介效应检验

前文发现,会计师事务所审计风格会影响分析师跟踪与预测行为。那么,其影响原因是什么?审计风格是否会影响会计信息质量?被审计单位的会计信息质量差异是否是影响审计风格与分析师行为关系的中介效应?本部分分别以应计盈余管理和真实盈余管理来替代会计信息质量,来考察会计信息质量是否是审计风格影响分析师行为的中介变量。

1. 应计盈余管理

本文采用修正的琼斯模型来估计应计盈余管理,具体计算方法同根据公式 3-2 计算的 Abn_Accr。中介效应检验方法与第五章相同,检验结果见表 7-6。

表 7-6　　　　　中介效应检验——应计盈余管理

	(1)	(2)	(3)
	AFN	Abn_Accr	AFN
High_Style	0.099*** (4.74)	-0.006*** (-5.08)	0.097*** (4.65)
Abn_Accr			-0.287*** (-2.68)

续表

	(1)	(2)	(3)
	AFN	Abn_Accr	AFN
BM	-0.364***	-0.003	-0.364***
	(-10.07)	(-0.98)	(-10.09)
Volume	0.115***	-0.001**	0.115***
	(13.94)	(-2.50)	(13.89)
EarnStd	1.219***	0.644***	1.404***
	(3.93)	(18.67)	(4.45)
RetStd	-4.338***	0.103***	-4.308***
	(-20.03)	(6.72)	(-19.87)
R&D	1.785***	-0.027	1.777***
	(7.10)	(-1.53)	(7.08)
Depre	-0.640	-0.298***	-0.726
	(-1.22)	(-8.12)	(-1.38)
Finance	-0.030	-0.003	-0.031
	(-0.61)	(-1.05)	(-0.63)
Gap_AF	0.241***	-0.001***	0.241***
	(106.19)	(-2.81)	(106.07)
Constant	0.362***	0.066***	0.381***
	(3.72)	(9.42)	(3.90)
Industry	Yes	Yes	Yes
Year	Yes	Yes	Yes
N	19 216	19 216	19 216
Adj-R^2	0.362	0.121	0.362
Panel B：分析师预测误差	FERROR	Abn_Accr	FERROR
High_Style	-0.228*	-0.007***	-0.215*
	(-1.91)	(-4.78)	(-1.80)
Abn_Accr			2.039***
			(2.94)

续表

	(1)	(2)	(3)
	AFN	Abn_Accr	AFN
BM	1.073***	−0.002	1.078***
	(4.62)	(−0.77)	(4.64)
Volume	0.251***	−0.001**	0.254***
	(5.00)	(−2.24)	(5.05)
EarnStd	11.226***	0.652***	9.895***
	(4.36)	(15.91)	(3.83)
RetStd	12.314***	0.111***	12.088***
	(9.70)	(6.66)	(9.49)
R&D	2.251	−0.033*	2.318*
	(1.61)	(−1.77)	(1.66)
Depre	0.387	−0.343***	1.086
	(0.12)	(−8.62)	(0.33)
Finance	−0.143	−0.004	−0.136
	(−0.55)	(−1.03)	(−0.52)
Gap_AF	−0.112***	−0.001***	−0.110***
	(−5.16)	(−2.90)	(−5.08)
Constant	−1.747***	0.068***	−1.885***
	(−2.76)	(8.50)	(−2.98)
Industry	Yes	Yes	Yes
Year	Yes	Yes	Yes
N	15 924	15 924	15 924
Adj−R^2	0.032	0.123	0.033
Panel C：分析师分歧度	FDISP	Abn_Accr	FDISP
High_Style	−0.143*	−0.006***	−0.136*
	(−1.88)	(−4.24)	(−1.79)
Abn_Accr			1.066**
			(2.42)

续表

	(1)	(2)	(3)
	AFN	Abn_Accr	AFN
BM	0.689*** (4.59)	-0.005* (-1.70)	0.694*** (4.63)
Volume	0.203*** (6.38)	-0.001** (-2.02)	0.204*** (6.42)
EarnStd	5.931*** (3.69)	0.620*** (14.47)	5.269*** (3.29)
RetStd	7.390*** (9.80)	0.115*** (6.65)	7.267*** (9.60)
R&D	3.786*** (4.43)	-0.034* (-1.77)	3.823*** (4.48)
Depre	1.842 (0.86)	-0.332*** (-8.05)	2.196 (1.02)
Finance	0.020 (0.10)	-0.004 (-0.96)	0.024 (0.12)
Gap_AF	-0.024 (-1.52)	-0.001** (-2.16)	-0.023 (-1.47)
Constant	-1.143*** (-2.72)	0.066*** (7.83)	-1.213*** (-2.90)
Industry	Yes	Yes	Yes
Year	Yes	Yes	Yes
N	14 520	14 520	14 520
Adj-R^2	0.040	0.122	0.040

注：*、**和***分别代表的显著性水平为10%、5%和1%。

由表7-6的Panel A可以看出，高审计风格会显著降低被审计单位的应计盈余管理，第（2）栏High_Style的回归系数为-0.006，在1%的水平上显著。控制应计盈余管理以后，审计风格对分析师跟踪的影响显著下降（High_Style的回归系数由0.099下降为0.097）。这个分析结果表明,应计盈余管理是审计风格影响分析师跟踪的部分中介,即如果上市公司审计师的审计风格较高,那么,其应计盈余管理就较少。应计盈余管理程度的降低则吸引了更多的分析师来跟踪企业。

由表7-6的Panel B可以看出,在控制了应计盈余管理以后,High_Style对分析师预测误差的影响也显著降低,High_Style回归系数由-0.228下降为-0.215,t值为-1.80,仍然在10%的显著性水平上显著。这个结果表明,应计盈余管理是审计风格影响分析师预测误差的部分中介,即审计风格通过降低应计盈余管理程度而减少了分析师预测误差。

由表7-6的Panel C可以看出,在控制了应计盈余管理以后,High_Style对分析师预测分歧度的影响显著降低,High_Style回归系数由-0.143下降为-0.136,t值为-1.79,仍然在10%的显著性水平上显著。这个结果表明,应计盈余管理是审计风格影响分析师预测分歧度的部分中介,即审计风格通过降低应计盈余管理程度而减少了分析师预测分歧度。

2. 真实盈余管理

参考罗伊乔德胡里(Roychowdhury,2006),本章将真实盈余管理分为销售收入管理、生产管理和费用管理三个部分。分别使用异常经营现金净流量(Ab_CFO)、异常生产成本(Ab_PROD)和异常酌量性费用(Ab_DISEXP)来识别真实盈余管理行为。

$$CFO_t = \alpha_0 + \alpha_1 \frac{1}{A_{t-1}} + \beta_1 \frac{S_t}{A_{t-1}} + \beta_2 \frac{S_t}{A_{t-1}} + \varepsilon_t \qquad 式7-4$$

$$PROD_t = \alpha_0 + \alpha_1 \frac{1}{A_{t-1}} + \beta_1 \frac{S_t}{A_{t-1}} + \beta_2 \frac{S_t}{A_{t-1}} + \beta_3 \frac{\Delta S_{t-1}}{A_{t-1}} + \varepsilon_t \qquad 式7-5$$

$$DISEXP_t = \alpha_0 + \alpha_1 \frac{1}{A_{t-1}} + \beta_1 \frac{S_{t-1}}{A_{t-1}} + \varepsilon_t \qquad 式7-6$$

其中,CFO_t是公司第t期经营活动产生的现金净流量,$PROD_t$是公司第t期的生产成本,等于公司当期营业成本与存货变动之和,

第七章 审计风格对分析师行为的影响

$DISEXP_t$ 是公司第 t 期的酌量性费用，等于销售费用和管理费用之和。均使用第 t-1 期总资产 A_{t-1} 进行调整。S_t 是公司第 t 期的营业收入，ΔS_t 是公司第 t 期营业收入的变动额。

对公式 7-4、公式 7-5、公式 7-6 进行分行业年度的回归，得到的模型残差分别取绝对值以后，即为真实盈余管理导致的异常经营活动产生的现金流量（$AbCFO_t$）、异常生产成本（$AbPROD_t$）和异常酌量性费用（$AbDISEXP_t$）。实施向上的真实盈余管理会降低当期经营活动产生的现金净流量、增加生产成本、减少酌量性费用，因此，真实盈余管理（RealEM）的计算公式如下：

$$RealEM_t = -AbCFO_t + AbPROD_t - AbDISEXP_t \qquad 式\ 7-7$$

表 7-7 列示了对真实盈余管理是否为审计风格与分析师行为关系的中介效应的检验结果。

表 7-7　　　　中介效应检验——真实盈余管理

	(1)	(2)	(3)
	AFN	RealEM	AFN
Panel A：分析师跟踪			
High_Style	0.099*** (4.75)	-0.014*** (-3.73)	0.086*** (4.21)
RealEM			-0.931*** (-25.10)
BM	-0.361*** (-10.01)	0.162*** (21.53)	-0.210*** (-5.93)
Volume	0.117*** (14.07)	0.017*** (10.30)	0.133*** (16.21)
EarnStd	1.202*** (3.82)	-0.784*** (-10.38)	0.473 (1.56)
RetStd	-4.362*** (-19.96)	0.584*** (12.71)	-3.818*** (-17.95)

续表

	(1)	(2)	(3)
	AFN	RealEM	AFN
R&D	1.823***	-0.607***	1.258***
	(7.18)	(-10.81)	(5.16)
Depre	-0.744	-2.223***	-2.813***
	(-1.42)	(-22.10)	(-5.43)
Finance	-0.031	-0.003	-0.034
	(-0.64)	(-0.30)	(-0.73)
Gap_AF	0.241***	-0.012***	0.231***
	(106.01)	(-21.63)	(99.66)
Constant	0.373***	-0.162***	0.222**
	(3.83)	(-8.21)	(2.30)
Industry	Yes	Yes	Yes
Year	Yes	Yes	Yes
N	19 116	19 116	19 116
Adj-R^2	0.363	0.107	0.384
Panel B:分析师预测误差	FERROR	RealEM	FERROR
High_Style	-0.226*	-0.016***	-0.183
	(-1.89)	(-3.87)	(-1.54)
RealEM			2.681***
			(13.19)
BM	1.109***	0.197***	0.582**
	(4.74)	(22.70)	(2.45)
Volume	0.250***	0.015***	0.209***
	(4.94)	(7.94)	(4.15)
EarnStd	11.821***	-1.304***	15.318***
	(4.44)	(-13.11)	(5.66)
RetStd	12.800***	0.695***	10.938***
	(9.92)	(13.68)	(8.45)

续表

	（1）	（2）	（3）
	AFN	RealEM	AFN
R & D	2.467*	-0.543***	3.922***
	(1.73)	(-8.89)	(2.76)
Depre	0.585	-2.288***	6.721**
	(0.18)	(-20.44)	(2.01)
Finance	-0.144	-0.008	-0.121
	(-0.55)	(-0.77)	(-0.47)
Gap_AF	-0.111***	-0.010***	-0.085***
	(-5.10)	(-13.58)	(-3.89)
Constant	-1.903***	-0.161***	-1.472**
	(-3.00)	(-7.12)	(-2.33)
Industry	Yes	Yes	Yes
Year	Yes	Yes	Yes
N	15 840	15 840	15 840
Adj-R^2	0.033	0.124	0.042
Panel C：分析师分歧度	FDISP	RealEM	FDISP
High_Style	-0.154**	-0.014***	-0.130*
	(-2.03)	(-3.34)	(-1.73)
RealEM			1.647***
			(13.18)
BM	0.701***	0.207***	0.361**
	(4.62)	(22.47)	(2.35)
Volume	0.203***	0.015***	0.177***
	(6.33)	(7.55)	(5.57)
EarnStd	5.933***	-1.434***	8.295***
	(3.66)	(-13.35)	(5.01)
RetStd	7.742***	0.738***	6.526***
	(10.04)	(13.83)	(8.48)

续表

	(1)	(2)	(3)
	AFN	RealEM	AFN
R&D	4.028***	-0.535***	4.908***
	(4.65)	(-8.34)	(5.67)
Depre	1.987	-2.331***	5.825***
	(0.93)	(-19.99)	(2.68)
Finance	0.015	-0.016	0.040
	(0.08)	(-1.36)	(0.21)
Gap_AF	-0.021	-0.010***	-0.005
	(-1.34)	(-10.85)	(-0.35)
Constant	-1.218***	-0.156***	-0.961**
	(-2.88)	(-6.47)	(-2.29)
Industry	Yes	Yes	Yes
Year	Yes	Yes	Yes
N	14 437	14 437	14 437
Adj-R^2	0.040	0.132	0.049

由表7-7的Panel A可以看出，高审计风格会显著降低被审计单位的真实盈余管理程度，控制真实盈余管理以后，审计风格对分析师跟踪的影响显著下降（High_Style的回归系数由0.099下降为0.086）。这个分析结果表明，真实盈余管理是审计风格影响分析师跟踪的部分中介，即如果上市公司审计师的审计风格较高，那么，其真实盈余管理就较少。真实盈余管理程度的降低则吸引了更多的分析师来跟踪企业。

由表7-7的Panel B可以看出，在控制了真实盈余管理以后，High_Style对分析师预测误差的影响不再显著，High_Style回归系数为-0.183，t值为-1.54。这个结果表明，真实盈余管理是审计风格影响分析师预测误差的完全中介，即审计风格通过降低真实盈余管理程度而减少了分析师预测误差。

由表 7-7 的 Panel C 可以看出，在控制了真实盈余管理以后，High_Style 对分析师预测分歧度的影响显著降低，High_Style 回归系数由 -0.154 下降为 -0.13，但是，High_Style 仍然显著。这个结果表明，真实盈余管理是审计风格影响分析师预测分歧度的部分中介，即审计风格通过降低真实盈余管理程度而减少了分析师预测分歧度。

第五节　本章小结

本章讨论了会计师事务所审计风格对证券分析师行为的影响。研究发现，在控制其他因素的情况下，如果审计上市公司的会计师事务所的审计风格较强，那么，这些公司更容易得到证券分析师的关注和跟踪，而且，分析师跟踪这些公司以后，预测误差更小，预测分歧度也更小。进一步分析发现，审计风格影响分析师行为的主要原因是这些会计师事务所能够显著降低客户的应计和真实盈余管理程度。而且，应计和真实盈余管理程度降低是审计风格影响分析师跟踪和分析师预测分歧度的部分中介，是审计风格影响分析师预测误差的部分（完全）中介。这说明，从资本市场专业投资者的视角、决策和决策质量来看，会计师事务所的审计风格会影响上市公司的会计信息质量。

中国会计师事务所
审计风格研究
Chapter 8

第八章 中国会计师事务所审计市场竞争力研究

第一节 研究设计

一、研究意义

2020年3月1日，中国新修订的证券法开始实施。修订以后的证券法对从事证券服务业务的会计师事务所的"事前审批"制度转为"事后备案"制度。3月27日，*ST新亿发布公告，聘请深圳堂堂会计师事务所（以下简称"深圳堂堂"）审计其2019年年度报告，审计费用为120万元。但是，深圳堂堂2018年的业务收入合计仅为85.32万元，净资产不过12万元，只有3名注册会计师，且无任何证券从业经验（仅声称其即将转入有证券从业经验的注册会计师）。在这种情况下，*ST新亿为什么愿意支付超过上一年50%的审计费用聘请深圳堂堂？对于这个事件，业界普遍质疑*ST新亿的会计师事务所决策，同时，也质疑深圳堂堂的执业能力。在随后2020年度上市公司财务报表审计中，有5家新备案会计师事务所承接了10家上市公司的年报审计业务，2021年度上市公司财务报表审计中又有12家新备案会计师事务所已经或者即将承接14家上市公司的年报审计业务。至此，新证券法实施近3年后，从事上市公司审计的会计师事务所已经从40家增长到57家[①]。那么，这是否是中国审计市场竞争激烈的表现？在这个竞争激烈的市场上，各个会计师事务所的竞争力如何？本章即准备探讨会计师事务所的竞争力问题，研究审计风格成熟度对其竞争力产生影响，并构建会计师事务所的审计市场竞争力指数。

---

① 根据财政部和中国证监会网站披露的信息，截至2022年1月6日，已经按要求在财政部和中国证监会备案从事证券服务业务的会计师事务所已达84家，其中承接上市公司审计业务的事务所为57家。

第八章　中国会计师事务所审计市场竞争力研究

审计市场竞争问题一直是学术界和监管部门的关注重点。一方面，审计市场集中度过高可能带来垄断问题，降低审计质量（US Chamber of Commerce，2006；Buck et al.，2005；European Union，2010；GAO，2003，2008）；另一方面，审计市场集中度过低可能带来无序竞争，激发审计意见购买行为，降低审计质量（PCAOB，2011）。现有研究对审计市场竞争有两种不同看法。其一，会计师事务所竞争的是包括审计价格和审计质量在内的综合审计价值。"国际四大"会计师事务所的竞争策略是增加固定的审计技术投资，因此，能够在审计竞争中获得技术优势，从而能够以相对较低的价格提供较高质量的审计服务。反过来，这个优势也让其在激烈的审计市场竞争中得到快速发展，获得更多的审计市场份额（Sirois et al.，2016）；其二，会计师事务所竞争的是审计价格。这是因为，审计质量难以直接观察，且并不一定被客户看到。因此，客户更倾向于聘请低价审计师，而忽略审计质量（Doty，2011；Asthana et al.，2019）。2020年2月20日，中国联通发布2021年度财务审计服务招标公告。根据该公告，中国联通上市部分（参审）的审计服务最高参选限价为3 820.75万元，不足2018年度支付给毕马威华振相应审计费用的45%。这个审计招标公告，在某种意义上就体现出了审计服务价值不被认可的逻辑。从这个角度来讲，会计师事务所的竞争目标可能是审计价格，而不是价值。

除了上述因素以外，大量有关会计师事务所选择问题的研究也意味着会计师事务所之间可能存在其他竞争驱动因素。如公司首次发行股票时，大股东持股比例越高，更愿意聘请有审计师在发审委担任委员的会计师事务所（蔺欣等，2011）；如果事务所有合伙人任职发审委委员，则该所在IPO审计市场中就拥有更高的市场份额（王兵、辛清泉，2009）；中央国有企业愿意选择有中央政府背景、地方国有企业愿意选择有本地政府背景的会计师事务所等（龚启辉等，2012）。

本章将在上述研究的基础上,讨论能够充分体现会计师事务所审计市场竞争力的因素,并采用主成分分析方法,将其整合成一个综合的审计市场竞争力分值,以全面了解会计师事务所的审计市场竞争力问题,并对其进行排名。

本章的研究意义和价值在于加深对中国会计师事务所的认识和了解。现有研究发现,不同特征的会计师事务所提供的审计服务质量具有显著差异。但是,对会计师事务所的区分,以规模为主,如"国际四大"[①]"国内八大"[②]。虽然中国注册会计师协会每年都会对会计师事务所进行排名,但是,在这个排名指标的设计上,却并没有深入讨论客户质量和审计质量问题,而这些则是资本市场和利益相关人在评价会计师事务所时最关心的问题。本章除了考虑规模因素以外,还充分考虑了会计师事务所拥有的审计资源、审计质量和客户质量等,对会计师事务所进行了全面评价。

二、会计师事务所审计市场竞争力评价维度

在市场力量会带来经济后果的现代商业社会,竞争力是不可回避的重要问题。竞争力决定了企业在市场中获得竞争优势或者长期发展的能力。波特(Porter,1998)提出了决定企业竞争力的五种力量,包括供应商的议价能力、购买者的议价能力、新进入者的威胁、替代品的威胁和同业竞争者的竞争程度,并以此来分析企业的竞争战略,即著名的五力模型。

与一般市场不同,审计市场的服务购买者与使用者是分离的。上市公司董事会聘请审计师、支付审计费用。但是,"一股独大"一直

[①] "国际四大"会计师事务所包括:普华永道会计师事务所、德勤会计师事务所、毕马威会计师事务所、安永会计师事务所。

[②] "国内八大"一般指中国注册会计师协会每年公布的会计师事务所百强榜上排名位于前八名的国内会计师事务所。

第八章 中国会计师事务所审计市场竞争力研究

是中国资本市场股权结构的突出特点。2019年年底，A股市场控股股东、实际控制人及其一致行动人（以下简称"控股股东"）的平均持股比例为37%，20%以上公司控股股东的持股比例超过了50%①。控股股东通常在公司拥有较大话语权，能够通过控制董事会、委派董事长或总经理等方式直接参与公司的经营管理（姜付秀等，2015）。由于控股股东在公司拥有的控制权通常超过现金流权，导致其私有利益与其他中小股东不完全一致（La Porta et al.，1999），因此，控股股东侵占其他中小股东利益的行为备受关注（Jiang et al.，2010；Jiang et al.，2015；魏明海等，2013）。在这个制度背景下，有能力通过董事会影响审计师聘任决策的是大股东（即审计服务的购买者），不参与企业经营管理，需要通过公司财务报告了解公司经营情况的则是中小股东（即审计服务的使用者）。审计服务的购买者是否有意愿购买高质量的审计服务成为一个疑问。

与一般市场不同，审计服务质量很难直接观察。审计服务的最终结果是上市公司经过审计的财务报告。一方面，财务报告质量很难直接衡量，另一方面，财务报告质量也很难完全归责于审计师。根据《中华人民共和国会计法》，单位负责人对本单位的会计工作和会计资料的真实性、完整性负责。审计目的是"提高财务报表预期使用者对财务报表的信赖程度，通过注册会计师对财务报表是否在所有重大方面按照适用的财务报告编制基础编制发表审计意见得以实现"（《中国注册会计师审计准则第1101号》）。在中国资本市场上，约94%以上的上市公司获得标准无保留意见的审计报告②，因此，很难通过审计报告或者财务报告直接观测审计质量。

审计市场与一般产品市场的差异，使得评估会计师事务所的审计

---

① 本研究对控股股东的定义是合并一致行动人后持股比例达到或超过10%的最大股东。本数据为作者在CSMAR数据库实际控制人数据和股权关系图的基础上整理而成。
② 根据中国注册会计师协会发布的《上市公司2020年年报审计情况分析报告》，2020年4 302家A股上市公司中，有4 044家公司获得了标准无保留意见的审计报告，占当年度上市公司总数的94%。

市场竞争力与评估一般企业的竞争力不同。虽然很难通过事前变量来评估会计师事务所的审计质量，但是，通过出现审计失败的极端情况来判断事后的审计质量还是可行的。除此以外，既然审计质量存在差异，会计学者通常通过比较不同类型的会计师事务所的客户特征，来分析其审计质量差异。如迪安杰罗（DeAngelo，1981）认为，事务所规模可以作为审计质量的替代变量。这是因为，规模较大的会计师事务所拥有更多的客户，也拥有更多"客户特有准租金"，潜在的声誉损失会令其丧失"客户特有准租金"，审计失败的成本更高，从而有更高的动机提高审计独立性。戴伊（Dye，1993）建立了一个模型，分析了大规模会计师事务所审计服务质量较高的另外一个可能原因。他认为，审计的价值由两部分构成，一是信息价值，即审计服务优化资源配置决策所带来的价值；二是赔偿价值，即一旦出现审计失败，报表使用者就会要求审计师予以赔偿所带来的价值。在这种情况下，会计师事务所的初始财富会影响其对审计质量的选择。事务所规模越大，财富越多，越有能力赔付报表使用者的损失，也越有动机提供高质量的审计服务。与此相对应，大量的实证研究表明，大规模会计师事务所的审计质量高于小规模会计师事务所。

西罗伊斯等（Sirois et al.，2016）构建了一个会计师事务所竞争的内生固定成本模型（Endogenous Fixed Cost Model，EFC模型），将审计质量和审计规模都设定为内生变量。在此基础上，他们研究了审计市场特征（主要是市场规模和投资者保护机制）对市场结构和"国际四大"与"非四大"会计师事务所审计质量和审计收费的影响。他们的模型强调，审计质量的形成既包括可变投入（如审计师的努力程度），也包括固定投入（如审计技术），而固定的审计技术投资则是决定审计质量和审计收费的核心要素。他们认为，会计师事务所之间竞争的是包括审计价格和审计质量在内的审计价值，而固定的审计技术投资则是其竞争策略的关键要素。"国际四大"与"非四大"会计师事务所具有不同的固定审计技术投资策略。"国际四大"

第八章 中国会计师事务所审计市场竞争力研究

会根据市场规模和其他市场特征来调整审计技术投资额,并会因为这些投资而获得审计技术优势,从而能够以相对较低的价格提供高质量的审计服务,并因此而获得了更大的审计市场份额。因此,在其他条件相同的情况下,即便"非四大"投入了更多的审计时间(可变投入),也无法复制"国际四大"的审计质量。

在上述研究的基础上,借鉴企业竞争战略的五力模型,充分考虑审计市场的特殊性,本章从资源、质量、客户认可度和品牌形象四个维度来衡量中国会计师事务所的审计市场竞争力,具体关系如图8-1所示。

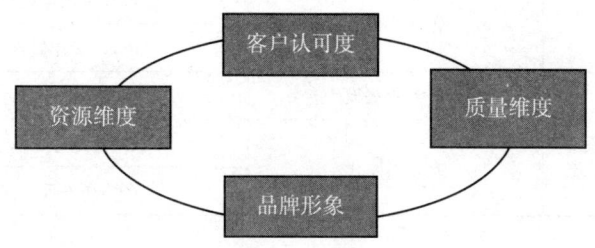

图 8-1 审计市场竞争力衡量维度

其中,资源维度指事务所拥有的审计资源,包括人力资源和技术资源;质量维度是会计师事务所提供的审计服务质量,包括客户报表质量和审计报告质量;客户认可度包括客户影响力和客户认可度;品牌形象包括事务所规模和国际业务拓展能力。

表8-1列示了本章采用的会计师事务所审计市场竞争力评价维度及衡量框架。

表 8-1 会计师事务所审计市场竞争力评价维度及方法

一级维度	二级维度	衡量方法
资源维度	人力资源	资深注册会计师规模
		人才留存率
	技术资源	行业专有技术
		审计风格成熟度

续表

一级维度	二级维度	衡量方法
质量维度	报表质量	客户盈余质量
		客户报表重述（反向指标）
	监管处罚	事务所受到监管处罚（反向指标）
		客户受到监管处罚（反向指标）
	业务收入的稳定性	近三年收入成长率的稳定性
客户维度	客户影响力	沪深300成分股公司占比
		客户平均总市值
	客户认可度	审计费用溢价率
		审计费用黏性
品牌形象	事务所规模	事务所业务收入
	业务国际化	国际业务收入
		客户海外业务量

三、评价范围和数据来源

与上市公司不同，会计师事务所的财务数据并不公开，因此，在指标设计上，本章首先关注的是相关数据的可得性。由于评价会计师事务所的审计质量，需要用到被审计单位的相关资料，因此，本章将评价范围限定在审计中国上市公司的会计师事务所，以确保客户数据的可得性。

本章所有上市公司数据均来源于国泰安数据库，事务所数据均来源于会计师事务所、财政部和中国注册会计师协会网站，监管处罚数据来源于中国证监会网站。为消除异常值的影响，本章在数据处理中，对所有连续变量进行了1%和99%水平上的缩尾处理。为了避免某一个指标数值过大，影响综合指标的计算，本章对大部分指标进行了极差标准化处理。本章的数据处理采用STATA 15.0软件。

第二节 资源维度评价

审计服务依赖于会计审计领域的专业知识，向社会和客户提供以知识为基础的服务，属于知识服务范畴。因此，会计师事务所最主要的资源就是人力资源和技术资源，这也是本章重点关注的审计资源。

一、人力资源

会计师事务所由注册会计师合伙设立，注册会计师是会计师事务所最重要的资源。注册会计师是依法取得注册会计师证书并接受委托从事审计和会计咨询、会计服务业务的执业人员。为确保注册会计师拥有必备的职业胜任能力，即与其从事审计业务相适应的专业知识、职业能力和工作经验，注册会计师需要具有高等专科以上学校毕业的学历或者具有会计或相关专业中级以上技术职称，同时，还需要通过中国注册会计师协会组织的全国统一考试。根据《中国注册会计师法》，参加注册会计师全国统一考试成绩合格，并从事审计业务工作两年以上的，才可以申请注册。依法注册，成为注册会计师以后，继续教育贯穿其整个职业生涯。继续教育每两年为一个考核周期，每个考核周期内接受继续教育的时间累计不得少于80学时，且任何一年不得少于30学时，有关职业道德培训每个周期不得少于4个学时（《中国注册会计师继续教育制度》）。

为了更好地反映会计师事务所在人力资源方面的投入和竞争力，本章分别从资深注册会计师规模和资深注册会计师留存率两个维度对其进行间接评价。

1. 资深注册会计师规模

注册会计师既需要具有一定的专业胜任能力，又需要积累一定的执业经验。参考中国注册会计师行业领军（后备）人才的选拔标准以及中国注册会计师协会会计师事务所综合评价披露指标，本章将资深注册会计师定义为在事务所连续从业不少于5年的注册会计师。由于注册会计师对知识更新和体力有一定的要求，本章将年龄限制在60岁以下。资深注册会计师人数越多，会计师事务所的人力资源储备越好。

首先，本章对"在本所工作超过5年且年龄在60岁以下的注册会计师人数"取对数，记为Human01。取对数的主要目的是平衡评价指标之间的分值比重，避免得分数据偏态、出现极差过大等问题。对数变换是单调函数变换，不会改变数据的原有次序，可以增加数据的对称性和数据分布的正态化，降低单个指标的数量级，有效缩减数据分布的数值区间，降低得分结果的极差。

其次，采用极差标准化算法，对Human01进行打分，最高得分为5分。采用极差标准化算法的主要目的是对原始数据进行线性变换，将指标值转换为0-5之间，确保不同指标具有相同的权重，避免放大某一单一指标的影响。

资深注册会计师规模得分 $H1 = \dfrac{Human01 - Min(Human01)}{Max(Human01) - Min(Human01)} \times 5$，其中，Max（Human01）、Min（Human01）分别代表同年度所有会计师事务所中，Human01的最大值和最小值。

最后，为了避免会计师事务所的这个指标在某一年度出现异常变动，笔者以会计师事务所最近三年的平均H1得分作为本指标的最终得分。

2. 人才留存能力

本章以在本所工作超过5年的注册会计师比例来衡量会计师事务所的人才留存率。在本所工作超过5年的注册会计师占全部注册会计师的比例越高，表明会计师事务所的人员流失率越低，事务所人才黏性越高，员工忠诚度越高。员工忠诚度可以提升会计师事务所的竞争力，在一定程度上说明该会计师事务所的人力资源管理效果。

人才留存率 = $\frac{\text{在本所工作超过 5 年的注册会计师人数}}{\text{全部注册会计师人数}} \times 100\%$，

记为 Human02。

人才留存能力得分 H2 = $\frac{\text{Human02} - \text{Min}(\text{Human02})}{\text{Max}(\text{Human02}) - \text{Min}(\text{Human02})} \times 5$，

其中，Max(Human02)、Min(Human02) 分别代表同年度所有会计师事务所中，Human02 的最大值和最小值。

会计师事务所人力资源维度的最终得分 H = H1 + H2。

表 8-2 列示了从事上市公司审计业务的会计师事务所在 2016—2020 年的人力资源维度排名及得分情况。

表 8-2　　　　　　　人力资源维度得分及排名

年度	事务所	排名	人力资源得分	资深注册会计师规模得分	人才留存能力得分
2020	信永中和	1	7.88	4.65	3.23
2020	中天运	2	7.75	3.96	3.79
2020	亚太（集团）	3	7.60	3.58	4.03
2020	四川华信（集团）	4	7.57	3.16	4.42
2020	中勤万信	5	7.46	3.48	3.98
2020	普华永道中天	6	7.22	4.18	3.04
2020	中兴财光华	7	7.14	4.11	3.04
2020	中兴华	8	6.87	3.82	3.06
2020	天职国际	9	6.86	4.22	2.64
2020	中审华	10	6.77	3.87	2.90
2020	利安达	11	6.50	3.39	3.12
2020	德勤华永	12	6.46	4.07	2.39
2020	天圆全	13	6.46	2.61	3.85
2020	中审众环	14	6.42	4.10	2.32
2020	立信中联	15	6.32	3.09	3.24
2020	安永华明	16	6.29	4.19	2.10
2020	公证天业	17	6.28	2.94	3.34
2020	北京兴华	18	6.11	3.63	2.48

续表

年度	事务所	排名	人力资源得分	资深注册会计师规模得分	人才留存能力得分
2020	希格玛	19	6.00	3.04	2.97
2020	苏亚金诚	20	5.96	2.78	3.17
2020	毕马威华振	21	5.81	3.76	2.05
2020	中证天通	22	4.53	1.88	2.64
2020	中审亚太	23	3.47	1.57	1.90
2020	大华	24	2.80	1.62	1.17
2020	永拓	25	2.77	1.33	1.44
2020	立信	26	2.65	1.67	0.98
2020	大信	27	2.65	1.52	1.13
2020	上会	28	2.63	1.26	1.37
2020	中喜	29	2.57	1.28	1.30
2020	致同	30	2.56	1.52	1.04
2020	中准	31	2.52	1.24	1.27
2020	华兴	32	2.39	1.17	1.21
2020	众华	33	2.32	1.17	1.15
2020	和信	34	2.27	1.12	1.16
2020	天健	35	2.20	1.55	0.65
2020	中汇	36	2.19	1.31	0.88
2020	天衡	37	2.12	1.16	0.96
2020	容诚	38	2.04	1.38	0.66
2019	大信	1	7.89	4.27	3.61
2019	信永中和	2	7.82	4.56	3.26
2019	大华	3	7.80	4.45	3.35
2019	立信	4	7.67	4.86	2.81
2019	中准	5	7.38	3.18	4.20
2019	中天运	6	7.33	3.62	3.71
2019	四川华信（集团）	7	7.24	2.62	4.62
2019	亚太（集团）	8	7.18	3.09	4.10
2019	普华永道中天	9	7.11	3.85	3.26

第八章 中国会计师事务所审计市场竞争力研究

续表

年度	事务所	排名	人力资源得分	资深注册会计师规模得分	人才留存能力得分
2019	致同	10	7.07	4.15	2.92
2019	天健	11	7.06	4.40	2.67
2019	中勤万信	12	6.85	2.97	3.88
2019	永拓	13	6.81	3.25	3.57
2019	中兴财光华	14	6.66	3.86	2.81
2019	天职国际	15	6.59	3.97	2.61
2019	华兴	16	6.46	2.44	4.02
2019	中兴华	17	6.25	3.38	2.86
2019	天衡	18	6.24	2.71	3.52
2019	中喜	19	6.23	2.70	3.52
2019	德勤华永	20	6.18	3.73	2.46
2019	中审华	21	6.17	3.50	2.67
2019	天圆全	22	6.13	2.23	3.90
2019	公证天业	23	6.08	2.67	3.42
2019	中审众环	24	5.98	3.87	2.11
2019	安永华明	25	5.98	3.88	2.10
2019	利安达	26	5.77	2.81	2.96
2019	希格玛	27	5.69	2.50	3.18
2019	苏亚金诚	28	5.64	2.46	3.19
2019	立信中联	29	5.55	2.49	3.06
2019	北京兴华	30	5.50	3.25	2.25
2019	广东正中珠江	31	5.40	2.26	3.15
2019	容诚	32	5.32	3.10	2.22
2019	毕马威华振	33	5.26	3.26	2.01
2019	众华	34	5.19	2.47	2.72
2019	中汇	35	4.94	2.87	2.08
2019	上会	36	3.48	1.54	1.94
2019	中证天通	37	2.68	1.00	1.68
2019	中审亚太	38	2.24	0.67	1.57

续表

年度	事务所	排名	人力资源得分	资深注册会计师规模得分	人才留存能力得分
2019	和信	39	1.46	0.24	1.22
2018	普华永道中天	1	8.65	4.37	4.27
2018	四川华信(集团)	2	8.53	3.62	4.91
2018	亚太(集团)	3	8.16	3.69	4.47
2018	中准	4	8.11	3.91	4.20
2018	瑞华	5	8.02	5.00	3.02
2018	天健	6	7.91	4.67	3.24
2018	大华	7	7.86	4.50	3.36
2018	中天运	8	7.74	4.05	3.69
2018	德勤华永	9	7.72	4.32	3.40
2018	信永中和	10	7.59	4.51	3.08
2018	大信	11	7.38	4.34	3.04
2018	安永华明	12	7.38	4.35	3.03
2018	天衡	13	7.32	3.58	3.74
2018	立信	14	7.32	4.73	2.59
2018	江苏公证天业	15	7.25	3.54	3.71
2018	毕马威华振	16	7.19	4.13	3.06
2018	致同	17	7.15	4.32	2.82
2018	天职国际	18	7.09	4.26	2.83
2018	北京永拓	19	7.03	3.79	3.25
2018	中勤万信	20	6.93	3.51	3.42
2018	广东正中珠江	21	6.90	3.43	3.47
2018	江苏苏亚金诚	22	6.83	3.42	3.41
2018	北京天圆全	23	6.78	3.09	3.69
2018	福建华兴	24	6.76	3.26	3.50
2018	中喜	25	6.63	3.29	3.35
2018	中兴华	26	6.56	3.71	2.84
2018	希格玛	27	6.54	3.46	3.08
2018	中兴财光华	28	6.41	3.99	2.41

续表

年度	事务所	排名	人力资源得分	资深注册会计师规模得分	人才留存能力得分
2018	众华	29	6.40	3.37	3.03
2018	利安达	30	6.18	3.45	2.72
2018	中审华	31	6.16	3.87	2.29
2018	华普天健	32	5.97	3.46	2.51
2018	立信中联	33	5.76	3.19	2.57
2018	中汇	34	5.46	3.43	2.03
2018	北京兴华	35	5.44	3.67	1.77
2018	中审众环	36	4.99	3.64	1.36
2018	北京中证天通	37	3.48	1.81	1.68
2018	上会	38	3.43	2.10	1.33
2018	中审亚太	39	0.75	0.22	0.53
2018	山东和信	40	0.63	0.62	0.01
2017	普华永道中天	1	8.68	4.65	4.03
2017	亚太（集团）	2	8.67	4.00	4.66
2017	四川华信（集团）	3	8.60	3.69	4.91
2017	大华	4	8.24	4.60	3.64
2017	天健	5	8.19	4.77	3.43
2017	中天运	6	7.84	4.08	3.76
2017	中准	7	7.78	3.90	3.87
2017	瑞华	8	7.78	5.00	2.78
2017	安永华明	9	7.68	4.43	3.25
2017	信永中和	10	7.48	4.53	2.95
2017	北京天圆全	11	7.44	3.64	3.81
2017	毕马威华振	12	7.41	4.20	3.21
2017	德勤华永	13	7.35	4.30	3.05
2017	广东正中珠江	14	7.15	3.55	3.60
2017	众华	15	7.14	3.56	3.58
2017	天职国际	16	7.11	4.29	2.82
2017	江苏公证天业	17	7.09	3.56	3.54

续表

年度	事务所	排名	人力资源得分	资深注册会计师规模得分	人才留存能力得分
2017	北京永拓	18	7.05	3.80	3.25
2017	致同	19	7.03	4.29	2.74
2017	福建华兴	20	6.97	3.36	3.61
2017	江苏苏亚金诚	21	6.76	3.47	3.29
2017	中兴华	22	6.66	3.88	2.79
2017	中兴财光华	23	6.64	4.04	2.60
2017	希格玛	24	6.63	3.53	3.10
2017	天衡	25	6.57	3.53	3.04
2017	大信	26	6.48	4.22	2.26
2017	中勤万信	27	6.47	3.51	2.96
2017	利安达	28	6.46	3.83	2.62
2017	华普天健	29	6.33	3.57	2.75
2017	中审华	30	6.30	3.96	2.35
2017	北京中证天通	31	5.87	2.75	3.12
2017	立信中联	32	5.80	3.25	2.54
2017	中汇	33	5.55	3.48	2.07
2017	北京兴华	34	5.51	3.69	1.82
2017	立信	35	5.14	3.59	1.54
2017	中审众环	36	5.11	3.58	1.53
2017	中喜	37	4.82	2.63	2.18
2017	上会	38	3.87	2.22	1.65
2017	山东和信	39	2.68	1.24	1.44
2017	中审亚太	40	2.07	1.31	0.77
2016	普华永道中天	1	8.52	4.57	3.95
2016	大华	2	8.49	4.60	3.90
2016	天健	3	8.31	4.85	3.46
2016	亚太（集团）	4	8.23	3.41	4.82
2016	北京中证天通	5	8.05	3.30	4.75
2016	中天运	6	8.04	3.77	4.27

第八章 中国会计师事务所审计市场竞争力研究

续表

年度	事务所	排名	人力资源得分	资深注册会计师规模得分	人才留存能力得分
2016	安永华明	7	7.77	4.36	3.40
2016	毕马威华振	8	7.66	4.04	3.62
2016	中准	9	7.34	3.52	3.82
2016	瑞华	10	7.29	5.00	2.29
2016	信永中和	11	7.26	4.43	2.83
2016	广东正中珠江	12	7.19	3.06	4.13
2016	四川华信(集团)	13	6.71	2.75	3.96
2016	致同	14	6.67	3.99	2.67
2016	中兴华	15	6.64	3.49	3.15
2016	天职国际	16	6.59	3.95	2.64
2016	江苏公证天业	17	6.47	2.88	3.59
2016	中兴财光华	18	6.37	3.63	2.74
2016	德勤华永	19	6.30	3.84	2.45
2016	中审华	20	6.09	3.56	2.53
2016	天衡	21	6.08	3.01	3.07
2016	北京永拓	22	6.06	3.12	2.94
2016	北京天圆全	23	6.04	2.83	3.22
2016	华普天健	24	6.04	3.07	2.97
2016	江苏苏亚金诚	25	6.01	2.81	3.20
2016	中勤万信	26	6.01	2.96	3.05
2016	众华	27	5.82	2.71	3.11
2016	希格玛	28	5.54	2.72	2.82
2016	福建华兴	29	5.47	2.46	3.01
2016	利安达	30	5.46	3.17	2.28
2016	立信中联	31	5.25	2.66	2.59
2016	大信	32	5.06	3.70	1.37
2016	立信	33	4.76	3.53	1.23
2016	山东和信	34	4.76	1.85	2.90
2016	中汇	35	4.70	2.80	1.90

续表

年度	事务所	排名	人力资源得分	资深注册会计师规模得分	人才留存能力得分
2016	中喜	36	4.50	2.03	2.48
2016	中审众环	37	4.39	2.87	1.53
2016	上会	38	4.17	2.21	1.96
2016	北京兴华	39	3.95	2.71	1.24
2016	中审亚太	40	3.62	2.21	1.41

二、技术资源

审计技术方法是注册会计师为了实现审计目标，获取为形成审计结论提供合理基础的审计证据而采取的方法和手段。在长期不断变革的审计实践中，注册会计师们总结出了一套行之有效的审计方法，包括对有形资产的盘点和核对、对无形资产的函证和确认、对大量凭证进行的抽样审查、对报表数据进行的逻辑分析，以及延伸到对产生财务数据的企业进行内控检查等（李若山，2021）。本章从两个维度来衡量会计师事务所在审计技术方面的竞争力：会计师事务所拥有的行业专有技术和审计风格的统一性。

1. 行业专有技术

行业专长是指审计师在推进审计业务的过程中，在某些行业积累的特殊技能和知识，使其具备更强的专业胜任能力。大量的研究结果表明，会计师事务所的行业专长是影响其审计品质的重要因素，具备行业专长的会计师事务所更会在员工教育和专业技能上进行定向投资以帮助其提高审计质量（Simunic，1987）。

现有文献通常用四种方法来权衡注册会计师的行业专长：第一，会计师事务所在某行业某年度审计公司的资产总额占该行业所有公司资产总额的比例；第二，会计师事务所在某行业某年度审计公司的主营业务收入总额占该行业所有公司主营业务收入总额的比例；第三，用资产总额的平方根之和代替方法一中的资产总额；第四，用主营业务收入总额的平方根之和代替方法二中的主营业务收入总额。

本章采用第二种方法来衡量行业专长，行业分类方法参考证监会发布的行业分类指引。由于制造业内门类众多、各类企业差异较大，本章对制造业采用了二级行业细分。本章样本数据，共涵盖18个行业大类，加入制造业小类以后，共计22个行业。

首先，计算各会计师事务所在某行业某年度审计公司的主营业务收入总额占该行业所有上市公司主营业务收入总额的比例。

其次，定义审计份额大于10%的会计师事务所（参考刘文军等，2010）为在该行业具有行业专有技术的会计师事务所。

再次，对会计师事务所在某个特定年度内拥有的行业专有技术进行评分。由于计算机和金融行业的审计相对复杂，本章对在这两个行业具有行业专长的会计师事务所赋值2分，其他行业赋值1分，计算会计师事务所行业专有技术总分IE。

最后，采用极差标准化算法，对会计师事务所的行业专有技术进行打分，最高得分为5分。

行业专有技术评级得分 $T1 = \dfrac{IE - Min(IE)}{Max(IE) - Min(IE)} \times 5$

其中，Max(IE)、Min(IE) 分别代表同年度所有会计师事务所中，IE得分的最大值和最小值。

2. 审计风格

会计师事务所在长期的审计实践过程中，运用了信息技术系统来规范其审计方法，也用审计工作底稿的电子模版来应用本所的审计方法、规范审计证据。在这个过程中，他们慢慢形成了自己独有的内部学习产品和特有的工作标准，用来指导本所注册会计师的审计实践和会计准则的应用。例如，普华永道的审计软件（Aura and Knowledge-CurveTM）和会计指南、德勤的审计与鉴证分析平台（Illumia）、技术图书馆和路径图，安永的审计作业系统（Canvas KnowledgeWebTM）、全球会计和审计信息工具，毕马威的智能审计平台（KPMG Clara and

KWorldTM）和会计研究在线等，以确保会计审计实践的流程标准化，事务所的审计标准得到正确执行（Kothari et al.，2010）。

弗朗西斯等（Francis et al.，2014）提出了"审计风格"一词，用来说明会计师事务所内部特有的审计工作标准对审计结果的影响。他们发现，相对于不同"国际四大"会计师事务所审计的配对公司，同一"国际四大"会计师事务所审计的配对公司之间的会计信息更加可比。也就是说，"国际四大"会计事务所内部形成了自己的审计风格，其客户之间的会计信息可比性更强。宋衍蘅等（2017）发现，中国会计师事务所也形成了自己的审计风格。如果会计师事务所的审计风格比较统一，可以从另一个角度说明其审计技术标准得到了很好的贯彻，也说明会计师事务所的审计技术资源更标准。

参考弗朗西斯等（Francis et al.，2014）和宋衍蘅等（2017）的研究，本章用会计师事务所审计的同行业上市公司的可操控性应计利润的可比性来衡量会计师事务所的审计风格。具体计算方法如下：

（1）用公式 8-1 对所有上市公司[①]数据进行分行业[②]、分年度的回归分析，得到回归系数的估计值 β_0、β_1 和 β_2：

$$\frac{TA_{i,t}}{A_{i,t-1}} = \beta_0 \frac{1}{A_{i,t-1}} + \beta_1 \frac{\Delta REV_{i,t}}{A_{i,t-1}} + \beta_2 \left(\frac{PPE_{i,t}}{A_{i,t-1}}\right) + \varepsilon_{i,t} \qquad 式 8-1$$

其中：$TA_{i,t}$ 为总应计利润，等于公司 i 第 t 年营业利润减去经营活动产生的现金流量净额；$A_{i,t-1}$ 为公司 i 第 t-1 年末的总资产；$\Delta REV_{i,t}$ 为公司 i 第 t 年的营业收入变动额；$PPE_{i,t}$ 为公司 i 第 t 年的固定资产净额，$\varepsilon_{i,t}$ 为回归残差。

（2）将公式 8-1 的回归系数代入公式 8-2，得到公司 i 第 t 年的不可操控应计利润 $NDA_{i,t}$。

[①] 剔除金融行业及 ST 公司。

[②] 行业分类方法参考证监会发布的行业分类指引。由于制造业门类众多，本研究对制造业采用了二级行业分类标准（大类），对其他行业取门类数据。在分行业回归分析中，剔除了行业分类后样本数少于 10 个以及相关数据缺失的样本。

第八章　中国会计师事务所审计市场竞争力研究

$$NDA_{i,t} = \hat{\beta}_0 \frac{1}{A_{i,t-1}} + \hat{\beta}_1 \frac{\Delta REV_{i,t} - \Delta REC_{i,t}}{A_{i,t-1}} + \beta_2 \left(\frac{PPE_{i,t}}{A_{i,t-1}}\right) \qquad 式8-2$$

其中，$NDA_{i,t}$ 为非操纵性应计利润；$\Delta REC_{i,t}$ 为应收账款变动额。

（3）根据公式 8-3 计算可操控性应计利润 $DA_{i,t}$。

$$DA_{i,t} = \frac{TA_{i,t}}{A_{i,t-1}} - NDA_{i,t} \qquad 式8-3$$

（4）对公司/年数据按同年度、同行业、同一事务所审计的原则进行配对，根据公式 8-4 计算配对组合中两家公司可操控性应计利润的差异 Diff_DA。按照弗朗西斯等（Francis et al., 2014）的研究，Diff_DA 越大，同一会计师事务所审计的两家公司之间的可比性越差，审计风格越弱。

$$Diff\_DA_{ij,t} = |DA_{i,t} - DA_{j,t}| \qquad 式8-4$$

（5）对每年由同一会计师事务所审计的所有配对组合的 Diff_DA 取平均值，得到事务所/年的审计风格指数 $Style_{k,t}$。$Style_{k,t}$ 的数值越小，该会计师事务所的审计风格越强。

（6）采用极差标准化算法，对会计师事务所的审计风格进行打分，最高得分为 5 分。由于 $Style_{k,t}$ 是负指标，因此，审计风格得分 $T2 = \frac{Max(Style) - Style}{Max(Style) - Min(Style)} \times 5$，其中，Max(Style)、Min(Style) 分别代表同年度所有会计师事务所中，Style 的最大值和最小值。

会计师事务所在技术资源维度的最终得分 T = T1 + T2，会计师事务所在资源维度的最终得分 R = H + T。

最终结果如表 8-3 所示。

表8-3　　　　　　　　资源维度评分及排名

年度	事务所	资源维度排名	资源维度得分	人力资源得分	技术资源总分	行业专有技术得分	审计风格得分
2020	普华永道中天	1	14.21	7.22	6.99	3.72	3.27
2020	德勤华永	2	13.79	6.46	7.33	2.92	4.41
2020	四川华信（集团）	3	13.24	7.57	5.67	1.11	4.56

续表

年度	事务所	资源维度排名	资源维度得分	人力资源得分	技术资源总分	行业专有技术得分	审计风格得分
2020	安永华明	4	13.05	6.29	6.76	3.33	3.43
2020	毕马威华振	5	12.94	5.81	7.13	2.64	4.49
2020	信永中和	6	12.32	7.88	4.44	2.82	1.62
2020	天圆全	7	11.18	6.46	4.72	0.00	4.72
2020	中天运	8	11.15	7.75	3.40	0.00	3.40
2020	天职国际	9	10.90	6.86	4.04	1.44	2.60
2020	中勤万信	10	10.77	7.46	3.31	0.00	3.31
2020	亚太（集团）	11	10.23	7.60	2.63	0.00	2.63
2020	北京兴华	12	10.06	6.11	3.95	0.00	3.95
2020	中兴财光华	13	9.98	7.14	2.84	0.00	2.84
2020	中审华	14	9.88	6.77	3.11	0.00	3.11
2020	利安达	15	9.88	6.50	3.38	0.00	3.38
2020	苏亚金诚	16	9.81	5.96	3.85	0.00	3.85
2020	希格玛	17	9.77	6.00	3.77	0.00	3.77
2020	中审众环	18	9.65	6.42	3.23	1.37	1.86
2020	立信中联	19	9.62	6.32	3.30	0.00	3.30
2020	公证天业	20	9.54	6.28	3.26	0.00	3.26
2020	中兴华	21	9.45	6.87	2.58	1.07	1.51
2020	立信	22	9.11	2.65	6.46	5.00	1.46
2020	中证天通	23	8.94	4.53	4.41	0.00	4.41
2020	天健	24	8.33	2.20	6.13	3.90	2.23
2020	中审亚太	25	7.35	3.47	3.88	0.00	3.88
2020	永拓	26	7.13	2.77	4.36	0.00	4.36
2020	容诚	27	6.41	2.04	4.37	1.34	3.03
2020	大华	28	6.39	2.80	3.59	1.94	1.65
2020	中准	29	6.09	2.52	3.57	0.00	3.57
2020	众华	30	5.91	2.32	3.59	1.05	2.54
2020	和信	31	5.90	2.27	3.63	0.00	3.63
2020	华兴	32	5.76	2.39	3.37	0.00	3.37

续表

年度	事务所	资源维度排名	资源维度得分	人力资源得分	技术资源总分	行业专有技术得分	审计风格得分
2020	上会	33	5.70	2.63	3.07	0.00	3.07
2020	天衡	34	5.61	2.12	3.49	0.00	3.49
2020	致同	35	5.38	2.56	2.82	1.07	1.75
2020	中喜	36	5.22	2.57	2.65	0.00	2.65
2020	大信	37	5.19	2.65	2.54	1.25	1.29
2020	中汇	38	5.02	2.19	2.83	0.00	2.83
2019	立信	1	16.81	7.67	9.14	5.00	4.14
2019	普华永道中天	2	15.62	7.11	8.52	3.87	4.65
2019	天健	3	14.27	7.06	7.21	3.05	4.16
2019	毕马威华振	4	13.90	5.26	8.63	3.73	4.90
2019	德勤华永	5	13.70	6.18	7.51	2.91	4.61
2019	大华	6	13.15	7.80	5.35	1.28	4.07
2019	信永中和	7	13.15	7.82	5.33	1.07	4.26
2019	大信	8	13.14	7.89	5.25	1.14	4.11
2019	安永华明	9	12.68	5.98	6.70	2.09	4.61
2019	四川华信（集团）	10	12.06	7.24	4.82	0.47	4.35
2019	致同	11	12.04	7.07	4.96	0.86	4.10
2019	中天运	12	11.93	7.33	4.60	0.12	4.48
2019	天职国际	13	11.75	6.59	5.16	0.90	4.26
2019	中审众环	14	11.42	5.98	5.44	1.14	4.30
2019	永拓	15	11.30	6.81	4.49	0.00	4.49
2019	中勤万信	16	11.28	6.85	4.44	0.00	4.44
2019	亚太（集团）	17	11.13	7.18	3.94	0.00	3.94
2019	中准	18	11.12	7.38	3.74	0.00	3.74
2019	天圆全	19	11.10	6.13	4.97	0.00	4.97
2019	天衡	20	10.93	6.24	4.69	0.26	4.43
2019	中兴华	21	10.90	6.25	4.65	0.33	4.32
2019	华兴	22	10.83	6.46	4.36	0.21	4.15
2019	中兴财光华	23	10.65	6.66	3.99	0.00	3.99

续表

年度	事务所	资源维度排名	资源维度得分	人力资源得分	技术资源总分	行业专有技术得分	审计风格得分
2019	中喜	24	10.57	6.23	4.34	0.00	4.34
2019	公证天业	25	10.47	6.08	4.39	0.00	4.39
2019	希格玛	26	10.39	5.69	4.71	0.12	4.59
2019	广东正中珠江	27	10.34	5.40	4.94	0.52	4.42
2019	北京兴华	28	10.22	5.50	4.72	0.26	4.47
2019	中审华	29	10.21	6.17	4.04	0.00	4.04
2019	容诚	30	10.17	5.32	4.85	0.54	4.32
2019	苏亚金诚	31	10.10	5.64	4.45	0.00	4.45
2019	众华	32	9.99	5.19	4.80	0.59	4.22
2019	利安达	33	9.84	5.77	4.07	0.00	4.07
2019	立信中联	34	9.64	5.55	4.09	0.00	4.09
2019	中汇	35	9.19	4.94	4.25	0.00	4.25
2019	上会	36	7.78	3.48	4.30	0.00	4.30
2019	中证天通	37	7.24	2.68	4.56	0.00	4.56
2019	中审亚太	38	6.74	2.24	4.50	0.00	4.50
2019	和信	39	5.88	1.46	4.42	0.00	4.42
2018	普华永道中天	1	16.14	8.65	7.49	2.97	4.52
2018	立信	2	16.09	7.32	8.77	5.00	3.77
2018	毕马威华振	3	15.20	7.19	8.01	3.09	4.92
2018	瑞华	4	14.83	8.02	6.82	2.91	3.91
2018	德勤华永	5	13.67	7.72	5.95	1.83	4.12
2018	天健	6	13.46	7.91	5.55	2.23	3.32
2018	四川华信（集团）	7	13.42	8.53	4.89	0.39	4.50
2018	安永华明	8	12.84	7.38	5.46	1.56	3.90
2018	大华	9	12.48	7.86	4.62	1.04	3.58
2018	中准	10	12.26	8.11	4.15	0.00	4.15
2018	亚太（集团）	11	12.20	8.16	4.04	0.00	4.04
2018	致同	12	12.06	7.15	4.91	1.04	3.88
2018	信永中和	13	12.03	7.59	4.44	0.78	3.66

续表

年度	事务所	资源维度排名	资源维度得分	人力资源得分	技术资源总分	行业专有技术得分	审计风格得分
2018	大信	14	11.91	7.38	4.53	0.90	3.63
2018	广东正中珠江	15	11.83	6.90	4.93	0.77	4.16
2018	北京天圆全	16	11.74	6.78	4.96	0.00	4.96
2018	北京永拓	17	11.69	7.03	4.66	0.00	4.66
2018	中天运	18	11.68	7.74	3.94	0.25	3.69
2018	天职国际	19	11.47	7.09	4.38	0.28	4.11
2018	江苏公证天业	20	11.32	7.25	4.08	0.00	4.08
2018	天衡	21	11.14	7.32	3.82	0.39	3.43
2018	中兴华	22	11.09	6.56	4.53	0.12	4.42
2018	江苏苏亚金诚	23	11.01	6.83	4.18	0.00	4.18
2018	福建华兴	24	11.01	6.76	4.25	0.00	4.25
2018	众华	25	10.91	6.40	4.51	0.63	3.88
2018	希格玛	26	10.83	6.54	4.30	0.25	4.05
2018	中喜	27	10.47	6.63	3.84	0.00	3.84
2018	中兴财光华	28	10.31	6.41	3.90	0.00	3.90
2018	利安达	29	10.27	6.18	4.09	0.00	4.09
2018	华普天健	30	10.12	5.97	4.15	0.25	3.90
2018	立信中联	31	10.03	5.76	4.27	0.00	4.27
2018	中审华	32	9.96	6.16	3.80	0.00	3.80
2018	中勤万信	33	9.92	6.93	3.00	0.00	3.00
2018	北京兴华	34	9.70	5.44	4.26	0.39	3.88
2018	中审众环	35	9.63	4.99	4.64	0.77	3.87
2018	中汇	36	8.70	5.46	3.24	0.00	3.24
2018	北京中证天通	37	8.28	3.48	4.80	0.00	4.80
2018	上会	38	7.40	3.43	3.97	0.00	3.97
2018	中审亚太	39	5.22	0.75	4.47	0.00	4.47
2018	山东和信	40	3.85	0.63	3.22	0.00	3.22
2017	普华永道中天	1	15.83	8.68	7.15	2.72	4.43
2017	毕马威华振	2	15.65	7.41	8.24	3.31	4.92

续表

年度	事务所	资源维度排名	资源维度得分	人力资源得分	技术资源总分	行业专有技术得分	审计风格得分
2017	瑞华	3	15.62	7.78	7.84	4.02	3.82
2017	立信	4	13.81	5.14	8.67	5.00	3.67
2017	天健	5	13.66	8.19	5.47	2.12	3.35
2017	四川华信（集团）	6	13.54	8.60	4.94	0.41	4.52
2017	安永华明	7	13.09	7.68	5.40	1.54	3.86
2017	大华	8	12.97	8.24	4.72	1.12	3.60
2017	德勤华永	9	12.95	7.35	5.60	1.53	4.07
2017	亚太（集团）	10	12.66	8.67	3.99	0.00	3.99
2017	北京天圆全	11	12.41	7.44	4.97	0.00	4.97
2017	广东正中珠江	12	12.22	7.15	5.07	0.83	4.24
2017	致同	13	12.16	7.03	5.13	1.12	4.01
2017	中准	14	12.06	7.78	4.28	0.00	4.28
2017	众华	15	11.95	7.14	4.81	0.83	3.98
2017	中天运	16	11.88	7.84	4.04	0.41	3.62
2017	北京永拓	17	11.87	7.05	4.82	0.00	4.82
2017	信永中和	18	11.56	7.48	4.08	0.53	3.54
2017	福建华兴	19	11.42	6.97	4.45	0.00	4.45
2017	天职国际	20	11.27	7.11	4.15	0.00	4.15
2017	中兴华	21	11.15	6.66	4.49	0.12	4.37
2017	大信	22	11.11	6.48	4.63	0.96	3.67
2017	希格玛	23	11.08	6.63	4.45	0.41	4.04
2017	江苏公证天业	24	11.07	7.09	3.98	0.00	3.98
2017	江苏苏亚金诚	25	11.05	6.76	4.29	0.00	4.29
2017	利安达	26	10.86	6.46	4.40	0.00	4.40
2017	华普天健	27	10.81	6.33	4.48	0.58	3.90
2017	北京中证天通	28	10.59	5.87	4.72	0.00	4.72
2017	中兴财光华	29	10.53	6.64	3.89	0.00	3.89
2017	天衡	30	10.32	6.57	3.76	0.41	3.34
2017	中审华	31	10.24	6.30	3.93	0.00	3.93

续表

年度	事务所	资源维度排名	资源维度得分	人力资源得分	技术资源总分	行业专有技术得分	审计风格得分
2017	立信中联	32	10.12	5.80	4.32	0.00	4.32
2017	中审众环	33	9.76	5.11	4.65	0.83	3.82
2017	北京兴华	34	9.75	5.51	4.24	0.25	3.99
2017	中勤万信	35	9.46	6.47	3.00	0.00	3.00
2017	中汇	36	8.73	5.55	3.17	0.00	3.17
2017	中喜	37	8.63	4.82	3.81	0.00	3.81
2017	上会	38	7.86	3.87	3.99	0.00	3.99
2017	中审亚太	39	6.60	2.07	4.52	0.00	4.52
2017	山东和信	40	5.84	2.68	3.15	0.00	3.15
2016	毕马威华振	1	16.24	7.66	8.58	3.69	4.89
2016	普华永道中天	2	15.67	8.52	7.14	2.77	4.37
2016	瑞华	3	15.53	7.29	8.24	4.45	3.79
2016	天健	4	14.46	8.31	6.16	2.81	3.35
2016	大华	5	13.65	8.49	5.16	1.55	3.61
2016	安永华明	6	13.49	7.77	5.72	1.85	3.88
2016	立信	7	13.33	4.76	8.56	5.00	3.56
2016	北京中证天通	8	12.75	8.05	4.70	0.00	4.70
2016	亚太（集团）	9	12.50	8.23	4.27	0.00	4.27
2016	广东正中珠江	10	12.19	7.19	5.00	0.76	4.24
2016	德勤华永	11	12.11	6.30	5.81	1.72	4.10
2016	致同	12	12.07	6.67	5.41	1.55	3.85
2016	中天运	13	11.95	8.04	3.91	0.29	3.62
2016	中准	14	11.70	7.34	4.36	0.00	4.36
2016	四川华信（集团）	15	11.67	6.71	4.96	0.46	4.50
2016	信永中和	16	11.19	7.26	3.94	0.46	3.47
2016	中兴华	17	11.02	6.64	4.38	0.00	4.38
2016	北京天圆全	18	11.02	6.04	4.97	0.00	4.97
2016	北京永拓	19	10.85	6.06	4.79	0.00	4.79
2016	华普天健	20	10.77	6.04	4.73	0.79	3.93

续表

年度	事务所	资源维度排名	资源维度得分	人力资源得分	技术资源总分	行业专有技术得分	审计风格得分
2016	天职国际	21	10.76	6.59	4.17	0.00	4.17
2016	中兴财光华	22	10.68	6.37	4.31	0.00	4.31
2016	众华	23	10.53	5.82	4.71	0.76	3.95
2016	江苏公证天业	24	10.43	6.47	3.96	0.00	3.96
2016	江苏苏亚金诚	25	10.35	6.01	4.34	0.00	4.34
2016	利安达	26	10.15	5.46	4.69	0.17	4.52
2016	大信	27	10.15	5.06	5.08	1.38	3.70
2016	希格玛	28	10.07	5.54	4.54	0.46	4.07
2016	中审华	29	10.02	6.09	3.93	0.00	3.93
2016	天衡	30	9.98	6.08	3.90	0.63	3.27
2016	福建华兴	31	9.90	5.47	4.43	0.00	4.43
2016	立信中联	32	9.61	5.25	4.36	0.00	4.36
2016	中审众环	33	9.14	4.39	4.75	0.92	3.83
2016	中勤万信	34	9.05	6.01	3.05	0.00	3.05
2016	中审亚太	35	8.42	3.62	4.80	0.33	4.47
2016	中喜	36	8.26	4.50	3.75	0.00	3.75
2016	上会	37	8.18	4.17	4.01	0.00	4.01
2016	中汇	38	8.12	4.70	3.41	0.17	3.25
2016	北京兴华	39	8.10	3.95	4.15	0.13	4.02
2016	山东和信	40	7.77	4.76	3.01	0.00	3.01

第三节 质量维度

迪安杰罗（DeAngelo，1981）将审计质量定义为审计人员能够在审计过程中发现财务报表的重大错报和漏报，并且予以披露的联合概率。但是，与其他产品和服务不同，审计质量很难直接观察。现有文献通常用上市公司年度报告质量来替代审计质量，包括会计利润质量和年度报告未来发生报表重述的概率。

一、客户盈余质量

客户经过审计的年度报告是审计的主要工作成果，客户年度报告质量也是衡量会计师事务所审计质量的重要参考。现有文献经常采用可操控性应计利润来衡量上市公司的会计利润质量。可操控性应计利润越高，表示会计利润中非正常的应计利润越多，公司越有可能通过会计估计或判断操纵会计利润。参考德尚（Dechow，1995）的研究，本章用修正的 Jones 模型来估计可操控性应计利润，具体计算方法如下：

1. 计算可操控性应计利润$DA_{i,t}$。
2. 计算各个会计师事务所客户可操控性应计利润绝对值的平均值 M_DA，用来衡量会计师事务所客户的平均盈余质量。M_DA 越大，客户盈余质量越差。
3. 采用极差标准化算法，对会计师事务所客户的平均盈余质量进行打分，最高得分为 5 分。由于 M_DA 是负指标，因此，客户盈余质量得分 $Q1 = \dfrac{Max(M\_DA) - M\_DA}{Max(M\_DA) - Min(M\_DA)} \times 5$，其中，Max(M_DA)、Min(M_DA) 分别代表同年度所有会计师事务所中，M_DA 的最大值和最小值。

二、客户报表重述

如果客户当期年度报告在以后期间发生了报表重述，说明其审计质量出现了问题，至少说明注册会计师在审计过程中，并没有发现财务报表中可能存在的问题。会计师事务所客户年度报告在以后期间发生报表重述越多、问题越严重，说明该会计师事务所的审计质量越差。

会计师事务所上市公司客户的财务报表重述比率（记作 Restate）

等于会计师事务所的上市公司客户发生财务报表重述的家数[①]除以该会计师事务所当年的上市公司客户总数。会计师事务所上市公司客户发生财务报表重述的比率越低,表明该会计师事务所的审计质量越高。

在得到会计师事务所上市公司客户的财务报表重述比率以后,本章用极差标准化算法计算其客户报表重述得分 Q2,计算公式如下:

$$Q2 = \frac{Max(Restate) - Restate}{Max(Restate) - Min(Restate)} \times 5$$,其中,Max(Restate)、Min(Restate) 分别代表所有同年度所有会计师事务所中,其上市公司客户的财务报表重述比率(Restate)的最大值和最小值。

三、监管处罚情况

如果会计师事务所受到了监管部门的处罚,说明监管部门已经查实其审计质量存在问题,这是审计质量差的极端表现。监管部门的处罚可能分别针对会计师事务所和注册会计师进行,本章分别从这两个角度来衡量审计质量。

1. 会计师事务所受到的监管处罚情况

各相关监管部门对会计师事务所的处罚措施包括训诫、通报批评、公开谴责、警告或责令改正、没收违法所得、罚款、暂停执业和吊销执业许可等。本章按照上述处罚措施的严重程度,对其进行打分。训诫为1分,通报批评、警告或责令改正为2分,公开谴责和没收违法所得为3分,罚款、暂停执业为4分,吊销执业许可为5分。本章将会计师事务所当年度受到监管部门处罚的变量记为 Punish01。

2. 注册会计师受到的监管处罚情况

各相关监管部门对注册会计师违规行为采取的处罚措施包括训

---

① 此处指的是事务所审计上市公司期间,该公司年度报告在以后期间出现的报表重述情况。

诫、通报批评、公开谴责、警告、罚款、没收违法所得、法律法规规定的其他行政处罚、暂停执业、吊销资格、行政拘留。本章按照上述处罚措施的严重程度，对其进行打分。训诫为 1 分，通报批评和警告为 2 分，罚款、没收违法所得、法律法规规定的其他行政处罚和公开谴责为 3 分，暂停执业、吊销资格为 5 分，行政拘留为 10 分。会计师事务所当年度员工受到的处罚情况按人次计算，变量记为 Punish02。

最终事务所受处罚情况的总分值（Punish），等于事务所受处罚（Punish01）和注册会计师受处罚（Punish02）的合计数。

最后，采用极差标准化算法，对会计师事务所受到的处罚情况进行打分，最高得分为 5 分。由于 Punish 是负指标，因此，事务所受到处罚情况得分 Q3 的计算公式为：

$$Q3 = \frac{Max(Punish) - Punish}{Max(Punish) - Min(Punish)} \times 5$$

其中，$Max(Punish)$、$Min(Punish)$ 分别代表同年度所有会计师事务所中，Punish 的最大值和最小值。

3. 客户受到的监管处罚情况

如果会计师事务所上市公司客户因证券违规问题而受到监管部门的处罚，说明该客户的会计数据、公司治理、内部控制或者管理层诚信等存在一定的问题，客户质量不佳。客户质量不佳可能意味着会计师事务所在接受委托环节筛选不严，审计质量存在隐患，可以用来衡量事务所的审计质量。

本章将客户受到监管部门处罚的比例记为 A_Punish。采用极差标准化算法，对客户受到监管部门处罚的情况进行打分，最高得分为 5 分。由于 A_Punish 是负指标，客户受到处罚情况得分 Q4 的计算公式为：

$$客户监管处罚得分\ Q4 = \frac{Max(A\_Punish) - A\_Punish}{Max(A\_Punish) - Min(A\_Punish)} \times 5$$

其中，$Max(A\_Punish)$、$Min(A\_Punish)$ 分别代表当年度所有会

计师事务所中，A_Punish 的最大值和最小值。

四、业务收入的稳定性

稳定的业务收入不仅能保证会计师事务所在审计质量方面的投入，还能保证其拥有稳定的注册会计师队伍。这些都是其审计质量的重要保证。本章用会计师事务所近 3 年业务收入增长率的标准差（STD_Growth）来衡量其业务收入的稳定性。会计师事务所的业务收入来源于中国注册会计师协会公布的百强榜数据。

业务收入稳定性得分采用极差标准化算法，最高得分为 5 分。由于 STD_Growth 是负指标，因此，业务收入稳定性得分 Q5 的计算公式为：

$$Q5 = \frac{\text{Max}(\text{STD\_Growth}) - \text{STD\_Growth}}{\text{Max}(\text{STD\_Growth}) - \text{Min}(\text{STD\_Growth})} \times 5$$

其中，Max(STD_Growth)、Min(STD_Growth) 分别代表同年度所有事务所中，STD_Growth 的最大值和最小值。

会计师事务所审计质量维度的最终得分 Q = Q1 + Q2 + Q3 + Q4 + Q5。

审计质量维度最终得分结果如表 8-4 所示。

表 8-4　　　　审计质量维度得分排名

年度	事务所	排名	质量维度 Q 得分	客户盈余管理程度	客户报表重述	客户被处罚	事务所被处罚	业务收入的稳定性
2020	毕马威华振	1	23.18	3.18	5.00	5.00	5.00	5.00
2020	普华永道中天	2	22.99	3.35	4.75	5.00	5.00	4.89
2020	安永华明	3	22.53	2.56	5.00	5.00	5.00	4.97
2020	德勤华永	4	22.50	3.55	4.58	5.00	5.00	4.37
2020	利安达	5	21.96	2.19	5.00	5.00	5.00	4.77
2020	中审华	6	21.68	2.13	5.00	5.00	4.81	4.74
2020	中汇	7	21.39	2.05	4.77	4.86	4.81	4.90

续表

年度	事务所	排名	质量维度Q得分	客户盈余管理程度	客户报表重述	客户被处罚	事务所被处罚	业务收入的稳定性
2020	致同	8	21.15	2.11	4.29	5.00	4.90	4.85
2020	四川华信（集团）	9	21.11	2.05	5.00	5.00	4.87	4.19
2020	公证天业	10	21.03	1.63	5.00	4.85	4.74	4.80
2020	立信	11	21.03	2.02	4.27	4.97	4.94	4.84
2020	天健	12	20.90	2.26	4.66	4.96	4.90	4.12
2020	苏亚金诚	13	20.79	0.83	5.00	5.00	5.00	4.97
2020	大华	14	20.72	1.95	4.53	4.96	4.79	4.49
2020	信永中和	15	20.64	1.94	4.49	4.98	4.94	4.29
2020	中勤万信	16	20.64	1.77	4.17	4.88	5.00	4.83
2020	上会	17	20.45	1.85	5.00	5.00	4.88	3.72
2020	天衡	18	20.40	1.33	4.65	5.00	4.86	4.56
2020	大信	19	20.32	1.37	4.58	4.93	4.86	4.58
2020	中审众环	20	20.28	1.67	4.15	4.88	4.75	4.83
2020	天职国际	21	20.26	1.87	4.59	4.95	4.97	3.88
2020	中审亚太	22	20.25	2.55	5.00	4.86	4.04	3.81
2020	中天运	23	20.20	1.90	5.00	4.92	4.90	3.49
2020	中准	24	19.89	2.16	3.75	4.75	5.00	4.22
2020	众华	25	19.89	0.79	4.32	4.98	4.86	4.95
2020	中兴财光华	26	19.57	1.05	4.63	4.69	4.41	4.78
2020	和信	27	19.43	2.09	3.84	4.91	5.00	3.59
2020	北京兴华	28	19.40	1.45	3.91	4.84	4.57	4.64
2020	永拓	29	19.19	2.08	3.48	4.66	4.70	4.26
2020	中兴华	30	19.07	0.71	4.38	4.95	4.63	4.41
2020	容诚	31	18.75	2.67	4.06	4.98	4.96	2.08
2020	希格玛	32	18.38	0.03	4.17	5.00	4.83	4.34
2020	亚太（集团）	33	18.19	2.38	2.96	4.72	3.98	4.15
2020	中喜	34	18.02	0.00	4.36	4.90	4.23	4.52
2020	中证天通	35	16.35	0.32	2.92	5.00	4.17	3.95
2020	立信中联	36	16.33	0.69	2.32	4.69	3.75	4.88

续表

年度	事务所	排名	质量维度Q得分	客户盈余管理程度	客户报表重述	客户被处罚	事务所被处罚	业务收入的稳定性
2020	天圆全	37	15.91	0.91	5.00	5.00	5.00	0.00
2020	华兴	38	15.77	1.53	4.68	4.95	4.61	0.00
2019	毕马威华振	1	24.24	4.57	4.98	4.96	5.00	4.73
2019	德勤华永	2	23.35	4.03	4.89	4.68	5.00	4.75
2019	普华永道中天	3	23.37	4.76	4.52	4.37	5.00	4.72
2019	中证天通	4	22.95	4.40	5.00	4.01	5.00	4.54
2019	公证天业	5	22.59	3.86	4.77	4.10	5.00	4.86
2019	安永华明	6	22.49	4.17	4.39	4.07	5.00	4.86
2019	天圆全	7	22.58	3.60	5.00	4.42	5.00	4.56
2019	和信	8	22.38	3.58	4.72	4.56	5.00	4.52
2019	苏亚金诚	9	22.22	3.88	4.98	4.35	4.76	4.25
2019	希格玛	10	21.50	3.93	4.48	3.33	5.00	4.76
2019	华兴	11	21.34	2.46	4.71	4.29	5.00	4.88
2019	天衡	12	21.56	3.96	4.57	3.71	4.76	4.56
2019	上会	13	21.76	3.57	4.84	3.99	5.00	4.36
2019	中兴华	14	21.18	3.33	4.32	3.86	5.00	4.67
2019	四川华信(集团)	15	20.97	3.68	4.85	3.20	4.76	4.48
2019	天职国际	16	21.03	3.65	3.83	4.29	5.00	4.26
2019	容诚	17	20.47	3.64	3.66	4.08	4.44	4.65
2019	广东正中珠江	18	20.53	3.46	4.47	3.94	4.21	4.45
2019	立信中联	19	20.21	2.32	4.94	3.19	5.00	4.76
2019	永拓	20	20.45	3.52	4.31	3.10	5.00	4.52
2019	北京兴华	21	20.33	3.54	4.49	3.24	4.48	4.58
2019	致同	22	20.28	3.56	3.37	4.02	4.71	4.62
2019	中汇	23	20.62	3.13	4.17	4.07	5.00	4.25
2019	中天运	24	20.73	3.76	4.62	3.53	4.76	4.06
2019	众华	25	19.77	3.17	4.75	3.73	3.33	4.79
2019	中勤万信	26	19.65	3.63	4.23	2.85	4.09	4.85
2019	信永中和	27	19.90	4.04	2.27	4.09	5.00	4.50

续表

年度	事务所	排名	质量维度Q得分	客户盈余管理程度	客户报表重述	客户被处罚	事务所被处罚	业务收入的稳定性
2019	中审亚太	28	19.69	2.33	4.92	3.04	5.00	4.40
2019	中喜	29	18.99	3.18	4.38	2.11	4.76	4.56
2019	中审众环	30	18.90	3.98	3.19	3.49	3.97	4.27
2019	中审华	31	18.25	2.84	4.65	2.53	3.87	4.36
2019	大华	32	17.66	3.56	1.16	3.71	4.52	4.71
2019	中兴财光华	33	17.69	2.15	4.24	2.42	4.25	4.63
2019	天健	34	17.54	3.78	1.50	3.95	3.57	4.74
2019	大信	35	17.61	3.44	2.52	3.61	3.77	4.27
2019	立信	36	16.27	3.57	0.29	4.02	3.57	4.82
2019	中准	37	16.46	1.06	4.50	1.52	4.76	4.62
2019	亚太（集团）	38	15.41	0.64	3.89	1.51	5.00	4.37
2019	利安达	39	15.52	2.24	4.83	1.13	3.33	3.99
2018	毕马威华振	1	24.27	4.78	4.98	4.72	5.00	4.79
2018	普华永道中天	2	23.27	4.66	4.52	4.30	5.00	4.79
2018	德勤华永	3	22.82	3.63	5.00	4.38	5.00	4.81
2018	北京中证天通	4	22.70	4.61	5.00	3.57	5.00	4.52
2018	江苏公证天业	5	22.33	3.64	4.91	3.95	5.00	4.83
2018	江苏苏亚金诚	6	22.45	3.85	4.98	4.15	5.00	4.47
2018	安永华明	7	21.96	3.67	4.61	3.87	5.00	4.81
2018	北京天圆全	8	22.17	3.52	5.00	4.05	5.00	4.60
2018	中兴华	9	21.87	3.81	4.90	3.55	5.00	4.61
2018	福建华兴	10	21.50	3.30	4.89	3.40	5.00	4.91
2018	四川华信（集团）	11	21.69	4.17	4.92	2.99	5.00	4.61
2018	山东和信	12	21.69	2.95	4.87	4.30	5.00	4.57
2018	华普天健	13	21.20	3.49	4.31	3.69	5.00	4.71
2018	上会	14	21.32	3.69	4.91	3.23	5.00	4.49
2018	立信中联	15	21.00	2.66	4.98	3.58	5.00	4.78
2018	天衡	16	20.87	3.10	4.51	3.58	5.00	4.68
2018	北京永拓	17	20.85	3.72	4.53	3.05	5.00	4.55

续表

年度	事务所	排名	质量维度Q得分	客户盈余管理程度	客户报表重述	客户被处罚	事务所被处罚	业务收入的稳定性
2018	众华	18	20.47	3.13	4.48	2.98	5.00	4.88
2018	天职国际	19	20.83	3.63	3.67	4.04	5.00	4.49
2018	广东正中珠江	20	20.78	3.23	4.51	3.55	5.00	4.49
2018	希格玛	21	20.34	3.38	4.38	2.82	5.00	4.76
2018	致同	22	20.51	3.57	3.77	3.75	4.91	4.51
2018	北京兴华	23	20.49	3.36	4.63	3.52	4.48	4.50
2018	信永中和	24	20.31	3.66	3.43	3.57	5.00	4.65
2018	中天运	25	20.79	3.46	4.88	3.39	5.00	4.06
2018	中勤万信	26	19.33	2.81	4.38	2.30	5.00	4.84
2018	中审众环	27	19.79	3.87	3.59	3.07	5.00	4.26
2018	中兴财光华	28	19.19	2.49	4.67	2.34	5.00	4.69
2018	中审亚太	29	19.16	2.70	4.95	2.14	5.00	4.37
2018	中汇	30	18.95	1.79	4.36	3.39	5.00	4.41
2018	中审华	31	18.78	2.78	4.73	2.19	4.58	4.50
2018	天健	32	18.40	3.14	1.86	3.65	5.00	4.75
2018	中喜	33	18.29	2.81	4.63	1.28	5.00	4.57
2018	大华	34	17.74	3.30	1.58	3.17	5.00	4.69
2018	大信	35	18.30	3.17	2.83	3.19	5.00	4.11
2018	中准	36	17.05	2.58	4.40	0.49	5.00	4.58
2018	立信	37	16.47	3.22	0.56	3.68	4.28	4.73
2018	亚太（集团）	38	15.79	1.68	3.80	1.12	5.00	4.19
2018	瑞华	39	14.63	3.65	1.12	3.40	2.06	4.40
2018	利安达	40	13.53	2.46	4.87	0.30	1.67	4.23
2017	普华永道中天	1	23.15	4.59	4.44	4.25	5.00	4.87
2017	毕马威华振	2	22.95	4.75	4.98	4.34	4.07	4.81
2017	德勤华永	3	22.64	3.80	5.00	4.03	5.00	4.81
2017	江苏苏亚金诚	4	22.82	4.41	5.00	3.92	5.00	4.49
2017	江苏公证天业	5	22.47	3.73	4.93	4.02	5.00	4.79
2017	福建华兴	6	22.20	4.19	4.93	3.13	5.00	4.95

续表

年度	事务所	排名	质量维度Q得分	客户盈余管理程度	客户报表重述	客户被处罚	事务所被处罚	业务收入的稳定性
2017	安永华明	7	22.27	3.89	4.86	3.74	5.00	4.78
2017	北京永拓	8	22.34	4.65	4.77	3.25	5.00	4.67
2017	立信中联	9	22.16	2.98	5.00	4.57	5.00	4.61
2017	四川华信（集团）	10	22.00	4.15	4.98	3.18	5.00	4.69
2017	北京兴华	11	22.01	3.71	4.76	4.05	5.00	4.49
2017	华普天健	12	21.72	3.63	4.70	3.67	5.00	4.72
2017	上会	13	21.57	3.81	4.93	3.21	5.00	4.62
2017	山东和信	14	21.61	3.20	4.91	3.90	5.00	4.60
2017	中兴华	15	21.63	3.93	4.85	3.47	5.00	4.38
2017	广东正中珠江	16	21.36	3.50	4.73	3.52	5.00	4.61
2017	北京中证天通	17	21.39	4.59	5.00	2.34	5.00	4.46
2017	致同	18	21.38	3.98	4.38	3.67	4.91	4.44
2017	天衡	19	21.26	3.22	4.61	3.90	5.00	4.53
2017	天职国际	20	20.90	3.89	3.45	3.86	5.00	4.70
2017	信永中和	21	20.79	3.61	3.90	3.54	5.00	4.74
2017	希格玛	22	20.70	3.43	4.37	3.14	5.00	4.76
2017	北京天圆全	23	20.79	1.85	5.00	4.34	5.00	4.60
2017	中审亚太	24	20.69	4.04	4.95	2.18	5.00	4.52
2017	中审众环	25	20.63	3.91	4.08	3.17	5.00	4.47
2017	中兴财光华	26	20.21	3.18	4.89	2.36	5.00	4.78
2017	中天运	27	20.68	3.29	4.95	3.32	5.00	4.12
2017	众华	28	19.97	3.49	3.90	2.84	5.00	4.74
2017	天健	29	19.78	3.32	2.99	3.65	5.00	4.82
2017	中勤万信	30	19.37	2.98	4.63	1.94	5.00	4.82
2017	中汇	31	19.09	1.91	4.35	3.20	5.00	4.63
2017	中喜	32	19.07	3.45	4.75	1.27	5.00	4.60
2017	中准	33	18.93	3.61	4.53	1.18	5.00	4.61
2017	中审华	34	19.35	3.14	4.86	2.44	5.00	3.91
2017	大信	35	19.00	3.32	3.55	3.11	5.00	4.02

续表

年度	事务所	排名	质量维度Q得分	客户盈余管理程度	客户报表重述	客户被处罚	事务所被处罚	业务收入的稳定性
2017	大华	36	17.88	3.55	1.51	3.13	5.00	4.69
2017	立信	37	17.13	3.35	1.07	3.51	4.49	4.71
2017	亚太（集团）	38	16.81	2.51	4.20	1.09	5.00	4.01
2017	瑞华	39	15.51	3.80	0.46	3.22	3.73	4.30
2017	利安达	40	14.02	3.30	4.91	1.41	0.00	4.40
2016	普华永道中天	1	23.10	4.38	4.57	4.25	5.00	4.90
2016	德勤华永	2	22.93	4.15	5.00	3.97	5.00	4.81
2016	毕马威华振	3	22.59	4.83	4.91	3.90	4.07	4.88
2016	安永华明	4	22.65	3.90	4.91	4.04	5.00	4.80
2016	江苏苏亚金诚	5	22.66	4.06	5.00	4.05	5.00	4.55
2016	江苏公证天业	6	22.40	3.94	4.72	3.95	5.00	4.79
2016	北京永拓	7	22.15	4.21	4.86	3.22	5.00	4.86
2016	立信中联	8	22.33	2.89	5.00	5.00	5.00	4.44
2016	北京兴华	9	22.12	3.90	4.59	4.06	5.00	4.57
2016	天职国际	10	21.77	4.11	3.93	3.92	5.00	4.81
2016	希格玛	11	21.77	3.75	4.66	3.60	5.00	4.76
2016	广东正中珠江	12	21.93	3.95	5.00	3.39	5.00	4.59
2016	上会	13	21.69	3.50	5.00	3.47	5.00	4.72
2016	华普天健	14	21.76	3.62	5.00	3.68	5.00	4.46
2016	四川华信（集团）	15	21.38	3.25	5.00	3.40	5.00	4.73
2016	信永中和	16	21.38	3.41	4.65	3.59	5.00	4.73
2016	福建华兴	17	21.16	3.90	5.00	2.33	5.00	4.93
2016	北京天圆全	18	21.18	2.82	5.00	3.74	5.00	4.62
2016	致同	19	21.35	3.60	4.70	3.68	5.00	4.37
2016	天衡	20	21.17	3.09	4.72	3.94	5.00	4.42
2016	中兴华	21	21.42	3.84	4.87	3.58	5.00	4.13
2016	天健	22	20.58	3.31	3.69	3.77	5.00	4.81
2016	中天运	23	20.67	2.64	5.00	3.56	5.00	4.47
2016	山东和信	24	20.52	2.35	5.00	3.61	5.00	4.56

续表

年度	事务所	排名	质量维度Q得分	客户盈余管理程度	客户报表重述	客户被处罚	事务所被处罚	业务收入的稳定性
2016	中审亚太	25	20.43	3.83	5.00	2.03	5.00	4.57
2016	中审众环	26	20.84	3.66	4.79	3.27	5.00	4.12
2016	北京中证天通	27	20.27	4.13	5.00	1.62	5.00	4.52
2016	众华	28	20.11	3.48	4.01	3.08	5.00	4.54
2016	中兴财光华	29	20.22	3.49	5.00	2.30	5.00	4.43
2016	中勤万信	30	19.58	2.99	4.91	1.87	5.00	4.81
2016	大信	31	20.19	3.49	4.51	3.22	5.00	3.97
2016	中准	32	19.31	3.90	4.57	1.21	5.00	4.63
2016	中汇	33	19.30	2.10	4.60	3.30	5.00	4.30
2016	中喜	34	18.76	2.50	5.00	1.70	5.00	4.56
2016	中审华	35	19.78	3.38	5.00	3.03	5.00	3.37
2016	利安达	36	18.06	3.99	5.00	2.88	1.67	4.52
2016	大华	37	17.29	3.40	2.67	3.18	3.33	4.71
2016	瑞华	38	17.62	3.79	1.67	3.13	4.79	4.24
2016	立信	39	17.18	3.18	1.07	3.44	5.00	4.49
2016	亚太（集团）	40	17.18	2.73	4.58	0.71	5.00	4.16

第四节 客户维度

客户是会计师事务所的审计服务对象，也是其收入来源。客户影响力和客户对会计师事务所的认可度是其能够保持稳定成长的重要前提。本章用会计师事务所上市公司客户的总市值来评价其客户在资本市场的影响力、用会计师事务所从上市公司客户获取审计收费溢价的能力和其上市公司客户的审计费用黏性来衡量客户对会计师事务所的认可度，综合两者结果来计算会计师事务所在客户维度的得分。

一、客户影响力

如果会计师事务所的客户在资本市场具有一定的影响力,说明会计师事务所的审计服务得到了资本市场的认可。随着资本市场的发展,会计师事务所也预期具有良好的发展前景。本章从两个角度来衡量会计师事务所客户的影响力。一是上市公司客户的平均总市值,二是上市公司客户占沪深300指数公司的比重。

1. 客户平均总市值

客户总市值越大,其在资本市场上的影响力越大。为了平衡客户总市值与其他评价指标之间的分值比重,避免得分数据偏态、出现极差过大等问题,本章首先对会计师事务所客户的平均总市值取对数(变量名称记为LnMV)。对数变换是单调函数变换,不会改变数据的原有次序,可以增加数据的对称性和数据分布的正态化,降低客户平均总市值的数量级,有效缩减数据分布的数值区间,降低得分结果的极差。

然后,采用极差标准化算法,对客户平均总市值进行打分,最高得分为5分。客户平均总市值得分 $C1 = \frac{LnMV - Min(LnMV)}{Max(LnMV) - Min(LnMV)} \times 5$,其中,$Max(LnMV)$、$Min(LnMV)$ 分别代表同年度所有会计师事务所中,LnMV的最大值和最小值。

2. 客户占沪深300成分股公司的比重

沪深300指数由沪深证券交易所于2005年4月8日联合发布,以规模和流动性作为选样的两个根本标准,并赋予流动性更大的权重。入选沪深300指数成分股的公司,具有规模大、盈利能力突出、成长性好、分红派息能力强的特点,深受资本市场的关注。公司入选成分股以后,分析师对公司股票的关注显著增加,机构投资者的持股数量也显著增加(Zhu et al.,2017),其在资本市场上的影响力显著增强。如果会计师事务所客户在沪深300成分股公司中的份额较多,

第八章　中国会计师事务所审计市场竞争力研究

则可以在一定程度上说明其客户在资本市场上的影响力较强。

首先，将会计师事务所客户占沪深 300 成分股公司的比重记为 HSR，然后采用极差标准化算法，对该比重进行打分，得到沪深 300 维度的客户影响力得分：

$$C2 = \frac{HSR - Min(HSR)}{Max(HSR) - Min(HSR)} \times 5$$

其中，Max(HSR)、Min(HSR) 分别代表同年度所有会计师事务所中，HSR 的最大值和最小值。C2 的满分为 5 分。

客户影响力最终得分 C = C1 + C2。表 8 – 5 列示了 2016—2020 年中国会计师事务所的客户影响力排名情况。

表 8 – 5　　　　　　　客户影响力排名

年度	事务所	客户影响力排名	客户影响力总得分	客户平均总市值得分	客户占沪深300成分股公司比重得分
2020	毕马威华振	1	10.00	5.00	5.00
2020	德勤华永	2	8.79	4.27	4.52
2020	安永华明	3	8.70	4.06	4.65
2020	普华永道中天	4	8.32	3.76	4.56
2020	苏亚金诚	5	3.68	1.10	2.59
2020	天圆全	6	3.36	1.22	2.15
2020	四川华信（集团）	7	2.93	1.12	1.80
2020	致同	8	2.70	0.68	2.02
2020	信永中和	9	2.61	0.58	2.03
2020	天职国际	10	2.54	0.59	1.95
2020	中兴华	11	2.47	0.96	1.51
2020	大信	12	2.32	0.62	1.70
2020	中审华	13	2.30	0.42	1.88
2020	立信	14	2.30	0.59	1.71
2020	中审众环	15	2.30	0.56	1.74
2020	和信	16	2.09	0.51	1.58
2020	天健	17	2.06	0.52	1.54

续表

年度	事务所	客户影响力排名	客户影响力总得分	客户平均总市值得分	客户占沪深300成分股公司比重得分
2020	中审亚太	18	2.06	0.42	1.64
2020	容诚	19	2.03	0.46	1.58
2020	大华	20	2.01	0.41	1.60
2020	希格玛	21	2.00	0.37	1.64
2020	中天运	22	1.97	0.46	1.51
2020	中准	23	1.96	0.00	1.96
2020	中勤万信	24	1.94	0.37	1.58
2020	中喜	25	1.94	0.28	1.66
2020	上会	26	1.93	0.27	1.66
2020	华兴	27	1.81	0.57	1.25
2020	北京兴华	28	1.79	0.48	1.31
2020	天衡	29	1.68	0.15	1.53
2020	众华	30	1.53	0.15	1.38
2020	中汇	31	1.50	0.41	1.09
2020	利安达	32	1.39	0.00	1.39
2020	亚太（集团）	33	1.35	0.00	1.35
2020	中兴财光华	34	1.29	0.16	1.13
2020	立信中联	35	1.29	0.39	0.90
2020	中证天通	36	1.24	0.00	1.24
2020	永拓	37	1.20	0.00	1.20
2020	公证天业	38	1.01	0.00	1.01
2019	安永华明	1	7.53	3.57	3.96
2019	普华永道中天	2	7.41	3.25	4.16
2019	毕马威华振	3	6.93	1.93	5.00
2019	德勤华永	4	6.80	2.71	4.09
2019	立信	5	5.85	5.00	0.85
2019	信永中和	6	3.78	2.62	1.16
2019	致同	7	3.25	2.01	1.24
2019	天健	8	3.17	2.46	0.71

第八章 中国会计师事务所审计市场竞争力研究

续表

年度	事务所	客户影响力排名	客户影响力总得分	客户平均总市值得分	客户占沪深300成分股公司比重得分
2019	大华	9	2.21	1.42	0.78
2019	苏亚金诚	10	2.16	0.43	1.73
2019	中审众环	11	2.15	1.10	1.05
2019	大信	12	1.97	1.05	0.91
2019	容诚	13	1.75	0.91	0.84
2019	天职国际	14	1.66	0.74	0.91
2019	立信中联	15	1.52	0.10	1.42
2019	天圆全	16	1.51	0.10	1.41
2019	中准	17	1.46	0.23	1.23
2019	四川华信（集团）	18	1.43	0.44	1.00
2019	中兴华	19	1.36	0.48	0.88
2019	中审华	20	1.20	0.06	1.13
2019	北京兴华	21	1.06	0.19	0.87
2019	中兴财光华	22	1.04	0.30	0.74
2019	和信	23	1.04	0.33	0.70
2019	利安达	24	0.99	0.10	0.89
2019	天衡	25	0.99	0.26	0.73
2019	中天运	26	0.95	0.10	0.85
2019	上会	27	0.94	0.04	0.90
2019	中喜	28	0.91	0.07	0.85
2019	中审亚太	29	0.90	0.00	0.90
2019	中证天通	30	0.89	0.00	0.89
2019	希格玛	31	0.85	0.10	0.75
2019	中勤万信	32	0.76	0.00	0.76
2019	广东正中珠江	33	0.66	0.39	0.27
2019	众华	34	0.63	0.03	0.60
2019	亚太（集团）	35	0.56	0.03	0.53
2019	华兴	36	0.49	0.14	0.36
2019	公证天业	37	0.47	0.10	0.37

续表

年度	事务所	客户影响力排名	客户影响力总得分	客户平均总市值得分	客户占沪深300成分股公司比重得分
2019	永拓	38	0.38	0.14	0.25
2019	中汇	39	0.29	0.04	0.25
2018	普华永道中天	1	7.10	3.08	4.02
2018	安永华明	2	6.84	3.02	3.83
2018	毕马威华振	3	6.59	1.59	5.00
2018	德勤华永	4	6.50	2.57	3.93
2018	立信	5	6.09	5.00	1.09
2018	瑞华	6	4.12	2.84	1.29
2018	信永中和	7	3.78	2.45	1.33
2018	致同	8	3.24	1.84	1.40
2018	天健	9	3.02	2.09	0.93
2018	大华	10	2.60	1.57	1.03
2018	中审众环	11	2.35	1.08	1.27
2018	立信中联	12	2.34	0.10	2.24
2018	江苏苏亚金诚	13	2.30	0.44	1.86
2018	大信	14	1.89	0.80	1.10
2018	天职国际	15	1.79	0.67	1.12
2018	华普天健	16	1.75	0.76	0.99
2018	四川华信（集团）	17	1.62	0.41	1.21
2018	中准	18	1.61	0.22	1.39
2018	中兴财光华	19	1.54	0.29	1.26
2018	北京天圆全	20	1.50	0.10	1.40
2018	北京兴华	21	1.43	0.28	1.14
2018	中兴华	22	1.40	0.29	1.11
2018	天衡	23	1.39	0.38	1.01
2018	中审华	24	1.36	0.13	1.23
2018	中天运	25	1.32	0.10	1.23
2018	北京中证天通	26	1.32	0.03	1.29
2018	利安达	27	1.27	0.10	1.18

第八章 中国会计师事务所审计市场竞争力研究

续表

年度	事务所	客户影响力排名	客户影响力总得分	客户平均总市值得分	客户占沪深300成分股公司比重得分
2018	山东和信	28	1.26	0.32	0.94
2018	上会	29	1.23	0.03	1.20
2018	中喜	30	1.20	0.09	1.11
2018	广东正中珠江	31	1.11	0.41	0.69
2018	希格玛	32	1.07	0.10	0.98
2018	中勤万信	33	1.03	0.03	1.00
2018	亚太（集团）	34	1.00	0.03	0.97
2018	众华	35	0.90	0.03	0.87
2018	中审亚太	36	0.83	0.00	0.83
2018	江苏公证天业	37	0.82	0.10	0.73
2018	福建华兴	38	0.67	0.06	0.61
2018	中汇	39	0.58	0.00	0.58
2018	北京永拓	40	0.58	0.06	0.51
2017	普华永道中天	1	7.27	3.23	4.04
2017	毕马威华振	2	6.65	1.65	5.00
2017	安永华明	3	6.55	2.85	3.70
2017	德勤华永	4	6.27	2.60	3.67
2017	立信	5	6.15	5.00	1.15
2017	瑞华	6	5.02	3.67	1.35
2017	信永中和	7	3.54	2.23	1.31
2017	天健	8	3.12	2.14	0.98
2017	致同	9	3.11	1.73	1.38
2017	大华	10	3.06	1.91	1.15
2017	立信中联	11	2.52	0.06	2.46
2017	中审众环	12	2.31	1.05	1.26
2017	江苏苏亚金诚	13	2.28	0.43	1.85
2017	天职国际	14	1.91	0.77	1.15
2017	中兴财光华	15	1.80	0.30	1.50
2017	大信	16	1.77	0.69	1.09

续表

年度	事务所	客户影响力排名	客户影响力总得分	客户平均总市值得分	客户占沪深300成分股公司比重得分
2017	华普天健	17	1.64	0.68	0.96
2017	四川华信（集团）	18	1.56	0.43	1.13
2017	北京中证天通	19	1.52	0.07	1.45
2017	北京兴华	20	1.49	0.33	1.16
2017	中天运	21	1.48	0.10	1.39
2017	天衡	22	1.45	0.39	1.07
2017	中准	23	1.45	0.16	1.29
2017	北京天圆全	24	1.38	0.10	1.29
2017	中审华	25	1.36	0.17	1.19
2017	上会	26	1.35	0.10	1.25
2017	山东和信	27	1.30	0.29	1.01
2017	中兴华	28	1.27	0.15	1.12
2017	中喜	29	1.25	0.13	1.12
2017	中勤万信	30	1.17	0.10	1.07
2017	广东正中珠江	31	1.14	0.36	0.78
2017	利安达	32	1.14	0.06	1.07
2017	希格玛	33	1.08	0.10	0.98
2017	亚太（集团）	34	1.02	0.03	0.99
2017	众华	35	0.93	0.03	0.90
2017	江苏公证天业	36	0.88	0.10	0.78
2017	福建华兴	37	0.70	0.07	0.64
2017	中汇	38	0.65	0.00	0.65
2017	北京永拓	39	0.59	0.03	0.56
2017	中审亚太	40	0.45	0.00	0.45
2016	普华永道中天	1	7.16	3.27	3.89
2016	毕马威华振	2	6.76	1.76	5.00
2016	安永华明	3	6.55	2.75	3.80
2016	德勤华永	4	6.25	2.79	3.46
2016	立信	5	5.77	4.72	1.05

续表

年度	事务所	客户影响力排名	客户影响力总得分	客户平均总市值得分	客户占沪深300成分股公司比重得分
2016	瑞华	6	5.64	4.41	1.24
2016	信永中和	7	3.43	2.23	1.20
2016	大华	8	3.21	2.14	1.07
2016	天健	9	3.18	2.28	0.91
2016	致同	10	3.05	1.79	1.26
2016	立信中联	11	2.38	0.03	2.35
2016	中审众环	12	2.12	0.99	1.12
2016	江苏苏亚金诚	13	2.09	0.38	1.71
2016	天职国际	14	2.03	0.86	1.17
2016	中兴财光华	15	1.98	0.31	1.67
2016	北京中证天通	16	1.64	0.14	1.50
2016	大信	17	1.59	0.65	0.94
2016	华普天健	18	1.50	0.61	0.89
2016	中天运	19	1.48	0.14	1.34
2016	四川华信（集团）	20	1.47	0.49	0.99
2016	北京兴华	21	1.42	0.38	1.03
2016	上会	22	1.37	0.18	1.19
2016	天衡	23	1.36	0.37	0.99
2016	山东和信	24	1.28	0.27	1.01
2016	北京天圆全	25	1.19	0.10	1.09
2016	中喜	26	1.17	0.21	0.97
2016	中审华	27	1.11	0.17	0.94
2016	中勤万信	28	1.11	0.18	0.93
2016	中准	29	1.07	0.10	0.96
2016	广东正中珠江	30	1.03	0.31	0.72
2016	希格玛	31	1.02	0.14	0.88
2016	中兴华	32	0.99	0.06	0.93
2016	利安达	33	0.93	0.10	0.83
2016	中审亚太	34	0.77	0.18	0.60

续表

年度	事务所	客户影响力排名	客户影响力总得分	客户平均总市值得分	客户占沪深300成分股公司比重得分
2016	亚太（集团）	35	0.76	0.04	0.72
2016	众华	36	0.75	0.00	0.75
2016	江苏公证天业	37	0.72	0.10	0.62
2016	福建华兴	38	0.60	0.07	0.52
2016	北京永拓	39	0.54	0.00	0.54
2016	中汇	40	0.53	0.00	0.53

二、客户认可度

西穆内克（Simunic，1980）指出，尽管审计市场可能存在寡头垄断问题，但是审计市场的价格竞争一直存在。审计收费可以看作是单位审计服务价格与客户需要的审计服务数量的乘积，因此，审计收费差异由两部分组成：审计服务数量差异和单位审计服务价格差异。

现有文献发现，客户需要的审计服务数量受客户规模、业务复杂性、财务状况、经营风险等因素的影响。控制可能影响审计服务数量的因素以后，异常审计收费就体现在单位审计服务价格的差异上。影响单位审计服务价格差异的原因主要在两个方面：一是会计师事务所声誉；二是审计独立性。因此，控制可能影响审计服务数量和审计独立性的因素以后，异常审计收费可以在一定程度上代表会计师事务所的审计声誉，表示客户对其审计服务的认可程度。本章分别用审计费用溢价率和审计费用黏性来对其进行评价。

1. 审计费用溢价率

参考现有文献，可能影响审计服务数量的因素包括公司规模、负债水平、盈利能力、本年度是否出现亏损、存货占比、应收账款占比、流动资产占比、流动比率、审计意见和账面市值比。影响审计独

第八章 中国会计师事务所审计市场竞争力研究

立性的因素很难衡量，本章用可操控性应计利润和会计师事务所变更来替代。这是因为，如果会计师事务所的审计独立性存在问题，公司的会计盈余质量可能较差，而可操控性应计利润可以在一定程度上代表公司的会计盈余质量。

本章正常审计费用的公式如下：

$$AFEE_{i,t} = \beta_0 + \beta_1 SIZE_{i,t} + \beta_2 LEV_{i,t} + \beta_3 ROA_{i,t} + \beta_4 LOSS_{i,t}$$
$$+ \beta_5 INV_{i,t} + \beta_6 REC_{i,t} + \beta_7 AOP_{i,t} + \beta_8 BTM_{i,t} + \beta_9 CUR_{i,t}$$
$$+ \beta_{10} LIQ_{i,t} + \beta_{11} DA_{i,t} + \varepsilon \qquad 式8-5$$

其中，AFEE 为上市公司当年审计费用的自然对数。其他解释变量的定义如表 8-6 所示。

表 8-6　　　　　　　　　变量定义

变量符号	变量名称	变量说明
SIZE	公司规模	公司当年度期末资产总额的自然对数
LEV	负债水平	公司当年度期末负债总额除以期末资产总额
ROA	盈利能力	公司当年度净利润除以期末资产总额
LOSS	是否亏损	虚拟变量，如果公司当年度的净利润小于 0 则为 1；否则为 0
INV	存货占比	公司当年度期末存货净额除以期末资产总额
REC	应收账款占比	公司当年度期末应收账款净额除以期末资产总额
CUR	流动资产占比	公司当年度期末流动资产除以期末资产总额
LIQ	流动比率	公司当年度期末流动资产除以期末流动负债
AOP	审计意见	虚拟变量，如果当年审计师出具了非标准无保留审计意见则为 1；否则为 0
BTM	账面市值比	公司当年度期末账面价值除以期末市场价值
SWITCH	事务所变更	公司当年度审计师变更则为 1；否则为 0
DA	可操控性应计利润	计算方法同公式 8-3 中的 DA 计算过程

首先，本章对公式 4-1 进行分行业、分年度回归，得到估计系数 $\beta_0 - \beta_{11}$。

然后，将上市公司当年数据代入回归模型中，得到该公司本年度的预期审计收费 EFEE。

审计收费溢价率 = （实际审计收费 - 预期审计收费）/预期审计收费

再后，计算会计师事务所所有上市公司客户的平均审计费用溢价率，记为 P01。

$$P01 = \frac{\sum_{k=1}^{N}(AFEE_k - EFEE_k)/AFEE_k}{N},$$

最后，采用极差标准化算法，对会计师事务所平均审计费用溢价率进行打分，得到审计收费溢价率得分：

$$审计收费溢价率得分\ C3 = \frac{P01 - Min(P01)}{Max(P01) - Min(P01)} \times 5$$

其中，Max(P01)、Min(P01) 分别代表各年度所有会计师事务所中，P01 的最大值和最小值。C3 的满分为 5 分。

2. 审计费用黏性

参考相关研究（Chang et al., 2019），本章用审计费用黏性来衡量会计师事务所在审计市场上的竞争力，用来替代其在审计市场上的客户认可度。首先，用公式 8-1 来估计预期审计费用；然后，用公式 8-2 来估计审计费用黏性。

$$\Delta AFEE = \lambda_0 + \lambda_1 \Delta E\_AFEE + \lambda_2 D \times \Delta E\_AFEE + \varepsilon \quad \text{式 8-6}$$

其中，E_AFEE 是根据相关模型的估计参数计算出来的预期审计收费，$\Delta AFEE$ 代表第 t 年和第 t-1 年实际审计费用对数的变化额，ΔE_AFEE 表示第 t 年和第 t-1 年预期审计费用对数的变化额。D 是虚拟变量，如果 ΔE_AFEE 为负数，则为 1，否则为 0。Controls 是从事相关研究的学者采用的可能影响审计费用的常用变量，包括公司规模、审计时滞[①]、账面市值比、财务杠杆、流动资产所占比重、存货

---

① 审计时滞等于会计期末（12 月 31 日）至次年审计报告签署日之间的日历天数的自然对数。

所占比重、应收账款所占比重、是否亏损、营业外收入占比[①]等。λ_1 表示预期审计费用增加 1% 时，实际审计收费的变化；$\lambda_1 + \lambda_2$ 表示预期审计费用下降 1% 时，实际审计收费的变化。所有回归分年度、分事务所进行，估计得出回归系数 λ_1 和 λ_2。

根据相关研究，审计费用在不同方向上的黏性与事务所在审计市场上的竞争力息息相关。λ_1 较低时，说明会计师事务所审计收费的向上黏性较高，会计师事务所的审计市场竞争力较弱；$\lambda_1 + \lambda_2$ 较高时，说明会计师事务所审计收费的向下黏性较低，会计师事务所在审计市场上的竞争力较强。

会计师事务所审计收费黏性 P02 = 审计收费向上黏性 — 审计收费向下黏性

$$审计收费黏性得分 C4 = \frac{P02 - \text{Min}(P02)}{\text{Max}(P02) - \text{Min}(P02)} \times 5$$

其中，Max(P02)、Min(P02) 分别代表同年度所有会计师事务所中，P02 的最大值和最小值。

客户认可度最终得分 = C3 + C4

客户维度总分 C = C1 + C2 + C3 + C4

客户维度得分结果如表 8-7 所示。

表 8-7　　　　客户维度及客户认可度排名

年度	事务所	排名	客户维度得分	客户认可度得分	审计收费溢价率得分	审计费用黏性得分
2020	毕马威华振	1	18.12	8.12	3.95	4.17
2020	德勤华永	2	15.85	7.06	3.84	3.22
2020	普华永道中天	3	14.79	6.47	4.25	2.22
2020	安永华明	4	13.35	4.65	3.84	0.80
2020	天圆全	5	10.69	7.33	2.33	5.00
2020	中兴华	6	8.21	5.74	2.34	3.40

---

① 营业外收入占比等于营业外收入除以净收入的绝对值。

续表

年度	事务所	排名	客户维度得分	客户认可度得分	审计收费溢价率得分	审计费用黏性得分
2020	天健	7	8.02	5.96	2.96	2.99
2020	华兴	8	7.93	6.11	3.31	2.80
2020	容诚	9	7.81	5.77	2.90	2.87
2020	四川华信（集团）	10	7.67	4.74	2.07	2.67
2020	立信中联	11	7.53	6.25	2.70	3.54
2020	致同	12	7.51	4.81	2.45	2.36
2020	中兴财光华	13	7.44	6.15	3.26	2.89
2020	中审众环	14	7.41	5.10	2.19	2.91
2020	天职国际	15	7.39	4.85	2.02	2.83
2020	立信	16	7.31	5.02	2.97	2.05
2020	信永中和	17	7.30	4.70	2.28	2.42
2020	苏亚金诚	18	7.27	3.59	2.22	1.37
2020	大华	19	7.23	5.21	2.56	2.65
2020	大信	20	7.12	4.80	2.19	2.61
2020	上会	21	7.03	5.10	2.43	2.68
2020	天衡	22	6.96	5.28	2.54	2.74
2020	中审华	23	6.93	4.63	1.86	2.77
2020	中证天通	24	6.85	5.60	2.80	2.80
2020	亚太（集团）	25	6.74	5.39	2.49	2.90
2020	中汇	26	6.73	5.23	2.56	2.67
2020	希格玛	27	6.49	4.49	1.73	2.75
2020	中准	28	6.27	4.31	1.55	2.76
2020	北京兴华	29	6.26	4.47	1.70	2.77
2020	中审亚太	30	6.17	4.11	1.32	2.79
2020	众华	31	6.04	4.50	2.51	1.99
2020	公证天业	32	5.94	4.93	2.31	2.62
2020	中勤万信	33	5.77	3.82	1.85	1.98
2020	中天运	34	5.55	3.59	1.89	1.69
2020	利安达	35	5.47	4.08	1.87	2.21

续表

年度	事务所	排名	客户维度得分	客户认可度得分	审计收费溢价率得分	审计费用黏性得分
2020	和信	36	4.65	2.56	2.23	0.33
2020	中喜	37	4.58	2.63	2.63	0.00
2020	永拓	38	3.60	2.40	2.12	0.28
2019	普华永道中天	1	12.77	5.36	2.07	3.29
2019	安永华明	2	11.78	4.25	1.63	2.62
2019	毕马威华振	3	11.48	4.55	1.86	2.69
2019	德勤华永	4	10.32	3.51	0.74	2.78
2019	立信	5	9.62	3.77	1.89	1.88
2019	致同	6	8.72	5.47	1.94	3.53
2019	信永中和	7	7.30	3.52	1.95	1.57
2019	天健	8	6.84	3.67	1.97	1.71
2019	亚太（集团）	9	6.74	6.18	3.36	2.81
2019	中审众环	10	5.90	3.75	2.21	1.54
2019	大华	11	5.80	3.59	1.97	1.62
2019	苏亚金诚	12	5.76	3.60	1.86	1.74
2019	天衡	13	5.71	4.72	2.93	1.79
2019	容诚	14	5.69	3.94	2.04	1.90
2019	中兴财光华	15	5.32	4.29	2.69	1.60
2019	大信	16	5.20	3.23	1.80	1.43
2019	天圆全	17	5.08	3.57	2.06	1.51
2019	四川华信（集团）	18	5.04	3.61	2.00	1.61
2019	立信中联	19	5.03	3.51	1.90	1.62
2019	中兴华	20	5.03	3.68	2.09	1.59
2019	北京兴华	21	4.99	3.93	2.35	1.58
2019	中审亚太	22	4.96	4.06	2.89	1.18
2019	广东正中珠江	23	4.80	4.14	1.93	2.20
2019	中喜	24	4.73	3.82	1.89	1.93
2019	中勤万信	25	4.70	3.94	1.78	2.16
2019	和信	26	4.65	3.62	1.91	1.71

续表

年度	事务所	排名	客户维度得分	客户认可度得分	审计收费溢价率得分	审计费用黏性得分
2019	中准	27	4.60	3.14	2.02	1.12
2019	希格玛	28	4.55	3.70	2.21	1.49
2019	众华	29	4.55	3.93	1.99	1.93
2019	中天运	30	4.52	3.58	2.11	1.46
2019	上会	31	4.40	3.46	1.87	1.60
2019	中审华	32	4.29	3.10	1.92	1.18
2019	华兴	33	4.07	3.57	1.80	1.77
2019	天职国际	34	4.02	2.37	2.03	0.33
2019	中证天通	35	4.02	3.12	1.54	1.59
2019	公证天业	36	3.85	3.37	2.03	1.35
2019	利安达	37	3.72	2.72	1.40	1.32
2019	中汇	38	3.52	3.23	1.77	1.46
2019	永拓	39	2.89	2.50	1.24	1.26
2018	普华永道中天	1	12.87	5.77	1.00	4.77
2018	毕马威华振	2	11.61	5.03	0.90	4.12
2018	安永华明	3	11.39	4.55	0.67	3.88
2018	德勤华永	4	11.32	4.83	0.85	3.98
2018	立信	5	9.80	3.71	1.02	2.68
2018	瑞华	6	7.61	3.48	0.90	2.58
2018	信永中和	7	7.44	3.66	1.11	2.56
2018	致同	8	7.24	4.00	1.25	2.75
2018	中兴财光华	9	6.58	5.03	2.69	2.35
2018	天健	10	6.55	3.53	0.99	2.54
2018	亚太（集团）	11	6.45	5.45	2.34	3.11
2018	大华	12	6.04	3.44	1.12	2.32
2018	天衡	13	5.83	4.45	1.94	2.51
2018	立信中联	14	5.78	3.44	0.82	2.63
2018	中审众环	15	5.60	3.25	1.16	2.09
2018	广东正中珠江	16	5.42	4.31	1.07	3.24

第八章 中国会计师事务所审计市场竞争力研究

续表

年度	事务所	排名	客户维度得分	客户认可度得分	审计收费溢价率得分	审计费用黏性得分
2018	华普天健	17	5.36	3.61	1.10	2.50
2018	江苏苏亚金诚	18	5.32	3.02	0.89	2.12
2018	四川华信（集团）	19	4.82	3.20	0.95	2.24
2018	大信	20	4.79	2.89	0.85	2.04
2018	中喜	21	4.66	3.46	0.82	2.65
2018	众华	22	4.66	3.76	1.13	2.63
2018	中兴华	23	4.64	3.25	1.14	2.11
2018	北京兴华	24	4.61	3.18	0.89	2.30
2018	北京天圆全	25	4.50	3.00	0.71	2.29
2018	山东和信	26	4.46	3.20	0.85	2.36
2018	希格玛	27	4.46	3.39	1.36	2.03
2018	中勤万信	28	4.36	3.33	0.82	2.51
2018	中天运	29	4.34	3.02	1.21	1.81
2018	上会	30	4.20	2.97	0.90	2.07
2018	北京中证天通	31	4.19	2.87	0.90	1.97
2018	中准	32	4.05	2.44	0.90	1.54
2018	福建华兴	33	3.91	3.24	0.86	2.38
2018	中审华	34	3.71	2.35	0.90	1.45
2018	天职国际	35	3.67	1.88	1.07	0.81
2018	中审亚太	36	3.49	2.66	1.55	1.10
2018	利安达	37	3.48	2.20	0.55	1.65
2018	江苏公证天业	38	3.44	2.62	0.97	1.65
2018	中汇	39	3.03	2.45	0.90	1.55
2018	北京永拓	40	2.76	2.18	0.28	1.90
2017	普华永道中天	1	13.12	5.85	0.85	5.00
2017	毕马威华振	2	11.49	4.84	0.85	3.99
2017	安永华明	3	11.48	4.93	0.85	4.08
2017	德勤华永	4	10.76	4.49	0.88	3.62
2017	立信	5	9.41	3.27	0.95	2.32

续表

年度	事务所	排名	客户维度得分	客户认可度得分	审计收费溢价率得分	审计费用黏性得分
2017	瑞华	6	7.91	2.89	0.97	1.92
2017	中兴财光华	7	6.73	4.93	2.43	2.50
2017	信永中和	8	6.69	3.15	1.05	2.10
2017	致同	9	6.68	3.57	1.27	2.30
2017	天健	10	6.10	2.98	0.87	2.11
2017	大华	11	5.81	2.75	1.00	1.75
2017	亚太（集团）	12	5.70	4.67	2.32	2.35
2017	立信中联	13	5.60	3.08	0.76	2.31
2017	大信	14	5.31	3.54	1.19	2.34
2017	广东正中珠江	15	5.00	3.86	0.92	2.94
2017	天衡	16	4.53	3.08	1.08	2.00
2017	华普天健	17	4.51	2.88	1.04	1.84
2017	中审众环	18	4.46	2.16	0.86	1.29
2017	福建华兴	19	4.42	3.72	1.95	1.77
2017	江苏苏亚金诚	20	4.24	1.96	0.85	1.11
2017	四川华信（集团）	21	4.11	2.55	0.85	1.70
2017	天职国际	22	4.11	2.20	1.00	1.20
2017	山东和信	23	4.02	2.72	0.83	1.89
2017	中喜	24	3.98	2.73	0.76	1.97
2017	众华	25	3.91	2.98	0.95	2.03
2017	北京兴华	26	3.86	2.37	0.85	1.52
2017	上会	27	3.68	2.33	0.85	1.48
2017	中勤万信	28	3.67	2.50	0.77	1.73
2017	利安达	29	3.33	2.19	0.85	1.34
2017	中兴华	30	3.31	2.04	0.85	1.18
2017	希格玛	31	3.24	2.16	0.85	1.31
2017	北京天圆全	32	3.22	1.84	0.66	1.18
2017	北京中证天通	33	2.96	1.45	0.28	1.16
2017	中准	34	2.83	1.37	0.68	0.70

第八章 中国会计师事务所审计市场竞争力研究

续表

年度	事务所	排名	客户维度得分	客户认可度得分	审计收费溢价率得分	审计费用黏性得分
2017	中审华	35	2.80	1.44	0.85	0.59
2017	中天运	36	2.78	1.29	0.31	0.98
2017	中汇	37	2.68	2.03	0.85	1.18
2017	江苏公证天业	38	2.67	1.79	0.85	0.94
2017	北京永拓	39	2.48	1.89	0.85	1.04
2017	中审亚太	40	1.63	1.18	0.85	0.33
2016	安永华明	1	13.23	6.69	2.32	4.37
2016	普华永道中天	2	13.05	5.89	1.21	4.68
2016	毕马威华振	3	12.41	5.64	1.21	4.43
2016	德勤华永	4	11.08	4.83	1.24	3.60
2016	立信	5	9.26	3.49	1.33	2.16
2016	瑞华	6	8.58	2.94	1.34	1.60
2016	中兴财光华	7	8.13	6.14	3.21	2.93
2016	信永中和	8	6.95	3.53	1.49	2.03
2016	致同	9	6.88	3.83	1.62	2.21
2016	天健	10	6.57	3.39	1.22	2.17
2016	大华	11	6.27	3.07	1.35	1.72
2016	大信	12	5.46	3.87	1.55	2.32
2016	立信中联	13	5.41	3.03	0.57	2.47
2016	四川华信（集团）	14	5.33	3.86	2.21	1.65
2016	广东正中珠江	15	5.19	4.15	1.35	2.81
2016	天衡	16	4.93	3.57	1.78	1.79
2016	福建华兴	17	4.78	4.18	2.30	1.88
2016	华普天健	18	4.59	3.09	1.43	1.65
2016	天职国际	19	4.59	2.55	1.25	1.31
2016	中审众环	20	4.58	2.46	1.23	1.23
2016	山东和信	21	4.22	2.94	1.20	1.74
2016	江苏苏亚金诚	22	4.01	1.92	1.21	0.71
2016	北京兴华	23	3.91	2.49	1.21	1.28

续表

年度	事务所	排名	客户维度得分	客户认可度得分	审计收费溢价率得分	审计费用黏性得分
2016	上会	24	3.89	2.52	1.07	1.45
2016	中喜	25	3.72	2.55	1.12	1.43
2016	利安达	26	3.59	2.65	1.21	1.44
2016	中勤万信	27	3.40	2.29	1.36	0.93
2016	众华	28	3.39	2.64	1.31	1.33
2016	北京中证天通	29	3.30	1.66	0.64	1.02
2016	希格玛	30	3.25	2.23	1.21	1.02
2016	中天运	31	3.11	1.63	0.64	0.99
2016	亚太（集团）	32	3.11	2.36	1.21	1.15
2016	中兴华	33	3.08	2.09	1.21	0.88
2016	中准	34	3.05	1.98	1.04	0.95
2016	中审华	35	3.00	1.89	1.21	0.68
2016	北京永拓	36	2.95	2.41	1.21	1.20
2016	江苏公证天业	37	2.95	2.23	1.23	0.99
2016	北京天圆全	38	2.87	1.68	0.66	1.03
2016	中汇	39	2.38	1.85	0.66	1.19
2016	中审亚太	40	2.30	1.53	1.21	0.32

第五节 品牌形象维度

本章从会计师事务所规模和国际业务拓展能力两方面来衡量其品牌形象。

一、会计师事务所规模

本章首先用会计师事务所业务收入总额的自然对数（LnRev）来评价其规模。

其次采用极差标准化算法,对会计师事务所的规模进行打分,最高得分为 5 分。会计师事务所规模得分 $B1 = \frac{LnRev - Min(LnRev)}{Max(LnRev) - Min(LnRev)} \times 5$,其中,$Max(LnRev)$、$Min(LnRev)$ 分别代表当年度所有会计师事务所中,LnRev 的最大值和最小值。

二、国际业务拓展能力

会计师事务所国际业务的拓展能力越强,其品牌形象越好。本章分别用会计师事务所的国际业务收入、客户海外业务收入和客户海外业务占比来衡量其国际业务拓展能力。

1. 国际业务收入

会计师事务所的国际业务收入包括在大陆承接的国际业务收入和在港澳台及境外承接的国际业务收入两部分。笔者分别从会计师事务所国际业务收入总额和国际业务收入占比两个角度来衡量其国际业务收入能力。

如果在内地、港澳台地区及境外承接的国际业务收入越多,表明该会计师事务所承接国际业务的能力越强,发展国际市场的潜力也越大,在国际业务方面更有更强的竞争力。笔者分别对会计师事务所承接的国际业务收入总额的对数(LnOFee)和其国际业务收入占比(R_OFee)进行极差标准化打分,然后将两者加权汇总得到国际业务收入总得分(AF)。

$$AF = \frac{LnOFee - Min(LnOFee)}{Max(LnOFee) - Min(LnOFee)} \times 5 \times 50\%$$
$$+ \frac{R\_OFee - Min(R\_OFee)}{Max(R\_OFee) - Min(R\_OFee)} \times 5 \times 50\%$$

其中,$Max(LnOFee)$、$Min(LnOFee)$ 分别代表当年度所有会计师事务所中 LnOFee 的最大值和最小值,$Max(R\_OFee)$、$Min(R\_OFee)$ 分别代表当年度所有会计师事务所中 R_OFee 的最大值和最小值。AF 满分为 10 分。

2. 客户海外业务量

会计师事务所审计的上市公司客户的海外业务收入也是其业务国际化的一个表现。事务所审计上市公司客户的海外业务量及其占比越大，说明客户国际化程度越高，事务所从事国际化业务的能力也越强。

与会计师事务所国际业务收入的评分方法相同，本章分别对客户海外业务收入均值对数（LnORev）和客户海外业务收入占比均值（R_ORev）进行极差标准化打分，然后将两者加权汇总得到客户海外业务量总得分（CF）。

$$CF = \frac{LnORev - Min(LnORev)}{Max(LnORev) - Min(LnORev)} \times 5 \times 50\%$$
$$+ \frac{R\_ORev - Min(R\_ORev)}{Max(R\_ORev) - Min(R\_ORev)} \times 5 \times 50\%$$

其中，$Max(LnORev)$、$Min(LnORev)$ 分别代表当年度所有会计师事务所中 LnORev 的最大值和最小值，$Max(R\_ORev)$、$Min(R\_ORev)$ 分别代表当年度所有会计师事务所中 R_ORev 的最大值和最小值。CF 满分为 10 分。

会计师事务所的国际业务拓展能力最终得分由国际业务收入得分和客户海外业务量得分汇总而得。即国际业务拓展能力得分 B2 = AF + CF。

会计师事务所品牌形象得分 B = B1 + B2。

表 8-8 列示了 2016—2020 年，从事上市公司审计业务的会计师事务所的品牌形象得分情况。

表 8-8　　　　　　品牌形象维度排名及得分

年度	事务所	品牌形象维度排名	品牌形象维度得分	规模得分	国际业务拓展能力得分	国际业务收入得分	客户海外业务量得分
2020	普华永道中天	1	13.02	5.00	8.02	5.00	3.02
2020	德勤华永	2	12.15	4.43	7.73	4.07	3.65
2020	安永华明	3	11.43	4.67	6.76	3.82	2.95

续表

年度	事务所	品牌形象维度排名	品牌形象维度得分	规模得分	国际业务拓展能力得分	国际业务收入得分	客户海外业务量得分
2020	毕马威华振	4	11.13	4.22	6.91	3.58	3.33
2020	立信	5	9.61	4.47	5.14	2.35	2.79
2020	信永中和	6	8.80	3.74	5.07	2.77	2.30
2020	致同	7	8.53	3.63	4.89	2.62	2.27
2020	天职国际	8	7.98	3.65	4.32	2.22	2.10
2020	大华	9	7.20	3.83	3.38	0.00	3.38
2020	天健	10	6.48	4.20	2.27	0.00	2.27
2020	中喜	11	6.40	1.02	5.38	2.60	2.77
2020	利安达	12	6.09	1.37	4.72	0.00	4.72
2020	中勤万信	13	6.07	1.32	4.75	0.00	4.75
2020	大信	14	5.71	3.39	2.32	0.00	2.32
2020	容诚	15	5.60	3.42	2.18	0.00	2.18
2020	中审众环	16	5.55	3.47	2.08	0.00	2.08
2020	中兴华	17	5.52	3.15	2.37	0.00	2.37
2020	中兴财光华	18	5.15	2.88	2.27	0.00	2.27
2020	亚太（集团）	19	4.91	2.44	2.48	0.00	2.48
2020	中审华	20	4.84	2.31	2.53	0.00	2.53
2020	中证天通	21	4.64	0.87	3.77	0.00	3.77
2020	中天运	22	4.50	2.26	2.24	0.00	2.24
2020	永拓	23	4.49	1.16	3.33	2.14	1.19
2020	中汇	24	4.47	2.17	2.30	0.00	2.30
2020	大衡	25	4.45	1.72	2.74	0.00	2.74
2020	和信	26	4.44	0.83	3.61	0.00	3.61
2020	公证天业	27	4.15	1.08	3.07	0.00	3.07
2020	华兴	28	4.02	1.04	2.99	0.00	2.99
2020	北京兴华	29	3.69	2.19	1.49	0.00	1.49
2020	立信中联	30	3.64	0.98	2.66	0.00	2.66
2020	众华	31	3.64	1.58	2.07	0.00	2.07

续表

年度	事务所	品牌形象维度排名	品牌形象维度得分	规模得分	国际业务拓展能力得分	国际业务收入得分	客户海外业务量得分
2020	苏亚金诚	32	3.44	1.27	2.17	0.00	2.17
2020	四川华信（集团）	33	3.35	0.50	2.85	0.00	2.85
2020	上会	34	3.23	1.65	1.58	0.00	1.58
2020	中审亚太	35	2.65	1.56	1.08	0.00	1.08
2020	希格玛	36	2.45	1.47	0.99	0.00	0.99
2020	中准	37	0.88	0.53	0.34	0.00	0.34
2020	天圆全	38	0.60	0.00	0.60	0.00	0.60
2019	普华永道中天	1	15.89	5.89	10.00	2.68	3.22
2019	德勤华永	2	15.18	5.83	9.35	2.47	3.37
2019	安永华明	3	14.96	5.90	9.06	2.75	3.16
2019	立信	4	14.43	5.25	9.17	2.15	3.10
2019	毕马威华振	5	14.42	5.82	8.59	2.74	3.08
2019	天健	6	13.02	5.28	7.74	2.15	3.13
2019	信永中和	7	12.79	5.81	6.98	2.88	2.93
2019	致同	8	12.64	5.48	7.16	2.64	2.84
2019	天职国际	9	12.57	5.68	6.89	2.71	2.98
2019	大华	10	12.49	5.30	7.19	2.25	3.05
2019	中审众环	11	10.95	5.13	5.82	2.28	2.85
2019	容诚	12	10.74	6.22	4.52	3.20	3.02
2019	大信	13	10.66	4.03	6.62	1.27	2.76
2019	中天运	14	10.25	5.86	4.39	2.61	3.25
2019	中汇	15	10.12	5.68	4.44	2.55	3.14
2019	众华	16	9.60	6.19	3.42	3.00	3.19
2019	苏亚金诚	17	8.87	6.24	2.63	2.85	3.39
2019	永拓	18	8.75	6.61	2.15	4.03	2.58
2019	中兴华	19	8.63	2.97	5.66	0.00	2.97
2019	中兴财光华	20	8.37	2.93	5.44	0.00	2.93
2019	中证天通	21	8.17	6.59	1.58	3.71	2.88

续表

年度	事务所	品牌形象维度排名	品牌形象维度得分	规模得分	国际业务拓展能力得分	国际业务收入得分	客户海外业务量得分
2019	中勤万信	22	7.54	4.85	2.69	1.77	3.07
2019	北京兴华	23	7.28	2.61	4.67	0.00	2.61
2019	中审华	24	7.19	2.86	4.33	0.00	2.86
2019	亚太（集团）	25	6.96	2.84	4.13	0.00	2.84
2019	上会	26	6.84	4.60	2.24	1.77	2.83
2019	中审亚太	27	6.65	3.60	3.05	0.00	3.60
2019	天衡	28	6.20	2.93	3.27	0.00	2.93
2019	广东正中珠江	29	6.13	2.85	3.28	0.00	2.85
2019	利安达	30	5.78	2.64	3.14	0.00	2.64
2019	中准	31	4.98	3.58	1.40	2.11	1.46
2019	公证天业	32	4.93	3.20	1.73	0.00	3.20
2019	希格玛	33	4.90	2.68	2.22	0.00	2.68
2019	中喜	34	4.90	3.41	1.49	0.00	3.41
2019	和信	35	4.51	3.70	0.81	0.00	3.70
2019	立信中联	36	4.38	2.86	1.52	0.00	2.86
2019	四川华信（集团）	37	3.25	2.73	0.51	0.00	2.73
2019	华兴	38	2.91	2.75	0.16	0.00	2.75
2019	天圆全	39	2.69	2.37	0.31	0.00	2.37
2018	普华永道中天	1	15.68	5.68	10.00	2.69	2.98
2018	德勤华永	2	14.85	5.58	9.27	2.48	3.10
2018	瑞华	3	14.71	5.32	9.38	2.32	3.00
2018	安永华明	4	14.67	5.78	8.89	2.77	3.01
2018	立信	5	14.48	5.14	9.34	2.17	2.97
2018	毕马威华振	6	14.33	5.80	8.52	2.77	3.04
2018	天健	7	13.06	5.27	7.79	2.26	3.01
2018	信永中和	8	12.59	5.68	6.91	2.89	2.79
2018	致同	9	12.52	5.44	7.09	2.67	2.77
2018	天职国际	10	12.52	5.71	6.81	2.72	2.98

续表

年度	事务所	品牌形象维度排名	品牌形象维度得分	规模得分	国际业务拓展能力得分	国际业务收入得分	客户海外业务量得分
2018	大华	11	12.41	5.26	7.15	2.27	2.99
2018	大信	12	11.20	4.39	6.81	1.71	2.68
2018	中审众环	13	10.97	5.07	5.90	2.28	2.79
2018	中天运	14	10.72	6.01	4.71	2.66	3.36
2018	中汇	15	10.49	5.51	4.98	2.46	3.05
2018	华普天健	16	10.10	6.30	3.80	3.36	2.94
2018	众华	17	9.68	6.21	3.47	3.03	3.18
2018	江苏苏亚金诚	18	9.26	6.07	3.19	2.81	3.26
2018	北京永拓	19	9.16	6.78	2.37	4.11	2.68
2018	北京兴华	20	8.29	3.36	4.93	0.87	2.49
2018	中审华	21	8.18	3.52	4.66	0.81	2.71
2018	中兴华	22	8.18	2.97	5.21	0.00	2.97
2018	中兴财光华	23	8.04	3.04	5.00	0.00	3.04
2018	中勤万信	24	7.84	5.20	2.64	2.43	2.77
2018	北京中证天通	25	7.84	6.41	1.43	3.81	2.61
2018	利安达	26	7.03	3.35	3.68	0.91	2.44
2018	天衡	27	6.60	2.96	3.64	0.00	2.96
2018	中审亚太	28	6.59	3.16	3.42	0.00	3.16
2018	亚太（集团）	29	6.42	2.92	3.50	0.00	2.92
2018	广东正中珠江	30	5.71	2.62	3.09	0.00	2.62
2018	上会	31	5.64	3.77	1.87	1.18	2.59
2018	江苏公证天业	32	4.88	3.09	1.79	0.00	3.09
2018	希格玛	33	4.80	2.74	2.07	0.00	2.74
2018	立信中联	34	4.57	3.02	1.55	0.00	3.02
2018	中准	35	4.57	3.11	1.46	1.41	1.70
2018	中喜	36	4.49	3.37	1.12	0.00	3.37
2018	山东和信	37	3.99	3.48	0.51	0.00	3.48
2018	四川华信（集团）	38	3.54	2.65	0.90	0.00	2.65

续表

年度	事务所	品牌形象维度排名	品牌形象维度得分	规模得分	国际业务拓展能力得分	国际业务收入得分	客户海外业务量得分
2018	福建华兴	39	2.94	2.80	0.13	0.00	2.80
2018	北京天圆全	40	2.65	2.12	0.53	0.00	2.12
2017	普华永道中天	1	15.38	5.38	10.00	2.70	2.67
2017	德勤华永	2	14.83	5.50	9.34	2.51	2.98
2017	安永华明	3	14.66	5.63	9.04	2.79	2.83
2017	立信	4	14.41	4.99	9.41	2.19	2.80
2017	瑞华	5	14.13	4.42	9.71	1.53	2.89
2017	毕马威华振	6	14.07	5.53	8.54	2.80	2.73
2017	天健	7	12.90	5.21	7.69	2.33	2.88
2017	天职国际	8	12.75	5.67	7.08	2.72	2.95
2017	信永中和	9	12.66	5.54	7.11	2.86	2.68
2017	大华	10	12.48	5.26	7.22	2.32	2.94
2017	致同	11	12.46	5.36	7.10	2.70	2.66
2017	大信	12	12.02	5.13	6.88	2.61	2.52
2017	中天运	13	11.24	6.11	5.13	2.67	3.44
2017	中汇	14	10.59	5.16	5.43	2.26	2.90
2017	中审众环	15	9.97	4.17	5.79	1.50	2.67
2017	众华	16	9.52	6.08	3.44	3.04	3.04
2017	中审华	17	9.33	4.36	4.97	1.81	2.55
2017	北京永拓	18	9.28	6.78	2.49	4.15	2.63
2017	北京兴华	19	8.94	3.89	5.05	1.80	2.09
2017	江苏苏亚金诚	20	8.87	5.17	3.70	1.78	3.38
2017	中勤万信	21	8.86	6.31	2.55	3.68	2.63
2017	华普天健	22	8.48	5.02	3.46	2.34	2.68
2017	利安达	23	8.19	3.91	4.29	2.05	1.85
2017	中兴财光华	24	7.81	3.32	4.50	0.00	3.32
2017	中兴华	25	7.70	2.98	4.71	0.00	2.98
2017	北京中证天通	26	7.47	5.94	1.53	3.78	2.16

续表

年度	事务所	品牌形象维度排名	品牌形象维度得分	规模得分	国际业务拓展能力得分	国际业务收入得分	客户海外业务量得分
2017	中审亚太	27	7.45	3.25	4.21	0.00	3.25
2017	天衡	28	6.90	2.94	3.95	0.00	2.94
2017	亚太（集团）	29	5.80	2.87	2.93	0.00	2.87
2017	江苏公证天业	30	5.15	3.18	1.97	0.00	3.18
2017	广东正中珠江	31	4.94	2.42	2.53	0.00	2.42
2017	中准	32	4.89	3.42	1.47	1.41	2.01
2017	上会	33	4.76	3.47	1.29	1.18	2.29
2017	希格玛	34	4.70	2.61	2.09	0.00	2.61
2017	立信中联	35	4.48	2.84	1.64	0.00	2.84
2017	中喜	36	4.25	3.44	0.81	0.00	3.44
2017	四川华信（集团）	37	3.69	2.51	1.18	0.00	2.51
2017	山东和信	38	3.66	3.49	0.18	0.00	3.49
2017	福建华兴	39	2.87	2.82	0.05	0.00	2.82
2017	北京天圆全	40	2.19	1.40	0.79	0.00	1.40
2016	普华永道中天	1	15.36	5.36	10.00	2.69	2.68
2016	德勤华永	2	15.19	5.71	9.48	2.49	3.21
2016	安永华明	3	14.93	5.84	9.08	2.78	3.06
2016	立信	4	14.48	5.15	9.33	2.20	2.96
2016	毕马威华振	5	14.26	5.51	8.75	2.78	2.73
2016	瑞华	6	13.51	3.92	9.59	0.76	3.16
2016	天健	7	13.14	5.63	7.52	2.52	3.10
2016	天职国际	8	12.81	5.98	6.83	2.74	3.24
2016	信永中和	9	12.72	5.69	7.03	2.84	2.85
2016	大华	10	12.66	5.58	7.08	2.30	3.28
2016	致同	11	12.07	5.50	6.57	2.65	2.85
2016	大信	12	11.21	4.50	6.71	1.77	2.73
2016	中天运	13	10.93	6.30	4.64	2.85	3.44
2016	中审华	14	10.22	5.46	4.76	2.74	2.72

续表

年度	事务所	品牌形象维度排名	品牌形象维度得分	规模得分	国际业务拓展能力得分	国际业务收入得分	客户海外业务量得分
2016	中汇	15	9.89	4.61	5.29	1.47	3.14
2016	北京永拓	16	9.68	7.43	2.25	4.27	3.16
2016	北京兴华	17	9.60	4.95	4.65	2.74	2.21
2016	众华	18	9.45	6.02	3.43	3.04	2.97
2016	利安达	19	8.96	4.87	4.09	3.11	1.75
2016	中审众环	20	8.77	3.52	5.24	0.76	2.77
2016	江苏苏亚金诚	21	8.21	4.59	3.62	0.91	3.68
2016	中勤万信	22	8.01	5.58	2.43	2.50	3.08
2016	中兴华	23	7.73	3.44	4.29	0.00	3.44
2016	中审亚太	24	7.65	2.94	4.72	0.00	2.94
2016	天衡	25	7.16	3.17	4.00	0.00	3.17
2016	北京中证天通	26	7.09	5.85	1.24	3.97	1.88
2016	华普天健	27	7.08	3.95	3.13	1.23	2.72
2016	中兴财光华	28	7.03	3.11	3.92	0.00	3.11
2016	江苏公证天业	29	5.57	3.53	2.03	0.00	3.53
2016	希格玛	30	5.00	2.94	2.06	0.00	2.94
2016	亚太（集团）	31	4.85	2.83	2.02	0.00	2.83
2016	中喜	32	4.55	3.68	0.87	0.00	3.68
2016	广东正中珠江	33	4.51	2.55	1.97	0.00	2.55
2016	立信中联	34	4.07	2.48	1.59	0.00	2.48
2016	四川华信（集团）	35	4.04	2.77	1.27	0.00	2.77
2016	山东和信	36	3.83	3.83	0.00	0.00	3.83
2016	中准	37	3.53	2.02	1.51	0.00	2.02
2016	上会	38	3.26	2.36	0.90	0.00	2.36
2016	福建华兴	39	3.23	3.10	0.14	0.00	3.10
2016	北京天圆全	40	1.58	0.82	0.77	0.00	0.82

第六节 综合评价

鉴于本章构建的指标体系包含多项指标,因此,在进行会计师事务所综合评价的时候,需要对多指标进行综合分析。本章采用两种方法进行综合分析,第一种方法是加权平均,第二种方法是主成分分析。

一、加权平均法

采用加权平均法,会计师事务所综合评分 = 资源维度总评分 × 25% + 质量维度总评分 × 25% + 客户维度总评分 × 25% + 品牌形象维度总评分 × 25%,最终结果如表 8 - 9 所示。

表 8 - 9　　竞争力综合评价得分及排名——加权平均法

年度	事务所	综合排名	综合得分	资源排名	质量排名	客户排名	品牌形象排名
2020	普华永道中天	1	80.94	1	2	3	1
2020	毕马威华振	2	80.56	5	1	1	4
2020	德勤华永	3	79.80	2	4	2	2
2020	安永华明	4	74.58	4	3	4	3
2020	信永中和	5	59.83	6	15	17	6
2020	立信	6	57.57	23	11	16	5
2020	天职国际	7	56.42	9	21	15	8
2020	四川华信(集团)	9	52.83	3	9	10	33
2020	天健	8	52.14	25	12	7	10
2020	致同	13	51.48	36	8	12	7
2020	中勤万信	10	51.43	10	16	33	13
2020	利安达	11	51.30	15	5	35	12

续表

年度	事务所	综合排名	综合得分	资源排名	质量排名	客户排名	品牌形象排名
2020	中审众环	15	50.86	19	20	14	16
2020	中审华	12	50.76	16	6	23	20
2020	中兴华	16	50.35	22	31	6	17
2020	中兴财光华	14	49.93	14	26	13	18
2020	大华	18	49.75	29	14	19	9
2020	中天运	17	48.58	8	23	34	22
2020	苏亚金诚	19	47.87	17	13	18	32
2020	亚太（集团）	20	47.59	12	34	25	19
2020	公证天业	21	47.30	21	10	32	27
2020	北京兴华	22	45.95	13	29	29	29
2020	容诚	23	45.86	28	32	9	15
2020	大信	25	45.22	38	19	20	14
2020	天圆全	24	44.25	7	38	5	38
2020	立信中联	26	43.83	20	37	11	30
2020	中证天通	27	43.82	24	36	24	21
2020	中汇	29	43.53	39	7	26	24
2020	天衡	28	43.53	35	18	22	25
2020	希格玛	30	42.79	18	33	27	36
2020	上会	31	41.75	34	17	21	34
2020	中审亚太	32	41.57	26	22	30	35
2020	中喜	33	40.94	37	35	37	11
2020	众华	36	40.89	31	25	31	31
2020	永拓	34	40.09	27	30	39	23
2020	和信	35	40.02	32	28	36	26
2020	华兴	37	39.58	33	39	8	28
2020	中准	38	36.81	30	24	28	37
2019	普华永道中天	1	78.76	2	3	1	1
2019	毕马威华振	2	73.87	4	1	3	5
2019	德勤华永	3	72.41	5	2	4	2

续表

年度	事务所	综合排名	综合得分	资源排名	质量排名	客户排名	品牌形象排名
2019	安永华明	4	72.06	9	6	2	3
2019	立信	5	68.64	1	36	5	4
2019	致同	6	62.49	11	22	6	8
2019	信永中和	7	61.88	7	27	7	7
2019	天健	8	61.22	3	34	8	6
2019	大华	9	57.93	6	32	11	10
2019	天职国际	10	56.50	13	16	34	9
2019	中审众环	11	54.64	14	30	10	11
2019	大信	12	54.46	8	35	16	13
2019	容诚	13	54.19	30	17	14	12
2019	中天运	14	54.05	12	24	30	14
2019	苏亚金诚	15	52.97	31	9	12	17
2019	中兴华	16	52.23	21	14	20	19
2019	众华	17	50.66	32	25	29	16
2019	天衡	18	50.31	20	12	13	28
2019	中勤万信	19	49.82	16	26	25	22
2019	永拓	20	49.48	15	20	39	18
2019	中汇	21	49.26	35	23	38	15
2019	中兴财光华	22	49.02	23	33	15	20
2019	北京兴华	23	48.87	28	21	21	23
2019	亚太（集团）	24	47.51	17	38	9	25
2019	广东正中珠江	25	47.40	27	18	23	29
2019	中证天通	26	47.18	37	4	35	21
2019	公证天业	27	46.91	25	5	36	32
2019	希格玛	28	46.69	26	10	28	33
2019	四川华信（集团）	29	46.65	10	15	18	37
2019	天圆全	30	46.19	19	7	17	39
2019	中审华	31	45.95	29	31	32	24
2019	上会	32	45.53	36	13	31	26

续表

年度	事务所	综合排名	综合得分	资源排名	质量排名	客户排名	品牌形象排名
2019	中喜	33	44.87	24	29	24	34
2019	立信中联	34	44.63	34	19	19	36
2019	华兴	35	44.10	22	11	33	38
2019	中准	36	43.43	18	37	27	31
2019	中审亚太	37	43.01	38	28	22	27
2019	和信	38	41.22	39	8	26	35
2019	利安达	39	40.43	33	39	37	30
2018	普华永道中天	1	79.24	1	2	1	1
2018	毕马威华振	2	75.63	3	1	2	6
2018	德勤华永	3	72.84	5	3	4	2
2018	安永华明	4	70.93	8	7	3	4
2018	立信	5	68.13	2	37	5	5
2018	瑞华	6	62.30	4	39	6	3
2018	信永中和	7	60.87	13	24	7	8
2018	天健	8	60.62	6	32	10	7
2018	致同	9	60.61	12	22	8	9
2018	大华	10	57.34	9	34	12	11
2018	天职国际	11	55.65	19	19	35	10
2018	江苏苏亚金诚	12	54.42	23	6	18	18
2018	中天运	13	54.13	18	25	29	14
2018	华普天健	14	53.56	30	13	17	16
2018	大信	15	53.55	14	35	20	12
2018	中审众环	16	52.79	35	27	15	13
2018	众华	17	52.67	25	18	22	17
2018	中兴华	18	51.96	22	9	23	22
2018	中兴财光华	19	51.06	28	28	9	23
2018	天衡	20	50.74	21	16	13	27
2018	北京永拓	21	50.68	17	17	40	19
2018	广东正中珠江	22	49.75	15	20	16	30

续表

年度	事务所	综合排名	综合得分	资源排名	质量排名	客户排名	品牌形象排名
2018	四川华信（集团）	23	49.14	7	11	19	38
2018	北京兴华	24	49.06	34	23	24	20
2018	北京中证天通	25	48.06	37	4	31	25
2018	亚太（集团）	26	47.99	11	38	11	29
2018	中勤万信	27	47.80	33	26	28	24
2018	中汇	28	47.24	36	30	39	15
2018	江苏公证天业	29	47.18	20	5	38	32
2018	立信中联	30	46.96	31	15	14	34
2018	中审华	31	46.71	32	31	34	21
2018	希格玛	32	46.03	26	21	27	33
2018	北京天圆全	33	45.89	16	8	25	40
2018	福建华兴	34	44.32	24	10	33	39
2018	中准	35	44.12	10	36	32	35
2018	中喜	36	43.58	27	33	21	36
2018	上会	37	43.06	38	14	30	31
2018	利安达	38	40.77	29	40	37	26
2018	中审亚太	39	38.73	39	29	36	28
2018	山东和信	40	37.25	40	12	26	37
2017	普华永道中天	1	78.75	1	1	1	1
2017	毕马威华振	2	74.65	2	2	2	6
2017	安永华明	3	71.57	7	7	3	3
2017	德勤华永	4	71.06	9	3	4	2
2017	立信	5	65.23	4	37	5	4
2017	瑞华	6	63.57	3	39	6	5
2017	天健	7	61.33	5	29	10	7
2017	致同	8	60.63	13	18	9	11
2017	信永中和	9	59.90	18	21	8	9
2017	大华	10	57.86	8	36	11	10
2017	天职国际	11	56.48	20	20	22	8

续表

年度	事务所	综合排名	综合得分	资源排名	质量排名	客户排名	品牌形象排名
2017	大信	12	54.72	22	35	14	12
2017	中天运	13	53.04	16	27	36	13
2017	江苏苏亚金诚	14	52.95	25	4	20	20
2017	众华	15	52.31	15	28	25	16
2017	中兴财光华	16	52.15	29	26	7	24
2017	北京永拓	17	52.05	17	8	39	18
2017	华普天健	18	51.78	27	12	17	22
2017	中审众环	19	51.15	33	25	18	15
2017	北京兴华	20	50.27	34	11	26	19
2017	中兴华	21	49.37	21	15	30	25
2017	广东正中珠江	22	49.35	12	16	15	31
2017	四川华信（集团）	23	48.92	6	10	21	37
2017	天衡	24	48.68	30	19	16	28
2017	北京中证天通	25	47.82	28	17	33	26
2017	中勤万信	26	47.66	35	30	28	21
2017	立信中联	27	47.55	32	9	13	35
2017	亚太（集团）	28	47.54	10	38	12	29
2017	中审华	29	47.35	31	34	35	17
2017	中汇	30	47.27	36	31	37	14
2017	江苏公证天业	31	46.34	24	5	38	30
2017	福建华兴	32	46.00	19	6	19	39
2017	希楷玛	33	44.98	23	22	31	34
2017	中准	34	44.33	14	33	34	32
2017	北京天圆全	35	43.43	11	23	32	40
2017	利安达	36	43.33	26	40	29	23
2017	上会	37	42.20	38	13	27	33
2017	中喜	38	40.79	37	32	24	36
2017	中审亚太	39	40.60	39	24	40	27
2017	山东和信	40	38.72	40	14	23	38

续表

年度	事务所	综合排名	综合得分	资源排名	质量排名	客户排名	品牌形象排名
2016	普华永道中天	1	78.43	2	1	2	1
2016	毕马威华振	2	76.51	1	3	3	5
2016	安永华明	3	74.93	6	4	1	3
2016	德勤华永	4	71.08	11	2	4	2
2016	瑞华	5	65.24	3	38	6	6
2016	立信	6	64.39	7	39	5	4
2016	天健	7	63.88	4	22	10	7
2016	信永中和	8	60.34	16	16	8	9
2016	致同	9	60.20	12	19	9	11
2016	大华	10	59.05	5	37	11	10
2016	天职国际	11	57.35	21	10	19	8
2016	大信	12	53.66	27	31	12	12
2016	中天运	13	53.44	13	23	31	13
2016	中兴财光华	14	52.82	22	29	7	28
2016	北京永拓	15	51.86	19	7	36	16
2016	江苏苏亚金诚	16	50.89	25	5	22	21
2016	华普天健	17	49.90	20	14	18	27
2016	众华	18	49.75	23	28	28	18
2016	北京中证天通	19	49.58	8	27	29	26
2016	广东正中珠江	20	49.46	10	12	15	33
2016	北京兴华	21	49.27	39	9	23	17
2016	天衡	22	48.92	30	20	16	25
2016	中审众环	23	48.91	33	26	20	20
2016	中兴华	24	48.58	17	21	33	23
2016	中审华	25	48.34	29	35	35	14
2016	四川华信（集团）	26	48.06	15	15	14	35
2016	利安达	27	47.18	26	36	26	19
2016	江苏公证天业	28	46.33	24	6	37	29
2016	立信中联	29	46.17	32	8	13	34

第八章　中国会计师事务所审计市场竞争力研究

续表

年度	事务所	综合排名	综合得分	资源排名	质量排名	客户排名	品牌形象排名
2016	中勤万信	30	45.90	34	30	27	22
2016	中汇	31	45.15	38	33	39	15
2016	希格玛	32	45.01	28	11	30	30
2016	福建华兴	33	44.13	31	17	17	39
2016	中审亚太	34	43.79	35	25	40	24
2016	亚太（集团）	35	43.37	9	40	32	31
2016	中准	36	42.79	14	32	34	23
2016	上会	37	41.16	37	13	24	38
2016	北京天圆全	38	40.83	18	18	38	40
2016	山东和信	39	40.67	40	24	21	36
2016	中喜	40	40.09	36	34	25	32

二、主成分分析法

由于衡量会计师事务所竞争力的各个维度的指标之间具有一定的相关性，采用加权平均方法计算综合评分仍有可能赋予某一特征更多权重，影响综合评分的计算和排名。为了降低这个可能性的影响，根据数据和指标特征进行客观权重赋值，本章采用主成分分析法，通过正交变换将四个维度九个评价指标转换为一组线性不相关的变量，即主成分，最后根据主成分对各个会计师事务所进行综合评价。具体分析步骤是：

1. 对原始数据进行标准化处理，标准化后的指标均值为 0，方差为 1。标准化公式为：

$$Z_{ij} = \frac{X_{ij} - \overline{X}_i}{\sigma}, (i = 1, 2, \cdots, n; j = 1, 2, \cdots, p) \quad \text{式 8-7}$$

其中，X_{ij} 为原始数据，Z_{ij} 为原始数据标准化以后的数据，$\overline{X}_i$ 为第 i 个变量的样本均值，σ 为第 i 个变量的样本标准差。

2. 计算相关系数矩阵 R。

3. 计算相关系数矩阵的特征值和特征向量，得到 9 个新的指标向量，即主成分。

4. 计算主成分的方差贡献率和累积方差贡献率。

表 8-10 列示了综合评价基础指标的描述性统计，表 8-11 列示了主成分方差分解分析结果。

表 8-10　　　　　综合评价基础指标描述性统计

指标	均值	标准差	最大值	最小值
人力资源得分	4.92	2.14	7.88	2.04
技术资源得分	4.09	1.36	7.33	2.54
报表质量得分	6.20	1.18	8.18	3.01
监管处罚得分	9.68	0.39	10.00	8.44
业务收入稳定性得分	4.12	1.18	5.00	0.00
客户影响力得分	2.71	2.22	10.00	1.01
客户认可度得分	4.92	1.27	8.12	2.40
事务所规模得分	2.30	1.41	5.00	0.00
业务国际化得分	3.22	1.94	8.02	0.00

表 8-11　　　　　主成分方差分解分析结果

成分	特征值	差分	方差贡献率	累积方差贡献率
主成分 1	3.74	2.29	0.42	0.42
主成分 2	1.44	0.30	0.16	0.58
主成分 3	1.14	0.23	0.13	0.70
主成分 4	0.92	0.33	0.10	0.80
主成分 5	0.59	0.20	0.07	0.87
主成分 6	0.39	0.04	0.04	0.91
主成分 7	0.35	0.08	0.04	0.95
主成分 8	0.27	0.12	0.03	0.98
主成分 9	0.15	—	0.02	1.00

如表 8-11 所示，前 3 个主成分的特征值均大于 1，且累积贡献率达到 70%。根据主成分特征值提取原则，本章选取特征值大于 1 的主成分，即选取前 3 个主成分。

表 8-12 列示了 3 个主成分的表达式系数。可以看出，主成分 1 的客户影响力、事务所规模和业务国际化占有较大比重，类似代表规模；主成分 2 的业务收入稳定性、人力资源占较大比重，类似代表质量；主成分 3 的业务收入稳定性、监管处罚占较大比重，类似代表稳定发展。

表 8-12　　　　事务所竞争力主成分表达式系数

成分	主成分 1	主成分 2	主成分 3
人力资源	0.13	0.29	-0.34
技术资源	0.42	-0.15	-0.10
报表质量	0.35	-0.37	0.19
监管处罚	0.27	-0.50	0.34
业务收入稳定性	0.11	0.62	0.49
客户影响力	0.47	0.02	-0.11
客户认可度	0.25	0.07	-0.67
事务所规模	0.39	0.22	0.11
业务国际化	0.40	0.27	0.14

5. 计算会计师事务所的各个主成分得分 S_i。

6. 计算会计师事务所竞争力的综合评价得分。

某会计师事务所第 t 年竞争力的综合评价得分为：

$G_t = \beta_1 S_1 + \beta_2 S_2 + \beta_3 S_3$

表 8-13 是根据主成分分析法计算的会计师事务所综合得分及排名。

表 8-13 竞争力综合评价得分及排名——主成分法

年度	事务所	主成分排名	资源排名	质量排名	客户排名	品牌形象排名
2020	普华永道中天	1	1	2	3	1
2020	毕马威华振	2	5	1	1	4
2020	德勤华永	3	2	4	2	2
2020	安永华明	4	4	3	4	3
2020	立信	5	23	11	16	5
2020	信永中和	6	6	15	17	6
2020	天健	7	25	12	7	10
2020	天职国际	8	9	21	15	8
2020	四川华信（集团）	9	3	9	10	33
2020	致同	10	36	8	12	7
2020	大华	11	29	14	19	9
2020	容诚	12	28	32	9	15
2020	利安达	13	15	5	35	12
2020	中审华	14	16	6	23	20
2020	中审众环	15	19	20	14	16
2020	中勤万信	16	10	16	33	13
2020	苏亚金诚	17	17	13	18	32
2020	中天运	18	8	23	34	22
2020	天圆全	19	7	38	5	38
2020	中兴华	20	22	31	6	17
2020	大信	21	38	19	20	14
2020	天衡	22	35	18	22	25
2020	中汇	23	39	7	26	24
2020	公证天业	24	21	10	32	27
2020	上会	25	34	17	21	34
2020	中兴财光华	26	14	26	13	18
2020	北京兴华	27	13	29	29	29
2020	华兴	28	33	39	8	28
2020	和信	29	32	28	36	26
2020	众华	30	31	25	31	31

续表

年度	事务所	主成分排名	资源排名	质量排名	客户排名	品牌形象排名
2020	中审亚太	31	26	22	30	35
2020	希格玛	32	18	33	27	36
2020	亚太（集团）	33	12	34	25	19
2020	永拓	34	27	30	39	23
2020	中证天通	35	24	36	24	21
2020	中准	36	30	24	28	37
2020	中喜	37	37	35	37	11
2020	立信中联	38	20	37	11	30
2019	普华永道中天	1	2	3	1	1
2019	毕马威华振	2	4	1	3	5
2019	立信	3	1	36	5	4
2019	德勤华永	4	5	2	4	2
2019	安永华明	5	9	6	2	3
2019	天健	6	3	34	8	6
2019	信永中和	7	7	27	7	7
2019	致同	8	11	22	6	8
2019	大华	9	6	32	11	10
2019	天职国际	10	13	16	34	9
2019	中审众环	11	14	30	10	11
2019	大信	12	8	35	16	13
2019	容诚	13	30	17	14	12
2019	苏亚金诚	14	31	9	12	17
2019	中天运	15	12	24	30	14
2019	中兴华	16	21	14	20	19
2019	众华	17	32	25	29	16
2019	中勤万信	18	16	26	25	22
2019	中兴财光华	19	23	33	15	20
2019	中汇	20	35	23	38	15
2019	永拓	21	15	20	39	18
2019	天衡	22	20	12	13	28

续表

年度	事务所	主成分排名	资源排名	质量排名	客户排名	品牌形象排名
2019	北京兴华	23	28	21	21	23
2019	亚太（集团）	24	17	38	9	25
2019	中证天通	25	37	4	35	21
2019	广东正中珠江	26	27	18	23	29
2019	希格玛	27	26	10	28	33
2019	中审华	28	29	31	32	24
2019	上会	29	36	13	31	26
2019	公证天业	30	25	5	36	32
2019	四川华信（集团）	31	10	15	18	37
2019	天圆全	32	19	7	17	39
2019	立信中联	33	34	19	19	36
2019	中审亚太	34	38	28	22	27
2019	中准	35	18	37	27	31
2019	中喜	36	24	29	24	34
2019	华兴	37	22	11	33	38
2019	和信	38	39	8	26	35
2019	利安达	39	33	39	37	30
2018	普华永道中天	1	1	2	1	1
2018	毕马威华振	2	3	1	2	6
2018	立信	3	2	37	5	5
2018	德勤华永	4	5	3	4	2
2018	安永华明	5	8	7	3	4
2018	瑞华	6	4	39	6	3
2018	天健	7	6	32	10	7
2018	信永中和	8	13	24	7	8
2018	致同	9	12	22	8	9
2018	大华	10	9	34	12	11
2018	天职国际	11	19	19	35	10
2018	大信	12	14	35	20	12
2018	中审众环	13	35	27	15	13

第八章 中国会计师事务所审计市场竞争力研究

续表

年度	事务所	主成分排名	资源排名	质量排名	客户排名	品牌形象排名
2018	华普天健	14	30	13	17	16
2018	江苏苏亚金诚	15	23	6	18	18
2018	众华	16	25	18	22	17
2018	中天运	17	18	25	29	14
2018	中兴财光华	18	28	28	9	23
2018	中兴华	19	22	9	23	22
2018	北京永拓	20	17	17	40	19
2018	天衡	21	21	16	13	27
2018	广东正中珠江	22	15	20	16	30
2018	北京兴华	23	34	23	24	20
2018	北京中证天通	24	37	4	31	25
2018	中汇	25	36	30	39	15
2018	亚太（集团）	26	11	38	11	29
2018	立信中联	27	31	15	14	34
2018	中勤万信	28	33	26	28	24
2018	四川华信（集团）	29	7	11	19	38
2018	中审华	30	32	31	34	21
2018	希格玛	31	26	21	27	33
2018	江苏公证天业	32	20	5	38	32
2018	北京天圆全	33	16	8	25	40
2018	中准	34	10	36	32	35
2018	中喜	35	27	33	21	36
2018	福建华兴	36	24	10	33	39
2018	上会	37	38	14	30	31
2018	利安达	38	29	40	37	26
2018	中审亚太	39	39	29	36	28
2018	山东和信	40	40	12	26	37
2017	普华永道中天	1	1	1	1	1
2017	毕马威华振	2	2	2	2	6
2017	立信	3	4	37	5	4

续表

年度	事务所	主成分排名	资源排名	质量排名	客户排名	品牌形象排名
2017	安永华明	4	7	7	3	3
2017	德勤华永	5	9	3	4	2
2017	瑞华	6	3	39	6	5
2017	天健	7	5	29	10	7
2017	大华	8	8	36	11	10
2017	致同	9	13	18	9	11
2017	信永中和	10	18	21	8	9
2017	天职国际	11	20	20	22	8
2017	大信	12	22	35	14	12
2017	众华	13	15	28	25	16
2017	中审众环	14	33	25	18	15
2017	中天运	15	16	27	36	13
2017	华普天健	16	27	12	17	22
2017	江苏苏亚金诚	17	25	4	20	20
2017	中兴财光华	18	29	26	7	24
2017	北京永拓	19	17	8	39	18
2017	北京兴华	20	34	11	26	19
2017	广东正中珠江	21	12	16	15	31
2017	中汇	22	36	31	37	14
2017	中兴华	23	21	15	30	25
2017	立信中联	24	32	9	13	35
2017	天衡	25	30	19	16	28
2017	中勤万信	26	35	30	28	21
2017	北京中证天通	27	28	17	33	26
2017	四川华信（集团）	28	6	10	21	37
2017	中审华	29	31	34	35	17
2017	亚太（集团）	30	10	38	12	29
2017	希格玛	31	23	22	31	34
2017	江苏公证天业	32	24	5	38	30
2017	福建华兴	33	19	6	19	39

第八章 中国会计师事务所审计市场竞争力研究

续表

年度	事务所	主成分排名	资源排名	质量排名	客户排名	品牌形象排名
2017	利安达	34	26	40	29	23
2017	北京天圆全	35	11	23	32	40
2017	中准	36	14	33	34	32
2017	上会	37	38	13	27	33
2017	中审亚太	38	39	24	40	27
2017	中喜	39	37	32	24	36
2017	山东和信	40	40	14	23	38
2016	普华永道中天	1	2	1	2	1
2016	毕马威华振	2	1	3	3	5
2016	安永华明	3	6	4	1	3
2016	立信	4	7	39	5	4
2016	德勤华永	5	11	2	4	2
2016	瑞华	6	3	38	6	6
2016	天健	7	4	22	10	7
2016	大华	8	5	37	11	10
2016	致同	9	12	19	9	11
2016	信永中和	10	16	16	8	9
2016	天职国际	11	21	10	19	8
2016	大信	12	27	31	12	12
2016	中天运	13	13	23	31	13
2016	北京永拓	14	19	7	36	16
2016	中兴财光华	15	22	29	7	28
2016	众华	16	23	28	28	18
2016	江苏苏亚金诚	17	25	5	22	21
2016	北京兴华	18	39	9	23	17
2016	中审众环	19	33	26	20	20
2016	华普天健	20	20	14	18	27
2016	北京中证天通	21	8	27	29	26
2016	天衡	22	30	20	16	25
2016	四川华信(集团)	23	15	15	14	35

续表

年度	事务所	主成分排名	资源排名	质量排名	客户排名	品牌形象排名
2016	广东正中珠江	24	10	12	15	33
2016	利安达	25	26	36	26	19
2016	中兴华	26	17	21	33	23
2016	中审华	27	29	35	35	14
2016	立信中联	28	32	8	13	34
2016	中汇	29	38	33	39	15
2016	中勤万信	30	34	30	27	22
2016	希格玛	31	28	11	30	30
2016	江苏公证天业	32	24	6	37	29
2016	中审亚太	33	35	25	40	24
2016	福建华兴	34	31	17	17	39
2016	亚太（集团）	35	9	40	32	31
2016	中准	36	14	32	34	37
2016	上会	37	37	13	24	38
2016	北京天圆全	38	18	18	38	40
2016	中喜	39	36	34	25	32
2016	山东和信	40	40	24	21	36

第七节 本章小结

本章从资源、质量、客户和品牌形象四个维度，对从事中国上市公司审计业务的会计师事务所2016—2020年在中国审计市场的竞争力进行了综合评价。总体来说，本章的最终排名与中国注册会计师协会推出的百强榜排名十分相关，采用加权平均法和主成分法的相关系数分别为84.1%和86.6%。这说明，会计师事务所规模可以在一定程度上代表其综合实力。

综合来看，"国际四大"的市场竞争力处于第一梯队。2016—

2020 年，普华永道中天和毕马威华振的综合评价排名分别位列第一名和第二名，十分稳定。2017 年，立信超过安永华明和德勤华永，综合排名跻身第三位，并且，一直保持至 2019 年。但是，这几年间，立信的业务收入规模仍然不如安永华明和德勤华永。这说明，其他维度的投入对会计师事务所市场竞争力的影响不容忽视。

参 考 文 献

[1] 艾小青,陈连磊,朱丽南. 空气污染排放与经济增长的关系研究——基于中国省际面板数据的空间计量模型 [J]. 华东经济管理, 2017, 31 (3): 69-76.

[2] 陈关亭,朱松,王思敏. 卖空机制与审计师选择——基于融资融券制度的证据 [J]. 审计研究, 2019 (5): 68-76.

[3] 陈关亭,朱松,黄小琳. 审计师选择与会计信息质量的替代性研究——基于稳健性原则对信用评级影响视角 [J]. 审计研究, 2014 (5): 77-85.

[4] 陈汉文,林志毅,严晖. 公司治理结构与会计信息质量 [J]. 会计研究, 1999 (5): 28-30.

[5] 陈俊,陈汉文,吴东辉. 不确定性风险、治理冲突与审计师选择——来自1998—2004年中国A股IPO市场的经验证据 [J]. 浙江大学学报 (人文社会科学版), 2010, 40 (5): 92-103.

[6] 陈胜蓝,魏明海. 投资者保护与财务会计信息质量 [J]. 会计研究, 2006 (10): 28-35.

[7] 陈胜蓝,卢锐. 卖空压力与控股股东私利侵占——来自卖空管制放松的准自然实验证据 [J]. 管理科学学报, 2018, 21 (4): 67-85.

[8] 陈翔宇,肖虹,万鹏. 会计信息可比性、信息环境与业绩预告准确度 [J]. 财经论丛, 2015, 199 (10): 58-66.

[9] 杜兴强,温日光. 公司治理与会计信息质量:一项经验研究

[J]. 财经研究, 2007 (1): 122 - 133.

[10] 樊纲, 王小鲁, 余静文. 中国分省份市场化指数报告 (2016) [M]. 北京: 社会科学文献出版社, 2017.

[11] 方红星, 张勇, 王平. 法制环境、供应链集中度与企业会计信息可比性 [J]. 会计研究, 2017 (7): 33 - 40.

[12] 龚启辉, 吴联生, 王亚平. 政府控制与审计师选择 [J]. 审计研究, 2012 (5): 42 - 50.

[13] 郭道扬. 会计大典 (第二卷) [M]. 北京: 中国财政经济出版社, 1999.

[14] 郭永济, 张谊浩. 空气质量会影响股票市场吗 [J]. 金融研究, 2016 (2): 71 - 85.

[15] 韩金红, 余珍. 纵向兼任高管与企业投资效率——基于"监督效应"和"掏空效应"分析 [J]. 审计与经济研究, 2019, (4): 66 - 74.

[16] 胡奕明等. 证券分析师的信息解读能力调查 [J]. 会计研究, 2003 (11): 14 - 20, 65.

[17] 胡奕明, 唐松莲. 审计、信息透明度与银行贷款利率 [J]. 审计研究, 2007 (6): 74 - 84, 73.

[18] 姜付秀, 马云飙, 王运通. 退出威胁能抑制控股股东私利行为吗 [J]. 管理世界, 2015 (5): 147 - 159.

[19] 蒋德权, 姚振晔, 陈冬华. 财务总监地位与企业股价崩盘风险 [J]. 管理世界, 2018 (3): 153 - 166.

[20] 李青原. 会计信息质量与公司资本配置效率——来自我国上市公司的经验证据 [J]. 南开管理评论, 2009 (2): 115 - 124.

[21] 李青原. 会计信息质量, 审计监督与公司投资效率——来自我国上市公司的经验证据 [J]. 审计研究, 2009 (4): 65 - 73.

[22] 李青原, 陈超, 赵曌. 最终控制人性质, 会计信息质量与公司投资效率——来自中国上市公司的经验证据 [J]. 经济评论, 2010

(2): 81-93.

[23] 李凯. 计师事务所合并方式与审计质量 [J]. 中南财经政法大学学报, 2010 (6): 98-103.

[24] 李明辉. 内部控制与会计信息质量 [J]. 当代财经, 2002 (3): 72-77.

[25] 李明辉. 会计师事务所合并与审计质量——基于德勤华永和中瑞岳华两起合并案的研究 [J]. 中国经济问题, 2011 (1): 98-107.

[26] 李明辉, 刘笑霞. 会计师事务所合并的动因与经济后果: 一个文献综述 [J]. 审计研究, 2010 (5): 61-67.

[27] 李明辉, 刘笑霞. 会计师事务所合并对审计质量之影响: 来自中国资本市场的经验证据 [J]. 管理工程学报, 2015, 29 (1): 169-182.

[28] 李鹏, 陈希晖. 强制采用IFRS对信息环境的影响研究 [J]. 会计与经济研究, 2013 (3): 27-39.

[29] 李若山. 试论新经济、新业态的审计技术——从浑水做空欢聚集团说起 [J]. 财会月刊, 2021 (2): 12-15.

[30] 李洋, 汪平, 王庆娟. 董事联结能抑制薪酬黏性吗?——管理层权力的中介效应研究 [J]. 经济与管理研究, 2019, 40 (7): 128-144.

[31] 李小飞等. 中国空气污染指数变化特征及影响因素分析 [J]. 环境科学, 2012, 33 (6): 1936-1943.

[32] 李晓慧, 曹强, 孙龙渊. 审计声誉毁损与客户组合变动——基于1999—2014年证监会行政处罚的经验证据 [J]. 会计研究, 2016 (4): 85-91, 96.

[33] 蔺欣, 刘金金, 刘茜. 基于寻租视角的IPO公司审计师选择 [J]. 中国注册会计师, 2011 (6): 65-69.

[34] 刘峰. 制度安排与会计信息质量 [J]. 会计研究, 2001 (7): 7-15.

[35] 刘峰, 吴风, 钟瑞庆. 会计准则能提高会计信息质量吗——来自中国股市的初步证据 [J]. 会计研究, 2004 (5): 8-19.

[36] 刘立国, 杜莹. 公司治理与会计信息质量关系的实证研究 [J]. 会计研究, 2003 (2): 28-36.

[37] 刘笑霞, 李明辉, 孙蕾. 媒体负面报道、审计定价与审计延迟 [J]. 会计研究, 2017 (4): 88-94.

[38] 林永坚, 王志强. 国际"四大"的审计质量更高吗?——来自中国上市公司的经验证据 [J]. 财经研究, 2013, 39 (6): 73-83.

[39] 林钟高, 吴利娟. 公司治理与会计信息质量的相关性研究 [J]. 会计研究, 2004 (8): 65-71.

[40] 吕伟. 审计师声誉、融资约束与融资能力 [J]. 山西财经大学学报, 2008 (11): 107-112.

[41] 梅丹, 高强. 独立性与行业专长对客户会计稳健性的影响 [J]. 审计研究, 2016 (6): 80-88.

[42] 穆泉, 张世秋. 2013年1月中国大面积雾霾事件直接社会经济损失评估 [J]. 中国环境科学, 2013, 33 (11): 2087-2094.

[43] 潘红波, 韩芳芳. 纵向兼任高管, 产权性质与会计信息质量 [J]. 会计研究, 2016, (7): 19-26.

[44] 潘琰, 辛清泉. 所有权, 公司治理结构与会计信息质量——基于契约理论的现实思考 [J]. 会计研究, 2004 (4): 19-23.

[45] 秦璇, 朱晓琦, 方军雄. CFO首次入职时经济状况的烙印效应与会计信息质量 [J/OL]. 外国经济与管理, 2020 (4): 1-13.

[46] 权小锋, 吴世农, 尹洪英. 企业社会责任与股价崩盘风险: "价值利器"或"自利工具" [J]. 经济研究, 2015 (11): 49-64.

[47] 徐会超, 潘临, 张熙萌. 大股东股权质押与审计师选择——来自中国上市公司的经验证据 [J]. 中国软科学, 2019 (8): 135-143.

[48] 冉秋红, 周宁慧. 纵向兼任高管, 机构投资者持股与智力资本价值创造 [J]. 软科学, 2018, (12): 50-54.

［49］宋衍蘅．审计风险、审计定价与相对谈判能力——以受监管部门处罚或调查的公司为例［J］．会计研究，2011（2）：79－84．

［50］宋衍蘅，毕煜晗，宋云玲．纵向高管兼任与审计师选择：信号传递 vs 承租［J］．审计与经济研究，2020，35（4）：47－57．

［51］宋衍蘅，钱旭，宋云玲．审计风格、事务所规模与行业专长［J］．中国注册会计师，2017（12）：43－48，3．

［52］宋衍蘅，宋云玲．空气质量会影响审计师的专业判断吗［J］．会计研究，2019（9）：71－77．

［53］宋云玲，宋衍蘅，钱旭．会计师事务所合并对审计风格的影响研究［J］．审计研究，2017（6）：58－66．

［54］孙铮，于旭辉．分权与会计师事务所选择［J］．审计研究，2007（6）：52－58．

［55］谭劲松，丘步晖，林静容．提高会计信息质量的经济学思考［J］．会计研究，2000（6）：14－20．

［56］佟爱琴，李孟洁．产权性质、纵向兼任高管与企业风险承担［J］．科学学与科学技术管理，2018（1）：118－126．

［57］佟岩，程小可．关联交易利益流向与中国上市公司盈余质量化［J］．管理世界，2007（11）：127－138．

［58］王兵，杜杨，吕梦．董事的会计师事务所经历与审计师选择［J］．审计与经济研究，2019，34（3）：52－59．

［59］王兵，辛清泉．寻租动机与审计市场需求：基于民营IPO公司的证据．审计研究，2009（3）：74－80．

［60］王化成，王欣，高升好．控股股东股权质押会增加企业权益资本成本吗——基于中国上市公司的经验证据［J］．经济理论与经济管理，2019（11）：14－31．

［61］王汇华．会计师事务所合并是否影响审计质量——基于中国A股市场的实证研究［J］．财经问题研究，2015（8）：90－96．

［62］王营，张光利．董事网络和企业创新：引资与引智［J］．

金融研究, 2018 (6): 189-206.

[63] 王宇峰, 刘颖. 控股股东股权质押、审计师行业专长与财务报告可比性 [J]. 南京审计大学学报, 2019, 16 (6): 39-49.

[64] 王玉涛, 王彦超. 业绩预告信息对分析师预测行为有影响吗 [J]. 金融研究, 2012 (6): 193-206.

[65] 吴春波, 曹仰锋, 周长辉. 企业发展过程中的领导风格演变: 案例研究 [J]. 管理世界, 2009 (2): 123-137.

[66] 魏明海, 黄琼宇, 程敏英. 家族企业关联大股东的治理角色——基于关联交易的视角 [J]. 管理世界, 2013 (3): 133-147.

[67] 吴克平, 黎来芳. 审计师声誉影响股价崩盘风险吗——基于中国资本市场的经验证据 [J]. 山西财经大学学报, 2016, 38 (9): 101-113.

[68] 吴晓晖, 李卿云, 杨风, 王行. 地区腐败、供应链特征与审计师选择 [J]. 审计与经济研究, 2017, 32 (6): 11-21.

[69] 吴伟荣, 李晶晶, 包晓岚. 签字注册会计师过度自信、政府监管与审计质量研究 [J]. 审计研究, 2017 (5): 70-77.

[70] 夏一丹, 肖思瑶, 夏云峰. 大股东股权质押影响了公司业绩吗——来自沪深A股上市公司的经验证据 [J]. 财经科学, 2019 (10): 59-70.

[71] 徐露莹, 汪方军, 王璇子. 放松卖空管制影响审计定价吗?——基于融资融券准自然实验的分析 [J]. 预测, 2017, 36 (6): 30-36.

[72] 谢盛纹, 王清. 会计师事务所行业专长与会计信息可比性: 来自我国证券市场的证据 [J]. 当代财经, 2016 (5): 108-119.

[73] 闫珍丽, 梁上坤, 袁淳. 高管纵向兼任、制度环境与企业创新 [J]. 经济管理, 2019 (10): 90-107.

[74] 叶琼燕. 签字注册会计师风格对审计质量的影响——基于签字注册会计师个人特征的实证检验 [D]. 厦门: 厦门大学, 2011.

[75] 于李胜. 盈余管理动机,信息质量与政府监管 [J]. 会计研究, 2007 (9): 42-49.

[76] 于鹏, 申慧慧. 监管距离、事务所规模与盈余质量 [J]. 审计研究, 2018 (5): 107-114.

[77] 袁园, 刘骏. 审计独立性与会计信息质量 [J]. 会计研究, 2015 (3): 67-69.

[78] 袁振超, 代冰彬. 会计信息可比性与股价崩盘风险 [J]. 财务研究, 2017 (3): 65-75.

[79] 袁知柱, 吴粒. 会计信息可比性研究评述及未来展望 [J]. 会计研究, 2012 (9): 9-15.

[80] 余冬根, 张嘉兴. 审计师声誉影响企业债务融资成本和融资能力吗?——基于2010—2014年A股上市公司的经验证据 [J]. 中国经济问题, 2017 (1): 111-120.

[81] 曾亚敏, 张俊生. 会计师事务所合并对审计质量的影响 [J]. 审计研究, 2010 (5): 53-60.

[82] 朱松, 夏冬林. 制度背景、经济发展水平与会计稳健性. 审计与经济研究, 2009 (6): 57-64.

[83] 张娟, 李虎, 王兵. 审计师选择、信号传递和资本结构优化调整——基于中国上市公司的实证分析 [J]. 审计与经济研究, 2010, 25 (5): 33-39.

[84] 张敏, 李伟, 张胜. 审计师聘任的实际决策者: 股东还是高管 [J]. 审计研究, 2010 (6): 86-92, 85.

[85] 翟胜宝, 许浩然, 刘耀淞, 等. 控股股东股权质押与审计师风险应对 [J]. 管理世界, 2017 (10): 51-65.

[86] 赵岩, 侯锐, 陈翼. 会计稳健性能够传染吗?——网络中心度的视角 [J]. 外国经济与管理, 2020, 42 (8): 139-152.

[87] 郑杲娉, 薛健, 陈晓. 兼任高管与公司价值: 来自中国的经验数据 [J]. 会计研究, 2014 (11): 24-29.

[88] 郑国坚,林东杰,张飞达. 大股东财务困境、掏空与公司治理的有效性——来自大股东财务数据的证据[J]. 管理世界, 2013 (5): 157-168.

[89] 郑志刚,孙娟娟. 我国上市公司治理发展历史与现状评估[J]. 金融研究, 2009, (10): 118-132.

[90] Ackert, L. F., B. K. Church, and R. Deaves. Emotion and financial markets [J]. Economic Review, 2003, 88 (2): 33-41.

[91] Antle, R., and B. Nalebuff. Conservatism and auditor-client negotiations. Journal of Accounting Research 29 (Supplement): 1991, 31-54.

[92] Armstrong, C. S., M. E. Barth, A. D. Jagolinzer and E. J., Riedl. Market reaction to the adoption of IFRS in Europe [J]. The Accounting Review, 2010, 85 (1): 31-61.

[93] Arnoldi, J., X. Chen, and C. Na. Vertical interlocks of executives and performance of affiliated firms in state owned Chinese business groups [C]. 2013. China International Conference in Finance.

[94] Asthana, S., K. Inder and K. K. Raman. Fee competition among Big 4 auditors and audit quality [J]. Review of Quantitative Finance and Accounting, 2019, 52 (2): 403-38.

[95] Bae, K., H. Tan and M. Welker. International GAAP differences: The impact on foreign analysts [J]. The Accounting Review, 2008, 83 (3): 593-628.

[96] Bakian, A. V. et al. Acute air pollution exposure and risk of suicide completion [J]. American Journal of Epidemiology, 2015, 181 (5): 295-303.

[97] Ball, R., Robin, A, and J. S. Wu. Incentives versus standards: Properties of accounting income in four East Asian countries [J]. Journal of Accounting and Economics, 2003, 36 (1-3): 235-270.

[98] Ball, R., S. P. Kothari and A. Robin. The effect of international institutional factors on properties of accounting earnings [J]. Journal of Accounting and Economics, 2000, 29: 1 - 51.

[99] Bamber, L. S., J. Jiang, and I. Y. Wang. What's my style? The influence of top managers on voluntary corporate financial disclosure [J]. The Accounting Review, 2010, 85 (4): 1131 - 1162.

[100] Banker, R. D., H. Chang, and Y. C. Kao. Impact of information technology on public accounting firm productivity [J]. Journal of Information Systems, 2002, 16 (2): 209 - 222.

[101] Barberis, N., and A. Shleifer. Style investing [J]. Journal of Financial Economics, 2003, 68 (2): 161 - 199.

[102] Baron, R. M. and D. A. Kenny. The moderator - mediator variable distinction in social psychological research: Conceptual, strategic and statistical considerations [J]. Journal of Personality and Social Psychology, 1986, 51 (6): 1173 - 1182.

[103] Barth, M. E. 财务报告的全球可比性——是什么、为什么、如何做以及何时实现 [J]. 会计研究, 2013 (5): 3 - 10.

[104] Barth, M. E., W. R. Landsman, M. Lang and C. Williams. Are IFRS - based and US GAAP - based accounting amounts comparable [J]. Journal of Accounting and Economics, 2012, 54: 68 - 93.

[105] Beatty, T. K. M., and J. P. Shimshack. Air pollution and children's respiratory health: A cohort analysis [J]. Journal of Environmental Economics and Management, 2014, 67 (1): 39 - 57.

[106] Beatty R P. Auditor reputation and the pricing of initial public offerings [J]. The Accounting Review, 1989, 64 (4): 693 - 709.

[107] Becker, C. L., M. L. DeFond, J. Jiambalvo, and K. R. Subramanyam. The effect of audit quality on earnings management [J]. Contemporary Accounting Research, 1998, 15 (1): 1 - 24.

[108] Bhattacharjee, S., and K. K. Moreno. The impact of affective information on the professional judgments of more experienced and less experienced auditors [J]. Journal of Behavioral Decision Making, 2002, 15 (4): 361-377.

[109] Bhattacharjee, S., and K. K. Moreno. The role of auditors' emotions and moods on audit judgment: A research summary with suggested practice implications [J]. Current Issues in Auditing, 2013, 7 (2): 1-8.

[110] Brochet, F., A. D. Jagolinzer and E. J. Riedl. Mandatory IFRS adoption and financial statement comparability [J]. Contemporary Accounting Research, 2013, 30 (4): 1373-1400.

[111] Buck, T., Jopson, B., and Parker, A. Regulators fear prosecution of KPMG in US would cut choice in audit market [J]. Financial Times, 2005, 6 (11): 1.

[112] Burgstahler, D., L. Hail and C. Leuz. The importance of reporting incentives: Earnings management in European private and public firms [J]. The Accounting Review, 2006, 81: 983-1016.

[113] Calderón-Garcidueñas, L., A. Mora-Tiscareño, E. Ontiveros, et al. Air pollution, cognitive deficits and brain abnormalities: A pilot study with children and dogs [J]. Brain and Cognition, 2008, 68 (2): 117-127.

[114] Cao, Q., N. W. Hu, and L. L. Chen. Auditor flow and financial statement comparability: Evidence from audit firm mergers in China [J]. China Journal of Accounting Studies, 2016, 4 (3): 263-286.

[115] Chan, K. H., and D. H. Wu. Aggregate quasi rents and auditor independence: Evidence from audit firm mergers in China [J]. Contemporary Accounting Research, 2011, 28 (1): 175-213.

[116] Chang, Y. Y., and W. H. Hsu. Mood and analyst optimism and accuracy [J]. Working paper, Massey University, 2015.

[117] Chang, H., Y. Guo, and P. L. Mo. Market competition, audit fee stickiness, and audit quality: Evidence from China [J]. Auditing: A Journal of Practice and Theory, 2019, 38 (2): 79 - 99.

[118] Chen, C., Y. Chen, E. J. Podolski, and M. Veeraraghavan. Managerial mood and earnings forecast bias: Evidence from sunshine exposure, 2017. Working paper available at SSRN: https://ssrn.com/abstract = 2973184 or http://dx.doi.org/10.2139/ssrn.2973184.

[119] Chen, Y., A. Ebenstein, M. Greenstone, and H. Li. Evidence on the impact of sustained exposure to air pollution on life expectancy from China's Huai River policy [J]. PNAS, 2013, 110 (31): 12936 - 12941.

[120] Chen, F., X. F. Peng, and J. G. Zeng. Does Severe Air Pollution Affect Audit Judgement [J/OR]. Evidence From China, 2017. Working paper available at SSRN: https://ssrn.com/abstract = 1538658 or http://dx.doi.org/10.2139/ssrn.1538658.

[121] Chen, X., C. Yang. Vertical interlock and the value of cash holdings [J]. Accounting and Finance, 2019.

[122] Choi, J. H., S. Choi, L. A. Myers, and D. Ziebart. Financial Statement Comparability and the Ability of Current Stock Returns to Reflect the Information in Future Earnings, 2017. Working paper Available at SSRN: https://ssrn.com/abstract = 2337571.

[123] Chung, J. O. Y., J. R. Cohen, and G. S. Monroe. The effect of moods on auditors' inventory valuation decisions [J]. Auditing: A Journal of Practice and Theory, 2008, 27 (2): 137 - 159.

[124] Clarkson, P., J. D. Hanna, G. D. Richardson and R. Thompson. The impact of IFRS adoption on the value relevance of book value and earnings [J]. Journal of Contemporary Accounting and Economics, 2011, 7: 1 - 17.

[125] Colicino. E. , et al. Telomere length, long - term black carbon exposure, and cognitive function in a cohort of older men: The VA normative aging study [J]. Environmental Health Perspectives, 2016, 125 (1): 76 - 81.

[126] Covrig, V. M. , M. L. Defond, M. Hung. Home bias, foreign mutual fund holdings, and the voluntary adoption of international accounting standards [J]. Journal of Accounting Research, 2007, 45 (1): 41 - 70.

[127] Darçın, M. Association between air quality and quality of life [J]. Environmental Science and Pollution Research, 2014, 21 (3): 1954 - 1959.

[128] DeAngelo, L. , Auditor size and audit quality [J]. Journal of Accounting and Economics, 1981 (12): 183 - 199.

[129] Dechow P M, Kothari S P, Watts R L. The relation between earnings and cash flows [J]. Journal of Accounting and Economics, 1998, 25 (2): 133 - 168.

[130] DeFond, M. , X. Hu, M. Hung and S. Li. The impact of mandatory IFRS adoption on foreign mutual fund ownership: The role of comparability [J]. Journal of Accounting and Economics, 2011, 51 (3): 240 - 258.

[131] De Franco G, Hope O K. 2011. Do analysts' notes provide new information [J]. Journal of Accounting Auditing and Finance, 2011, 26 (2): 229 - 254.

[132] Dehaan, E. , J. Madsen, and J. D. Piotroski. Do weather - induced moods affect the processing of earnings news [J]. The Accounting Review, 2017, 55 (3): 509 - 550.

[133] Depaulo, B. M, and J. Tang. Social anxiety and social judgment: The example of detecting deception [J]. Journal of Research in Personality, 1994, 28 (2): 142 - 153.

[134] Dong, G. N. , and Y. Heo. Flu epidemic, limited attention and analyst forecast behavior [J]. Working paper, 2014.

[135] Doty, J. Keynote address: The reliability, role and relevance of the audit: a turning point. http: //pcaobus. org.

[136] Dye R A. Auditing standards, legal liability, and auditor wealth [J]. Journal of Political Economy, 1993, 101 (5): 887 – 914.

[137] Eisenbach, T. M. , and M. C. Schmalz. Anxiety in the face of risk. Journal of Financial Economics, 2016, 121 (2): 414 – 426.

[138] El Ghoul S, Guedhami O, Pittman J. Cross – country evidence on the importance of Big Four auditors to equity pricing: The mediating role of legal institutions [J]. Accounting, Organizations and Society, 2016, 54: 60 – 81.

[139] Etzioni, A. , Normative – affective factors: Towards a new decision – making model [J]. Journalof Economic Psychology, 1988, 9 (2): 125 – 150.

[140] European Commission. Green paper – audit policy: Lessons from the crisis [J]. Brussels, Belgium: European Commission, 2010, 21.

[141] Evans, G. , S. Colome, and D. Shearer. 1988. Psychological reactions to air pollution. Environmental Research, 45 (1): 1 – 15.

[142] Evans, G. , S. Jacobs, D. Dooley, and R. Catalano. The interaction of stressful life events and chronic strains on community mental health [J]. American Journal of Community Psychology, 1987, 15 (1): 23 – 34.

[143] Fama, E. F. Agency problem and the theory of the firm [J]. Journal of political economy, 1980, 88 (2): 288 – 307.

[144] Fama, E. F. and M. C. Jensen. Separation of ownership and control [J]. Journal of law and economics, 1983, 26 (2): 301 – 325.

[145] Fan, J. P. H, Wong, T. J. Do external auditors perform a corporate governance role in emerging markets? Evidence from East Asia [J]. Journal of Accounting Research, 2005, 43 (1): 35-72.

[146] Fang, V. W., A. H. Huang, and J. M. Karpoff. Short selling and earnings management: A controlled experiment [J]. The Journal of Finance, 2016, 71 (3): 1251-1293.

[147] Ferguson, A., J. Francis, and D. Stokes. The effects of firm-wide and office-level industry expertise on audit pricing [J]. The Accounting Review, 2003, 78 (2): 429-448.

[148] Fonken, L. K., et al. Air pollution impairs cognition, provokes depressive-like behaviors and alters hippocampal cytokine expression and morphology [J]. Molecular Psychiatry, 2011, 16 (10): 987-995.

[149] Francis J R, Wilson E R. Auditor changes: A joint test of theories relating to agency costs and auditor differentiation [J]. The Accounting Review, 1988: 663-682.

[150] Francis, J., K. Reichelt, and D. Wang, The Pricing of National and City-specific Reputations for Industry Expertise in the US Audit Market [J]. The Accounting Review, 2005, 80 (1): 113-136.

[151] Francis, J. R., M. L. Pinnuck, and O. Watanabe. Auditor style and financial statement comparability [J]. The Accounting Review, 2014, 89 (2): 605-633.

[152] Francis J R, Yu M D. Big 4 office size and audit quality [J]. The Accounting Review, 2009, 84 (5): 1521-1552.

[153] Franco, G. D., S. P. Kothari, R. S. Verdi. The benefits of financial statements comparability [J]. Journal of Accounting Research, 2011, 49 (4): 895-931.

[154] Franklin, B. A., R. Brook, and C. A. Pope. Air pollution and cardiovascular disease [J]. Current problems in cardiology, 2015, 40

(5): 207 - 238.

[155] Frijda, N. H. The laws of emotion [J]. The American Psychologist, 1988, 43 (5): 349 - 358.

[156] Fuller, L. R., S. E. Kaplan. A note about the effect of auditor cognitive style on task performance [J]. Behavioral Research Accounting, 2004, 16 (1): 131 - 143.

[157] GAO. Public accounting firms: Mandated study on consolidation and competition [R]. Report GAO - 03 - 864. Washington, D. C.: Report to the Senate Committee on Banking, Housing, and Urban Affairs and the House Committee on Financial Services [J], 2003: 139.

[158] GAO. Public accounting firms: Continued concentration in audit market for large public companies does not call for immediate action. Report GAO - 08 - 163. Washington, D. C.: Report to Congressional Addressees, 115, 2008.

[159] Ge, W., Matsumoto, D., and J. Zhang. Do CFOs have style? An empirical investigation of the effect of individual CFOs on accounting practices [J]. Contemporary Accounting Research, 2011, 28 (4): 1141 - 1170.

[160] Geiger, M. A., and D. V. Rama. Audit firm size and going - concern reporting accuracy [J]. Accounting Horizons, 2006, 20 (1): 1 - 17.

[161] Gong G, Li L Y, Zhou L. Earnings non - synchronicity and voluntary disclosure [J]. Contemporary Accounting Research, 2013, 30 (4): 1560 - 1589.

[162] Grossman, S, J. and O. D. Hart. The cost and benefits of ownership: A theory of vertical and lateral integration [J]. The Journal of Political Economy, 1986, 94 (4): 691 - 719.

[163] Gul, F. A. Qulified audit reports, field dependence cognitive

style, and their effects on decision making [J]. Accounting and Finance, 1990, 30 (2): 15 - 27.

[164] Gul, F. A., D. Wu, and Z. Yang. Do individual auditors affect audit quality [J]. Evidence from Archival Data. The Accounting Review, 2013, 88 (6): 1993 - 2023.

[165] Hail, Luzi, Christian Leuz, and Peter Wysocki. Global accounting convergence and the potential adoption of IFRS by the U. S. (Part I): Conceptual underpinnings and economic analysis [J]. Accounting Horizons 24, 2010, 9 (3): 355 - 94.

[166] Hail, Luzi, Christian Leuz, and Peter Wysocki. Global accounting convergence and the potential adoption of IFRS by the U. S. (Part II): Political factors and future scenarios for U. S [J]. Accounting Standards. Accounting Horizons, 2010, 24 (4): 567 - 88.

[167] Hay D C, Knechel W R, Wong N. Audit fees: A meta - analysis of the effect of supply and demand attributes [J]. Contemporary Accounting Research, 2006, 23 (1): 141 - 191.

[168] Haynes, E. N., et al. Exposure to airborne metals and particulate matter and risk for youth adjudicated for criminal activity. Environmental Research, 2011, 111 (8): 1243 - 1248.

[169] Hope, O. - K., D. Hu, and W. Zhao. Third - party consequences of short - selling threats: The case of auditor behavior [J]. Journal of Accounting and Economics, 2017, 63 (2 - 3): 479 - 498.

[170] Horton, J., G. Serafeim, and I. Serafeim. Does mandatory IFRS adoption improve the information environment [J]. Contemporary Accounting Research, 2013, 30 (1): 388 - 423.

[171] Huang X, Li X, Tse S, et al. The effects of a mixed approach toward management earnings forecasts: Evidence from China [J]. Journal of Business Finance and Accounting, 2018, 45 (3 - 4): 319 - 351.

[172] Hung, M. Accounting standards and value relevance of financial statements: An international analysis [J]. Journal of Accounting and Economics, 2001, 30: 401 - 420.

[173] Isen, A. M. An influence of positive affect on decision making in complex situations: Theoretical issues with practical implications [J]. Journal of Consumer Psychology, 2001, 11 (2), 75 - 85.

[174] Jeanjean, T. and H. Stolowy. Do accounting standards matter? An exploratory analysis of earnings management before and after IFRS adoption [J]. Journal of Accounting and Public Policy, 2008, 27 (6): 480 - 494.

[175] Jensen, M. C., W. H. Meckling. Theory of the firm: Managerial behavior, agency costs and ownership structure [J]. Journal of Financial Economics, 1976, 3 (4): 305 - 360.

[176] Jiang, G., C. Lee, and H. Yue. Tunneling through intercorporate loans: The China experience [J]. Journal of Financial Economics, 2010, 98 (1): 1 - 20.

[177] Jiang, G., P. Rao, and H. Yue. Tunneling through non - operational fund occupancy: An investigation based on officially identified activities [J]. Journal of Corporate Finance, 2015, 32 (6): 295 - 311.

[178] Jidin, R., J. Y. Lun, and G. S. Monroe. The effect of auditors' job satisfaction on the influence of ethical conflict onauditors' inventory judgments [J]. Working paper, UNSW Australia, 2014.

[179] Kedia S, Rajgopal S. Do the SEC's enforcement preferences affect corporate misconduct [J]. Journal of Accounting and Economics, 2011, 51 (3): 259 - 278.

[180] Khan A, Muttakin M B, Siddiqui J. Audit fees, auditor choice and stakeholder influence: Evidence from a family - firm dominated economy [J]. The British Accounting Review, 2015, 47 (3): 304 - 320.

[181] Kim, C. et al. Ambient particulate matter as a risk factor for suicide [J]. American Journal of Psychiatry, 2010, 167: 1100 – 1107.

[182] Kothari, S. P., A. J. Leone, and C. E. Wasley. Performance matched discretionary accrual measures [J]. Journal of Accounting and Economics, 2005, 39 (1): 163 – 197.

[183] Knechel, W. R., J. L. Payne. Additional evidence on audit report lag [J]. Auditing: A Journal of Practice and Theory, 2001, 20, (1): 137 – 146.

[184] Kothari, S. P., K. Ramanna, and D. Skinner. Implications for GAAP from an analysis of positiveresearch in accounting [J]. Journal of Accounting and Economics, 2010, 50 (2 – 3): 246 – 286.

[185] Landsman, W. R., E. L. Maydew and J. R. Thornock. The information content of annual earnings announcements and mandatory adoption of IFRS [J]. Journal of Accounting and Economics, 2012, 53 (1 – 2): 34 – 54.

[186] Lang, M. H., and R. J. Lundholm. Corporate Disclosure Policy and Analyst Behavior [J]. The Accounting Review, 1996, 71 (4): 467 – 492.

[187] Lang, M., Maffett, M., and E. Owens. Earnings comovement and accounting comparability: The effects of mandatory IFRS adoption [J]. Working paper, University of North Carolina, University of Chicago, and University of Rochester, 2010.

[188] La Porta, R., F. Lopez – de – Silanes, and A. Shleifer. Corporate ownership around the world [J]. Journal of Finance, 1999, 54 (2): 471 – 517.

[189] Lee H S, Nagy A L, Zimmerman A B. Audit partner assignments and audit quality in the United States [J]. The Accounting Review, 2019, 94 (2): 297 – 323.

[190] Lennox C S. Audit quality and auditor size: An evaluation of reputation and deep pockets hypotheses [J]. Journal of Business Finance and Accounting, 1999, 26 (7-8): 779-805.

[191] Lepori, G. M. 2016. Air pollution and stock returns: Evidence from a natural experiment [J]. Journal of Empirical Finance, 35 (1): 25-42.

[192] Leuz, C., Nanda, D., and P. Wysocki. Earnings management and investor protection: An international comparison [J]. Journal of Financial Economics, 2003, 69 (3): 505-527.

[193] Lin Z J, Liu M. The impact of corporate governance on auditor choice: Evidence from China [J]. Journal of International Accounting, Auditing and Taxation, 2009, 18 (1): 44-59.

[194] Lu JG, Lee J J, Gino F, et al. Polluted morality: Air pollution predicts criminal activity and unethical behavior [J]. Psychological Science, 2018, 29 (3): 340-355.

[195] Mansi S A, Maxwell W F, Miller D P. Does auditor quality and tenure matter to investors? Evidence from the bond market [J]. Journal of Accounting Research, 2004, 42 (4): 755-793.

[196] Mao, M. Q., Y. Yu. Analysts' cash flow forecasts, audit effort, and audit opinions on internal control [J]. Journal of Business Finance and Accounting, 2015, 42, (5-6): 635-664.

[197] Menon K. Williams D D. The insurance hypothesis and market prices [J]. Accounting Review, 1994, 69 (2): 327-342.

[198] Morris W. M. Some thoughts about mood and its regulation [J]. Psychological Inquiry, 2000, 11 (3): 200-202.

[199] Noonan, D. S. Smoggy with a chance of altruism: The effects of ozone alerts on outdoor recreation and driving in Atlanta [J]. Policy Studies Journal, 2014, 42 (1): 122-145.

[200] Nygren, T. E. , A. M. Isen, P. J. Taylor, and J. Dulin. The influence of positive affect on the decision rule in risk situations: Focus on outcome (and especially avoidance of loss) rather than probability [J]. Organizational Behavior and Human Decision Processes, 1996, 66 (1): 59 - 72.

[201] Otto A. C. CEO optimism and incentive compensation [J]. Journal of Financial Economics, 2014, 114: 366 - 40.

[202] Peng, L. , and W. Xiong. Investor attention, overconfidence and category learning [J]. Journal of Financial Economics, 2006, 80 (3): 563 - 602.

[203] Porter, M. The competitive advantage of nations [J]. Harvard Business Review, (March - April 1990). Retrieved from https: // hbr. org/1990/03/the - competitiveadvantage - of - nations.

[204] Porter, M. The five competitive forces that shape strategy [M]. Cambridge: Harvard Business Press, 1998.

[205] Prahalad, C. K. , and Hamel, G. The core competence of the corporation [J]. Harvard Business Review, 1990, 68 (3), 79 - 91.

[206] Public Company Accounting Oversight Board (PCAOB). Concept Release on Possible Revisions to PCAOB Standards Related to Reports on Audited Financial Statements [R]. PCAOB Release No. 2011 - 003, 2011.

[207] Roychowdhury S. Earnings management through real activities manipulation [J]. Journal of Accounting and Economics, 2006, 42 (3): 335 - 370.

[208] Reynolds, J. K. , and J. Francis. Does size matter? The influence of large clients on office - level auditor reporting decisions [J]. Journal of Accounting and Economics, 2000, 30 (3): 375 - 400.

[209] Rotton, J. Affective and cognitive consequences of malodorous

pollution [J]. Basic and Applied Social Psychology, 1983, 4 (2): 171-191.

[210] Roychowdhury, S. Earnings management through real activities manipulation [J]. Journal of accounting and economics, 2006, 42 (3): 335-370.

[211] Schwarz, N., and G. L. Clore. Mood, misattribution, and judgments of well-being: Informative and directive functions of affective states [J]. Journal of Personality and Social Psychology, 1983, 45 (3): 513-523.

[212] Serfling A. M. CEO age and the riskiness of corporate policies [J]. Journal of Corporate Finance, 2014, 114: 366-404.

[213] Shleifer, A. and R. W. Vishny. Large shareholders and corporate control [J]. The Journal of political economy, 1986, 94 (3): 461-488.

[214] Simunic, D. The pricing of audit services: Theory and evidence [J]. Journal of Accounting Research, 1980, 18 (1), 161-190.

[215] Sirois, L., S. Marmousez, and D. A. Simunic. Auditor size and audit quality revisited: The importance of audit technology. Comptabilité Contrôle Audit (English Edition) 22 (3): I-XXXII, 2016.

[216] Sohn, B. C. The effect of accounting comparability on earnings management [J]. Working paper, City University of Hong Kong, 2011.

[217] Tan, H., S. Wang, M. Walker. Analyst following and forecast accuracy after mandated IFRS adoptions [J]. Journal of Accounting Research, 2011, 49 (5): 1307-1357.

[218] Titman S, Trueman B. Information quality and the valuation of new issues [J]. Journal of Accounting and Economics, 1986, 8 (2): 159-172.

[219] Toeh, S. H. and T. J. Wong. Perceived auditor quality and the earning response coefficient [J]. The Accounting Review, 1993,

68: 346 - 367.

[220] US Chamber of Commerce. Auditing: A profession at risk [M]. Washington, D. C. : US Chamber of Commerce, 2006.

[221] Welsch, H. Environment and happiness: Valuation of air pollution using life satisfaction data [J]. Ecological Economics, 2006, 58 (4): 801 -813.

[222] Weuve, J. , R. C. Puett, J. Schwartz, J. D. Yanosky, F. Laden, and F. Grodstein. Exposure to particulate air pollution and cognitive decline in older women [J]. Archives of Internal Medicine, 2012, 172 (3): 219 -227.

[223] Yackerson, N. S. , A. Zilberman, D. Todder, and Z. Kaplan. The influence of air - suspended particulate concentration on the incidence of suicide attempts and exacerbation of schizophrenia [J]. International Journal of Biometeorology, 2014, 58 (1): 61 -67.

[224] Yip, R. W. Y. and D. Young, Does mandatory IFRS adoption Improve information comparability [J]. The Accounting Review, 2012, 87 (5): 1767 -1789.

[225] Zhang S, Ye K, Cui Y, et al. Large shareholder incentives and auditor choice [J]. Auditing: A Journal of Practice and Theory, 2019, 38 (3): 203 -222.

[226] Zhang, X. , X. Zhang, and X. Chen. Happiness in the air: How does a dirty sky affect mental health and subjective well - being [J]. Journal of Environmental Economics and Management, 2017, 85: 81 -94.

[227] Zhu S, Jiang X Y, Ke X L. Stock index adjustments, analyst coverage and institutional holdings: Evidence from China [J]. China Journal of Accounting Research, 2017, 10 (3): 281 -293.

后　记

　　这是我个人的第一部专著，几经反复，终于即将付梓。内心时而轻松，时而惴惴，五味杂陈。

　　心底依然是忐忑的。每每阅读，总会发现各种纰漏。本书涉及会计师事务所的评价问题，尽管我努力做到客观，难免可能会存在某些主观因素，影响最终评价结果。对此我诚惶不已、唯恐不妥。会计师事务所的运作环境是复杂的，简单的几个维度恐怕难以涵盖对其整体执业质量或市场竞争力的全面评价。如有遗漏或欠缺之处，敬请读者谅解。

　　我是一名幸运儿，成长道路上，一直遇有贵人相助。借此机会，向所有给予我帮助和支持的师长、朋友和学生表示感谢。

　　感激我会计教学生涯的第一个领路人——中国会计学会的周守华教授！感激我的学术导师邓延芳教授和李志文（Jevons Lee）教授！他们的帮助和引导，让我踏上了通往学术殿堂的事业之路。感谢我母校东北财经大学的老师谷琪教授、欧阳清教授、夏乐书教授、刘永泽教授、吴大军教授、于显国教授、陈国辉教授、刘明辉教授和张先治教授！感谢我母校清华大学的老师陈小悦教授、陈晓教授、张为国教授、陈国青教授和所有授业恩师！他们增强了我从事会计研究和教学工作的信心。

　　感谢台湾东吴大学的沈大白教授和台湾惠众联合会计师事务所的卢联生博士！正是他们的帮助和支持，才使我能够顺利完成在台湾东

后 记

吴大学的访学工作，奠定了我对会计师事务所审计问题的浓厚研究兴趣。感谢清华大学经管学院资助我去麻省理工大学斯隆管理学院访问！这让我感受到了不一样的学术氛围和工作方式。感谢美国伊利诺伊大学芝加哥分校的陈立奇（James L. Chan）教授和索姆纳特·达斯（Somnath Das）教授！他们的无私帮助，让我开拓了学术视野，拓展了研究基础。

感谢北京外国语大学的杨丹教授和牛华勇教授！正是他们的鼎力支持和引导，才使我有编写中国会计师事务所审计市场竞争力指数的动力，他们对本部分工作的贡献不容忽视。感谢我在财政部首期全国会计领军（后备）人才培训班学习时的班主任田志心老师！她对我这个在芸芸大咖中默默无闻拖后腿的小辈倾注了更多的心血。她以及领军班全体同仁对我的无私帮扶，是本书得以顺利完成的坚实后盾。

感谢我的清华大学师妹、浙江大学同事兼重要合作者宋云玲教授！我们相互启发、相互挑战、共同探索，合作完成了本书的很多项目。感谢我的学生毕煜晗、鲜蕊、钱旭和陈月！本书的部分数据和资料来自他们的帮助和贡献。感谢我的学生江之风、赵彦博、袁毅、李亚娣、方晨曦、李加欣、林昕悦、马涵、牛慧兰、裴蕾、曲玉凡、王帅、王玮琳、王璇、赵丹萍和赵晓丽！他（她）们帮助我搜集了很多关于会计师事务所的资料和数据。

感谢中国财政经济出版社的蔡丽兰副社长！没有她的无私帮助，本书的成型不可想象。感谢编辑罗亚洪、谷磊同志！他们帮我发现和修改了很多格式和文字错误。

最后，必须感谢我的爱人殷德全先生！没有他的全力支持和鼓励，出书这个事情本身，对我就是不敢想象的任务。他不仅是我生活中的有力臂膀，更是我的专业顾问。他深厚的会计素养和工作经验，是我面对很多棘手问题时的"定海神针"。感谢我的宝贝殷子航！他很懂事儿，让我得以腾出手来，安心写作。感谢我的父母家人和所有亲戚朋友！他们的无私付出和对我疏于联络的理解与包容，让我可以心无旁骛。

谨以此书献给所有人！

宋衍蘅

于北京外国语大学国际商学院

2022 年 5 月